ITALIA 2

ITALIENISCH FÜR FORTGESCHRITTENE

von
Maria Mastinu, Candida De Carlo Tondo-Thie, Reiner Thie,
Francesco Fiorentino und Beatrice Rovere-Fenati

Ernst Klett Verlag für Wissen und Bildung
Stuttgart · Dresden

CORSO ITALIA 2

von
Maria Mastinu, Gymnasiallehrerin, Mailand
Candida De Carlo Tondo-Thie, Kursleiterin an Volkshochschulen in Berlin
Reiner Thie, Kursleiter an Volkshochschulen in Berlin
Francesco Fiorentino, ricercatore allo IULM di Milano
Beatrice Rovere-Fenati, Kursleiterin an der Volkshochschule Eberbach-Neckargemünd

Beratende Mitarbeit:
Maria Eleonora Tamburini-Müller, Kursleiterin bei der Dante Gesellschaft in München
Roberta Robustelli, Kursleiterin an der VHS und am Italienischen Kulturinstitut, Stuttgart
Martin Bieri, Sekundarlehrer an der Bezirksschule Oberarth, Kanton Schwyz
Gabriella Wettstein, Kursleiterin und Fachberaterin an der Klubschule Migros, Luzern

Layout und Einbandgestaltung:
Sergio Salaroli, Rom

Illustrationen:
Francesca Miraglia, Mailand
Gaetano Pignatelli, Mailand

Gedruckt auf Papier aus chlorfrei gebleichtem Zellstoff, säurefrei und ohne optische Aufheller.

1. Auflage 1 4 3 2 1 | 1999 98 97 96
Alle Drucke dieser Auflage können im Unterricht nebeneinander benutzt werden.
Die letzte Zahl bezeichnet das Jahr dieses Druckes.

Redaktion:
Giovanna Mungai-Maier
Barbara Mack

Druck: Mateu Cromo, Madrid. Printed in Spain.
ISBN 3-12-525210-5

Inhalt

Themen/Situationen	Ziele	Strukturen

LEZIONE 5: Che cosa è importante per me

S. 45

T1 Ecco cosa scelgo io	feststellen, was einem wichtig ist und sich mit anderen darüber austauschen	
T2 Piccoli grandi desideri	sich über Konsumgüter/ Konsumverhalten unterhalten: *io me lo comprerei, no io non glielo regalerei*	die Doppelpronomen
T3 I piaceri della tavola	sich über Küche und Eßgewohnheiten unterhalten: *ci metti le cozze in barattolo?, il sugo viene molto più buono, non riesco a fare a meno di ...*	
T4 Parole rubate	sich über Beruf und Privatleben unterhalten: *ci vediamo quando capita, lavorando il tempo passa in fretta* Entscheidungen begründen	das Gerundium
C1 A piacer mio (*da* La Repubblica)		
T5 Un'opportunità da non perdere	Unsicherheit, Zweifel äußern: *non siamo più tanto sicuri che sia stata ...* die Meinung Dritter erfragen; berichten, was andere gesagt haben: *lui dice che ha trovato degli amici*	der Congiuntivo passato *sentirsela, prendersela*
T6 Mode e modelli	seine Meinung über Dritte äußern: *penso che N. sia stato un modello ..., credo che N. sia un modello ..., penso che N. sarà un modello ...*	die Zeitenfolge (1)
C2 Prima o poi il miliardario arriva (*da* Il Corriere della sera)		

LEZIONE 6: Io, gli altri e le cose

S. 53

T1 Dimmi con chi vuoi stare	über die Rolle/den Stellenwert von Personen und Gegenständen in einer bestimmten Situation sprechen	
T2 Emozioni	Verhaltensweise kommentieren und sagen, wie man sich selbst verhalten hätte verschiedenen Stimmungen/ Gefühlen Ausdruck geben: *sto male, sono così contenta, non lo sopporto proprio*	das Condizionale passato
T3 Se non mi amassi più	Hypothesen aufstellen und mögliche Konsequenzen nennen: *se mi accorgessi che ... me ne andrei*	der Bedingungsatz (1) Formen des Congiuntivo imperfetto
T4 Una serata particolare	Hypothesen in bezug auf die Vergangenheit aufstellen: *se fossi rimasta a casa non mi sarei annoiata così*	der Bedingungsatz (2)

Themen/Situationen	Ziele	Strukturen
C1 Storia di Tiger (*di* Carlo Castellaneta)		
T5 Come ti trovi qui?	über den eigenen Arbeitsplatz sprechen: *io mi trovo proprio bene, qui si sta più tranquilli* Einschränkungen machen: *l'unica cosa, sai, qui ci si sente ...*	Sätze mit unbestimmtem Subjekt ("man")
T6 A queste cose ci tengo	Dinge benennen und über deren Stellenwert sprechen: *a quelle ci tengo, quelle le buttiamo*	*fare/lasciare* + Infinitiv
C2 La traversata del capitano Solo (*di* Gabriele Romagnoli)		

LEZIONE 7: Mille faccende da sbrigare

S. 63

T1 Non mi devo dimenticare di ...	über Dinge sprechen, die zu erledigen sind: *devo chiamare ...*	
T2 Quei 75 minuti dalle 17 alle 18.15 (*di* Angelo Carta)	schildern, was man tagtäglich, oder gelegentlich erledigen muß: *devo andare dal panettiere, in questura, a pagare l'affitto*	
T3 Tu come ti organizzi?	schildern, wie man seinen Haushalt organisiert: *c'è da fare pulizia, ci dividiamo i compiti ...*	Wiedergabe von "müssen" (1)
T4 In officina	über notwendige Arbeiten/Reparaturen sprechen: *c'è l'olio che va cambiato, le candele vanno sostituite* Diskursfähigkeit entwickeln: *mah, intanto c'è ..., e poi sento ..., non è che per caso ...*	Wiedergabe von "müssen" (2)
C1 Fratello Bancomat (*di* Stefano Benni)		
T5 Quando si dice "l'organizzazione"	Annahmen, Überzeugungen äußern: *pensavo che l'avessi presa tu, credevo che ce ne fosse ancora, credevo che ci avresti pensato tu*	Zeitenfolge in Sätzen mit Congiuntivo (2)
T6 Una passeggera scontenta	einen Beschwerdebrief schreiben: *sebbene mancasse ... mi sono sentita dire che ...*	Wiedergabe von "obwohl, trotz"
C2 Un problema di difficile soluzione (dialogo su cassetta)		

Themen/Situationen	Ziele	Strukturen

LEZIONE 8

1. A pensarci bene ...	Austausch über den Inhalt der letzten 3 Lektionen	
2. Il grande, il piccolo, il cattivo	die Bedeutung bestimmter Suffixe erkennen: *-one, -ino, -etto, -accio*	
3. Un gioco per ripetere	Spiel zur Wiederholung von Lexis und Strukturen der letzten 3 Lektionen	
4. Personaggi in cerca d'autore	Beschreibung berühmter Persönlichkeiten in schriftlicher Form (Ratespiel)	

LEZIONE 9: Ritmi di vita

T1 Il ciclo delle stagioni	über Veränderungen sprechen	
T2 Il tempo delle arance	Vergleiche anstellen: *ma qui usate molte ... per avere una frutta così? da noi non cresce un bel niente ...*	die si–Konstruktion im Passato prossimo
C1 Vita nel deserto (intervista radiotelevisiva)		
T3 Vivere in città	sich über den eigenen Lebensrhythmus unterhalten: *questo è dovuto al mio lavoro, non è che a me non piaccia ...*	weitere Congiuntivo-Auslöser
T4 Una questione di tempo	über Stress und dessen Auswirkungen sprechen: *ci sono persone che riescono a reagire mentre altre ..., uno stress determinato da ...*	das Passiv (1)
T5 Quando il ritmo s'interrompe	Zeitungsmeldungen Informationen entnehmen: *2000 treni fermati in corsa*	das Passiv (2) Zahlwörter: *decine di ..., centinaia di ..., l'1%*
C2 Gente della notte (*di* Jovanotti)		

LEZIONE 10: Come si cambia

T1 Ci sono idee che hanno cambiato la nostra vita	über Erfindungen und deren Auswirkungen sprechen	
T2 Novecento	über Ereignisse und Entwicklungen im 20. Jahrhundert reflektieren	das Relativpronomen *il cui, la cui*
T3 Siamo cambiate	einem Zeitschriftenartikel Informationen entnehmen: Entwicklung der Frauenrechte in Italien Vergleiche zur Situation im eigenen Land anstellen	

Themen/Situationen	Ziele	Strukturen
C1 Einstein e il diavolo (*di* Dino Buzzati)		
T4 Compagni di scuola	sich über den Werdegang anderer unterhalten: *mi ha detto che è l'assistente di ..., che si metterà in lista per le prossime elezioni*	die Zeitenfolge in der indirekten Rede (2) der Imperativ in der indirekten Rede
T5 Ricordi	Meinungen Dritter wiedergeben: *dissero che ero pazzo..., che mi sarei pentito ...*	die Zeitenfolge in der indirekten Rede (3)
T6 Il senso del tempo	über das Alter und die verschiedenen Lebensabschnitte sprechen: *trovo che questa sia un'età molto bella ..., si capiscono i 30 anni quando se ne hanno 40*	Temporalsätze: *dopo/ prima di* ... + Infinitiv
C2 Mi ritorna in mente (*di* Massimo Fini)		

LEZIONE 11 Sogni e realtà

S. 97

T1 Di venerdì va in onda l'impossibile	Assoziationen zu einem Begriff sammeln	
T2 A letto con Naomi (*da* La Repubblica)	einem Zeitungsartikel über neue Erfindungen Informationen entnehmen und sich dazu äußern: *sarebbe in grado di ..., avrebbe anche una funzione ...*	weitere Funktionen des Condizionale
T3 Sognatori del 2000	Vermutungen äußern, spekulieren: *chissà cosa sta combinando ...* Pläne für die Zukunft schmieden: *quando avrò finito l'università*	das Futur II
T4 La casa dei sogni	Einschränkungen machen, Bedingungen stellen: *a patto che ..., purché sia ... a condizione che ...*	weitere Congiuntivo-Auslöser
C1 Ai confini della realtà (*dal* programma radio-televisivo Corso Italia)		
T5 Ah, se avessi la lampada di Aladino!	Wünsche für die Zukunft äußern: *vorrei che diventasse ..., sarebbe bello se ...*	*vorrei che/mi piacerebbe che* + Congiuntivo
T6 Bruttina e meravigliosa (*lettera da* Il Venerdì di Repubblica)	in einem Brief die eigenen Gefühlen schildern: *è la ragazza più straordinaria che abbia mai conosciuto*	der Congiuntivo im Relativsatz
C2 Un sognatore sveglio (*novella popolare*)		

Symbole

Hören	Gruppenarbeit
Schreiben	Ergebnisse vergleichen
Lesen	Verweis auf Grammatikteil
Partnerarbeit	

Amici di **CORSO ITALIA**,

benvenuti alla seconda parte del nostro corso che vi darà la possibilità di completare e arricchire le vostre conoscenze dell'italiano.
In questo nuovo libro siamo presenti non solo come autori ma anche come protagonisti di dialoghi e situazioni.
Alleghiamo perciò le nostre foto e una breve presentazione.
Vi auguriamo intanto buon divertimento e tanto successo.

Gli autori

Sono di Lecce ma da più di 15 anni vivo a Berlino, una città che mi piace molto. Tuttavia sono contenta di poter trascorrere alcuni mesi l'anno in Italia dove ho la famiglia, due gatti e tanti amici. Amo il mare, l'opera, la pittura, le canzoni di De André.
Non mi piace invece fare sport, guidare la macchina, andare in montagna, cucinare. Sono piena di contraddizioni e, anche se cambio facilmente umore, gli altri mi trovano in genere aperta e socievole.

Candida

Sono nato e cresciuto a Berlino, ma fin da bambino ho sempre avuto tanti contatti con l'Italia e attualmente vi trascorro quattro mesi all'anno.
Mi affascinano i libri di fantascienza, vado in bicicletta quando e dove posso, amo l'azzurro e la tranquillità della montagna.
Non sopporto le cravatte e la musica di Wagner.
Chi mi conosce bene sa che amo i lati buffi della vita anche se sembro piuttosto un tipo serio e tranquillo.
Però a volte perdo la pazienza a causa della mia distrazione.

Reiner

Ti piace stare in Germania? Ecco una domanda che spesso mi rivolge la gente quando sono in Italia. Certo che mi piace, ma anche in Italia o in Svizzera mi piace stare e penso che starei altrettanto volentieri in Francia o in altri paesi ancora. C'è chi mi dirà che mi mancano le radici. Sì, forse, essendo nata in Italia, cresciuta in Svizzera e abitando in Germania dall'84, avrò certamente assimilato caratteristiche di ognuno di questi tre paesi. Tuttavia io questa situazione non la vivo come mancanza. Anzi, mi considero fortunata a sentirmi a mio agio nel paese in cui vivo e lavoro. E poi, cosa contano oggigiorno i chilometri?

Beatrice

Abito a Milano, a metà strada fra la Sardegna, dove sono nata e dove ho trascorso la prima parte della mia vita, e la Germania, dove ho vissuto per più di sette anni. Mi sposto spesso, quindi, un po' verso il Sud e un po' verso il Nord. Può sembrare faticoso, ma è anche molto interessante.

Maria

Quando vado a trovare i miei a Napoli mi arrabbio sempre per il traffico, e allora mi dico: "Ah, quanto stavo bene in Germania. Sette anni di tranquillità!" Ma poi quando sono in Germania, come sono contento di tornare a casa, a Milano.

Francesco

LEZIONE 1

Comunicare

T 1 COME, QUANDO, CON CHI

- *Quali parole riuscite a scoprire nella spirale?*
- *Quali di queste forme di comunicazione usate più frequentemente? Con chi? In quali occasioni?*
- *Conoscete altri modi per comunicare? Provate a continuare la spirale.*

T2 ALLA FERMATA DELL'AUTOBUS

Chi è che racconta? Abbinate i testi alle foto.

a) Ieri, mentre aspettava l'autobus, leggeva il giornale. Finalmente era solo. Allora mi sono detta: ora o mai più.

b) Ieri, mentre davo uno sguardo al giornale, ho notato una ragazza proprio niente male che mi guardava. E così mi sono avvicinato e ...

ESERCIZIO 1 *Scegliete una foto e provate ad immaginare lo sviluppo della situazione. Assumete il ruolo dei personaggi e fate il dialogo.*

ESERCIZIO 2 *Rileggete la prima frase di ogni testo. Quali differenze notate nell'uso dei verbi? Sapreste spiegarle?*

GRAMMATICA 1.1

ESERCIZIO 3 *Che cosa è successo?*
Ascoltate le registrazioni e cercate di ricostruire le situazioni.
Es.: Mentre Laura scriveva a macchina, è squillato il telefono.

Ecco alcuni verbi che vi saranno utili:

a) scrivere a macchina, squillare
b) mangiare, guardare la TV
c) chiacchierare, mettersi a piangere
d) fare la doccia, fischiare
e) litigare, suonare alla porta
f) passare l'aspirapolvere, cantare
g) parlare al telefono, sgridare
h) suonare la fisarmonica, urlare "basta"

T 3 MA VERAMENTE, NOI PENSAVAMO DI ...

Elisa e Daniele si sono dati appuntamento, ma ...

Leggete il testo ed ascoltate.

Susy	Ciao, ragazzi. Che fate?
Elisa	Eh, niente. Veramente noi ... stavamo andando a fare una passeggiata.
Susy	Allora vengo anch'io, vi tengo un po' di compagnia.
Elisa	Ma veramente noi pensavamo di ... e poi io devo fare anche delle spese.
Susy	Ma sì, anch'io devo comprare delle cose!
Elisa	Eh, ma Daniele deve comprare dei libri.
Susy	Dei libri? Anch'io devo prendere dei libri.
Daniele	Sì, ma guarda che sono dei libri per la scuola, eh! Ti annoieresti ... Poi noi dobbiamo fare anche in fretta.
Susy	Eh, va beh, anch'io fra un po' ho un appuntamento. Dai, andiamo, così non si fa tardi.
Elisa	Ma non dovevi andare in palestra?
Susy	Sì, alle sette! Se facciamo presto, però, ce la faccio. Prendiamo il tram.
Daniele	No, il tram!? Io non ho voglia di andare in tram. Noi volevamo andare a piedi.
Elisa	Sì, dai, camminiamo un po'.
Susy	E va bene ... sì, sì, però facciamo presto.

ESERCIZIO 4 *Chi è Susy, secondo voi? Provate ad immaginare che cosa dicono Elisa e Daniele appena Susy va via.*

ESERCIZIO 5 *Rileggete le frasi dette da Elisa e Daniele.*
Quali sono i particolari che esprimono il loro disagio, il loro fastidio?

ESERCIZIO 6 *Nel testo compare più volte l'imperfetto.*
Si riferisce anche in questi casi ad azioni del passato?

GRAMMATICA 1.2, 1.3

ESERCIZIO 7 *Avete un appuntamento importante. Mentre state per uscire vi telefona una persona che insiste per parlare con voi (esempio: un'amica/un amico che ha bisogno di sfogarsi, il capufficio, un vostro/una vostra ex, ecc.). Fate il dialogo cercando di non essere scortesi e di arrivare in tempo al vostro appuntamento.*

T4 SITUAZIONI DI SCONTRO

Ascoltate le registrazioni. Sapreste dire dove si svolgono i dialoghi e chi sono le persone che parlano?

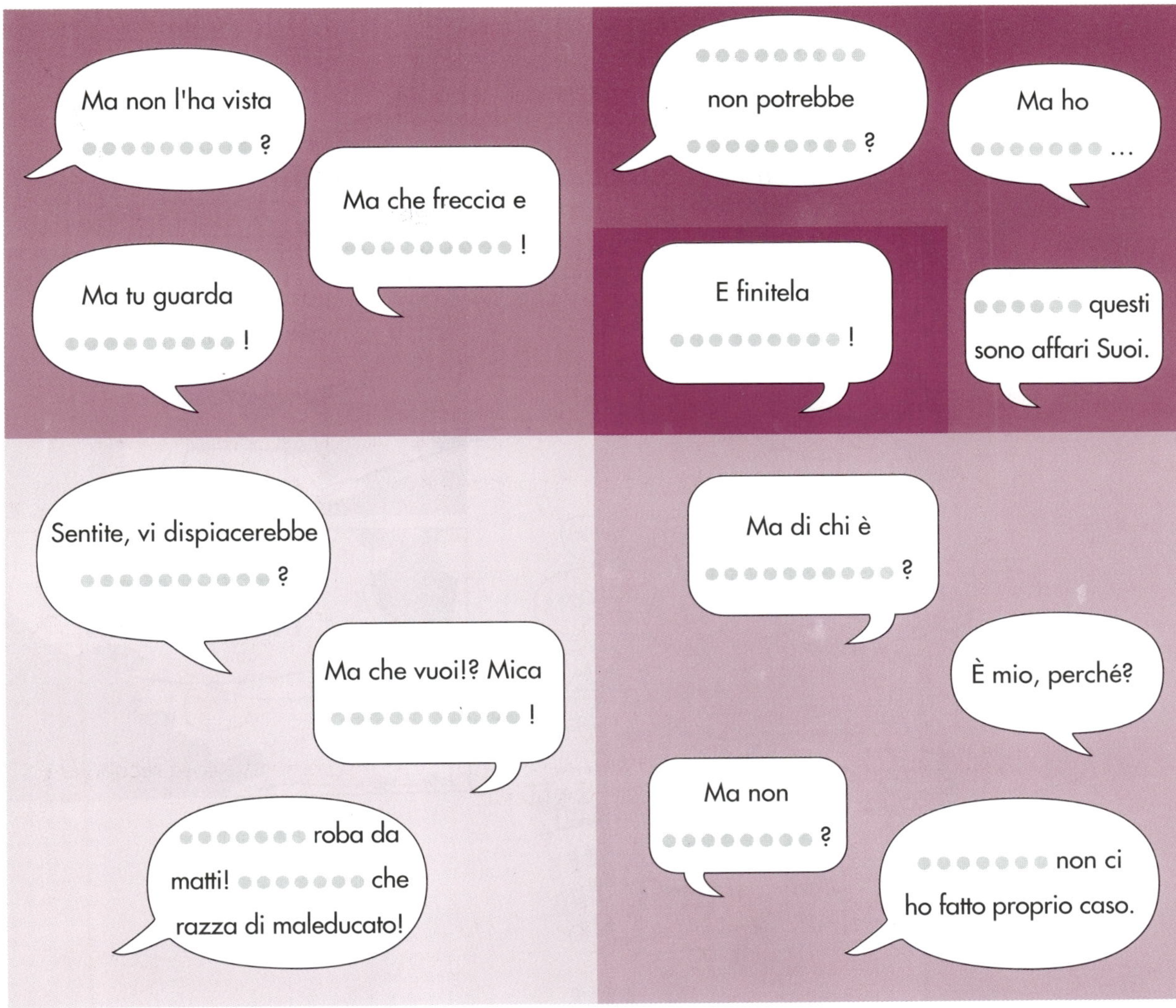

ESERCIZIO 8 *Riascoltate e completate le frasi dei fumetti.*

ESERCIZIO 9 *Quali interlocutori usano un tono educato / educato, ma energico / maleducato? Da quali espressioni potete capirlo?*

ESERCIZIO 10 *Immaginate una "situazione di scontro" in cui potreste trovarvi. Fate il dialogo scegliendo le espressioni adeguate.*

GRAMMATICA 1.4

C 1 I MODERNI MEZZI DI COMUNICAZIONE

ESERCIZIO 11 *Che cosa vi colpisce in queste vignette? Quale vi diverte di più? Spiegate perché.*

ESERCIZIO 12 *Condividete il punto di vista dei disegnatori?*

ESERCIZIO 13 *Radio, televisione, telefoni cellulari e non, computer, videotel, ecc.: oggi i mezzi di comunicazione sono entrati a far parte della nostra vita quotidiana. Di quali voi non potreste più fare a meno? A quali rinuncereste volentieri?*

T5 DA MILANO A BERLINO

Milano, 20 maggio 1995

Caro Reiner,

Ti spedisco le diapositive che mi hai chiesto. Ne ho trovate delle altre; non so se possono esserti utili, ma te le mando lo stesso, poi vedi tu. Ho provato a telefonarti, ma non risponde mai nessuno. Ma dove vai tutto il santo giorno? Sai che ti dico? Hai proprio bisogno di una segreteria telefonica.
In ogni caso se ti serve altro materiale, dammi un colpo di telefono. Io la segreteria telefonica ce l'ho.
Nel pacco troverai anche una sorpresa per il tuo compleanno: qualcosa che ti farà pensare alle vacanze. Non so se hai ancora l'età per queste altezze... ma qui dentro troverai sentieri per tutti i gusti e tutte le gambe. Buon divertimento.

Ciao

Francesco

P.S. A proposito: tanti auguri!

ESERCIZIO 14 *Perché Francesco ha scritto a Reiner?*
Che cosa regala Francesco a Reiner per il suo compleanno?

ESERCIZIO 15 *Nella lettera compaiono queste due espressioni:*

"Hai bisogno di una segreteria telefonica."
"... se ti serve altro materiale ..."

Come direste in tedesco?

GRAMMATICA 1.5

ESERCIZIO 16 *Scrivete una lettera ad un amico italiano per chiedergli di spedirvi qualcosa che vi serve.*

T6 ALLA POSTA

A

Francesco va alla posta per spedire le diapositive e il regalo a Reiner.

Seguite la conversazione.

Francesco	Buongiorno, senta, io vorrei mandare queste diapositive e questo libro in Germania. Qual è il mezzo più veloce?
Impiegato	Più veloce? La CAI Post. Sa dov'è la CAI Post, no? Appena esce, a destra ...
Francesco	Sì, sì, ho visto, e, scusi ... quanto tempo ci vuole per Berlino?
Impiegato	Ci vogliono 24 ore, almeno per l'Italia è così, ma penso anche per l'Europa.
Francesco	Sì, va bene.
Impiegato	Comunque il mezzo più veloce è quello lì, ecco.
Francesco	Va bene, e ... senta ancora, come ... come la devo mandare questa roba? In una busta?
Impiegato	Io Le consiglierei di prendere una busta di quelle ... di quelle imbottite, no, visto che c'è qualcosa di fragile ...
Francesco	Sì.
Impiegato	... oppure può incartare tutto. Ma lo chieda a loro, che lo sanno meglio ...
Francesco	Va bene, grazie, arrivederci.
Impiegato	Arrivederci.

B

Francesco va allo sportello della CAI Post e fa la fila. Finalmente arriva il suo turno.

Ascoltate.

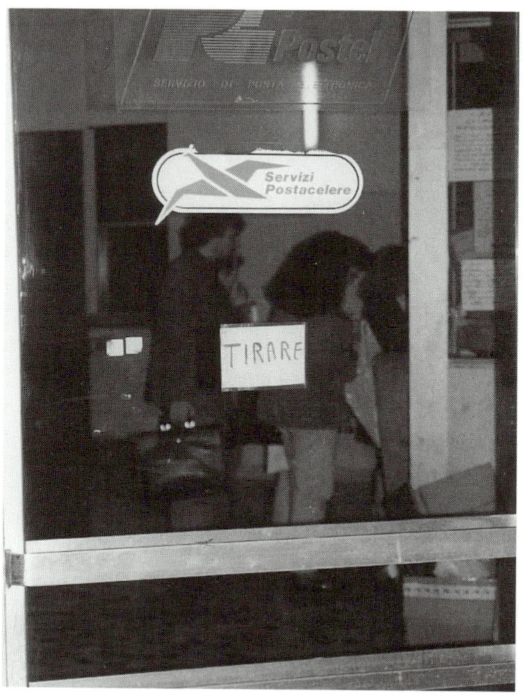

EMS CAI POST

ESERCIZIO 17 *Perché Francesco preferisce andare alla CAI Post?*
Che cos'è secondo voi la CAI Post?
Che cosa deve fare Francesco per spedire il pacco?

ESERCIZIO 18 *Nel dialogo B compaiono queste frasi:*

- "... io dovrei mandare questa roba in Germania. Quanto tempo ci mette?"
- "Beh, impiega due o al massimo tre giorni."

Rileggete ora il dialogo A. Francesco chiede la stessa informazione. Sottolineate la sua domanda e la risposta dell'impiegato. Che cosa notate?

GRAMMATICA 1.6

ESERCIZIO 19 *Ricostruite le frasi:*

Per spostare questo mobile	ci vuole	almeno cinque giorni.
Che francobollo	impiega	per l'Australia?
Una raccomandata per la Germania	ci mette	più di un'ora e mezzo.
Qui	ci vogliono	un'idea!
Da qui a Firenze questo treno	ci vorrebbe	almeno due persone.
Dopo questo pranzo		un bel pisolino.

ESERCIZIO 20 *Ecco alcuni itinerari proposti dalla guida di Reiner. Scegliete insieme quello che potrebbe andare bene per voi.*
Preparatevi poi all'escursione: pensate a tutto ciò che ci vuole e a quello che potrebbe servirvi (sacco a pelo, pila, binocolo ecc.).

505 La Traversata Alta
in due giorni dai Piani Resinelli ad Esino Lario
È una gita per gli escursionisti più allenati ma che è possibile spezzare in due giorni, passando la notte al rifugio Brioschi (2103 m).

PRIMO GIORNO

dal Piano dei Resinelli alla Grigna Meridionale (o Grignetta, 2177 m) e alla Grigna Settentrionale (o Grignone 2140 m)	dislivello in salita 1250 m dislivello in discesa 150 m tempo 6 ore itinerario segnato

SECONDO GIORNO

dal Rifugio Brioschi (2400 m) al Rifugio Bogani (1816 m) e al Vò di Moncodeno	dislivello in salita 100 m dislivello in discesa 1100 m tempo 3 ore itinerario segnato

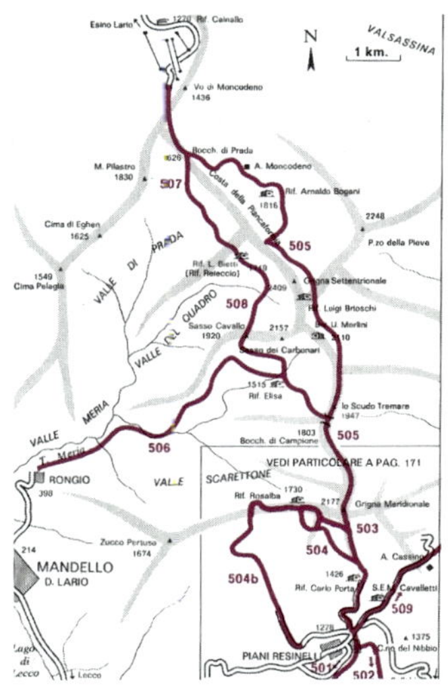

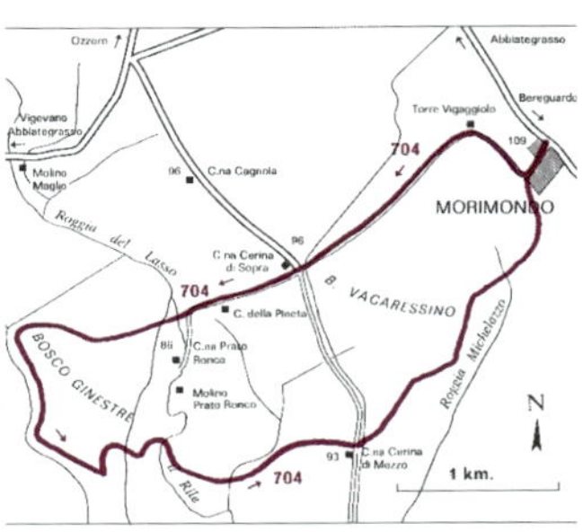

704 Da Morimondo al Bosco delle Ginestre
dalla grande abbazia cistercense al Ticino. L'itinerario è accessibile a tutti ed è di notevole interesse ambientale.

nessun dislivello
tempo 2.15 ore
itinerario non segnato

carte IGM 44 II SE (Abbiategrasso) e 45 III SO (Gaggiano)

C2 PICCOLA CITTÀ, GRANDI COMUNICAZIONI

Che cosa vi viene in mente leggendo il titolo dell'articolo? Formulate delle ipotesi sul contenuto.

Milano sta rimpicciolendo a vista d'occhio. Ogni giorno un po'. Lo giuro. Rimpicciolendo, abbassando. (...) In proporzione, le persone acquistano statura. Addirittura svettano. Si ricomincia a vederne: nel traffico, per le strade, sui marciapiedi, nei bar a mangiare panini; affacciate alle finestre che guardano in giù, meravigliate. Gente. Esseri umani con due gambe e due braccia, che si incontrano. Ora non è più necessario, come in un ascensore affollato, fissare sguardi imbarazzati contro pareti di metallo. (...)
Passano anche i suoni. Posso testimoniarlo. L'altro giorno dall'altro marciapiede una voce ha gridato il mio nome: e l'ho sentita. Era la mia amica Anna. E allora: "Che fai come va vieni su, che Nadia ha fatto il pesto." Erano anni che non lo dicevo. O forse lo dicevo e nessuno mi sentiva. (...)
Sono stata invitata all'Arsenale, la chiesa protestante sconsacrata, dove si fa teatro di ricerca. Tutti, pubblico e attori, si conoscevano. Ho visto quattro spettacoli in una sera, ho mangiato cuscus. Sono andata ad un vernissage da Filippo, in corso Italia. Nessuno aveva i soldi per comprare quadri. Ci siamo seduti in circolo e abbiamo fatto a chi le spara più grosse. Sembra di vivere davvero. Fantastico. Piccola città, grandi spazi – dove cultura, progetti, idee crescono. Mi piace, la riconosco. Se andiamo avanti di questo passo finirà che a furia di incontrare persone in carne e ossa mi accadranno cose vere. Che avrò qualcosa da raccontare senza dover leggere i giornali per farmi venire idee sul mondo. Senza dover guardare la TV.
E allora, e solo allora, varrà la pena, dal piccolo cuore della piccola città, di estendere tentacoli: di comprarmi il modem e allacciarmi in rete per raccontare della mia vita piena di parole importanti e facce emozionanti ad altre persone di altre città. A Luca, Annie, Sandro, Loretta, che abitano a Venezia, Roma, Reggio Calabria, e in campagna fuori Firenze; e forse loro a loro volta mi indicheranno altri nomi, altre città, altre nazioni o continenti cui allacciarmi. Per raccontare le mie favole a tutti, e sentire le loro risposte. Piccola città, grandi comunicazioni.

Da: Giovanna Nuvoletti, in *Linus*, a. XXIX, n. 6 (giugno 1993)

ESERCIZIO 21 *Quali delle vostre ipotesi iniziali sono state confermate? Quali no?*

ESERCIZIO 22
- *Rileggete il primo capoverso. Quali parole indicano un cambiamento nella città e nelle persone?*
- *Quali parti del testo vi fanno pensare ad una piccola città?*

ESERCIZIO 23 *Secondo voi, quello dell'autrice è solo un sogno o può diventare realtà?*

LEZIONE 2

Cosa mi racconti?

T 1 CHIACCHIERANDO SULLA SENNA

Guardate le persone del quadro. Che cosa potrebbe raccontare la donna?

T2 QUANDO LE COSE RACCONTANO

Potete immaginare come si sente uno se l'allontanano dalla sua famiglia e lo chiudono in una scatola buia? È proprio quello che è successo a me. Un giorno quella scatola si è aperta. Finalmente, ho pensato io. Ma il sollievo è durato poco. Una cosa mi ha leccato tutto. Che schifo! Così mi sono ritrovato incollato sulla schiena di una specie di fotografia. Non ho avuto il tempo di riprendermi dallo choc che una mano mi ha portato via per poi buttarmi in una grande cassa. Lì c'erano altri come me, così per un po' abbiamo chiacchierato e ci siamo raccontati le nostre esperienze. Poi quella cassa si è aperta e ci hanno sbattuti da un posto all'altro. C'erano anche tanti stranieri che si lamentavano. Il colmo è stato quando una macchina diabolica mi ha dato un colpo tale che ancora oggi si vedono i segni. Allora mi sono detto: basta, questa non è più vita e ho deciso di andarmene. Così mi sono separato dalla foto e, quando hanno aperto la finestra, sono volato via.

ESERCIZIO 1 *Leggete il testo. Riuscite ad indovinare qual è la cosa che racconta?*

ESERCIZIO 2 *Rileggete il titolo e la prima frase del testo.*
Quali parole corrispondono a "wenn"*?*

GRAMMATICA 2.1

ESERCIZIO 3 *Completate le frasi con* "se" *o* "quando".

.... domani piove posso finalmente uscire.

.... mi lascia ancora una volta in ufficio sparisco e non torno più.

Mi muovo solo .... mi toccano.

Tutti mi guardano .... mi passano davanti.

.... non mi trovano impazziscono.

.... li chiamo mi guardano sempre con una faccia mezza addormentata.

ESERCIZIO 4

- *Cercate nel testo le seguenti parole:* così, allora, poi, quando.
  A che cosa servono, secondo voi?
- *Pensate ora ad un oggetto che vi appartiene (una scarpa, un anello, un vecchio sofà ...). Che cosa potrebbe raccontare?*

T 3 IL NOME DELLE COSE

SHIMIZÉ

In nessuna lingua è difficile intendersi
come nella propria lingua.
(KARL KRAUS)

C'era un oshammi shammi che viveva in una wese-sheshammi in cima ad una wooba. Venne una notte un oogoro e disse all'oshammi shammi:
– Shimì, non voglio né la tua corona né il tuo bastone, voglio la tua shammizé.
– De shimite deé – rise l'oshammi shammi – cerca pure. Se vedi qua nella weseshe la mia shammizé, prendila pure.
L'oogoro frugò in lungo ed in largo tutta la weseshe-shammi e alla fine vide una woolanda e trionfante gridò:
– Shimì, eccola qui, l'ho trovata.
– Sei furbo come il tsezehé dalle lunghe orecchie – disse l'oshammi shammi – l'hai trovata ed è tua.
L'oogoro corse giù dalla wooba cantando e ridendo:
– Ho una shammizé! Per tutta la vita shimideé, avrò una shammizé!
Sulla strada incontrò un vecchio woorogoro.
– Shimì woro, ti piace? – disse l'oogoro – guarda, ti piace la mia shammizé?
– Woof – disse l'orogoro – stupido come uno tsezehé! Non vedi che quella che tieni tra le braccia è una woolanda?
Alla luce della luna l'oogoro guardò bene, vide il suo errore e se ne andò tzuke shimite no shimé, triste come chi ha perso il nome delle cose.

Da: Stefano Benni, Il bar sotto il mare, Feltrinelli

ESERCIZIO 5 *L'autore usa nella storia parole fantastiche che capisce solo lui. Provate a sostituire queste parole con altre che conoscete.*
Leggete poi la "vostra" storia agli altri gruppi.

ESERCIZIO 6 *Sottolineate le forme nuove del passato che si trovano nel testo e indicatene l'infinito.*

GRAMMATICA 2.2, 2.3

ESERCIZIO 7 LA CANZONE DI MARINELLA

di Fabrizio De André

Leggete il testo della canzone e inserite i verbi al posto giusto.

vivesti – furono – vide – volle – bussò – videro – baciò – furono – scivolò – seguisti – furono – vivesti – portò – bussò – pose

Questa di Marinella è la storia vera
che …… nel fiume a primavera
ma il vento che la …… così bella
dal fiume la …… sopra una stella.

Sola senza il ricordo di un dolore
vivevi senza il sogno di un amore
ma un re senza corona e senza scorta
…… tre volte un giorno alla tua porta.

Bianco come la luna il suo cappello
come l'amore rosso il suo mantello
tu lo …… senza una ragione
come un ragazzo segue l'aquilone.

E c'era il sole e avevi gli occhi belli
lui ti …… le labbra ed i capelli
c'era la luna e avevi gli occhi stanchi
lui …… le sue mani sui tuoi fianchi.

…… baci e …… sorrisi
poi …… soltanto i fiordalisi
che …… con gli occhi delle stelle
fremere al vento e ai baci la tua pelle.

Dicono poi che mentre ritornavi
nel fiume chissà come scivolavi
ma lui che non ti …… creder morta
…… cent'anni ancora alla tua porta.

Questa è la tua canzone Marinella
che sei volata in cielo su una stella
e come tutte le più belle cose
…… solo un giorno come le rose
e come tutte le più belle cose
…… solo un giorno come le rose.

C1 GLI ULTIMI CANTASTORIE

I cantastorie, fino a qualche decennio fa, giravano le piazze in occasione di fiere e mercati a cantare i "fatti", storie ispirate ad episodi di cronaca e di attualità. Spesso per illustrare questi "fatti" si servivano di grandi "fogli colorati". Allora i cantastorie avevano la funzione che oggi hanno televisione, radio e giornali. Uno degli ultimi cantastorie dell'Italia settentrionale è Adriano Callegari.

Ascoltate la registrazione e cercate di capire di quali persone parla Callegari.

ESERCIZIO 8 *Riascoltate la registrazione.*

- *Com'è diventato cantastorie il padre di Callegari?*
- *Che cosa pensavano di lui i suoi familiari?*
- *Perché hanno cambiato opinione?*

ESERCIZIO 9 LA BAMBINA GETTATA NEL POZZO

Ascoltate l'inizio della storia e guardate i "fogli".
Quali illustrazioni corrispondono al testo che avete ascoltato?

ESERCIZIO 10 *Provate a mettere in ordine i "fogli" e raccontate tutta la storia.*

T 4 COSE CHE SUCCEDONO

~ Santo cielo, Candida, ma ti rendi conto che è quasi un'ora che t'aspetto?
≈ Sì, hai ragione, scusami, ma ...
~ Oddio, cos'hai fatto alla gamba?
≈ Eh, aspetta un attimo che ordino qualcosa da bere e poi ti spiego ... Allora, stavo venendo in bicicletta, arrivo ... hai presente l'incrocio di Via Trinchese ...
~ Ah, quello dove c'è la libreria?
≈ Eh, sì, proprio quello. Stavo attraversando l'incrocio quando un deficiente con una Panda mi ha tagliato la strada. Sono ancora riuscita a frenare, per fortuna, però ho perso l'equilibrio e sono caduta. E, pensa, quello neanche si è fermato. Che rabbia!
~ Immagino come ti sei spaventata, no? E la gamba ti fa ancora molto male?
≈ No, non tanto ... Per fortuna lì vicino c'era una farmacia e ... mi hanno fasciato la gamba, e ora va molto meglio.

ESERCIZIO 11 *Candida spiega alla sua amica perché è arrivata in ritardo. Guardate il disegno. Sapreste raccontare brevemente che cosa è successo?*

ESERCIZIO 12 Santo cielo! – hai ragione – hai presente – ma ti rendi conto che – poi ti spiego – pensa – che rabbia!

- *Cercate queste espressioni nel testo. Come direste in tedesco?*
- *Scegliete una delle espressioni e immaginate una situazione in cui potreste usarla.*
  Esempio (una madre al figlio): Ma dove sei stato? Ti rendi conto che sono le 4 del mattino?

ESERCIZIO 13 *Siete arrivati in ritardo ad un appuntamento perché c'è stato un imprevisto. Spiegate all'altra persona il motivo del vostro ritardo.*

GRAMMATICA 2.4, 2.5

T 5 UNA STRANA STORIA

Provate ad immaginare altre cose che sono successe a Marina.

GRAMMATICA 2.6

ESERCIZIO 14 *Marina è la donna della foto. Che cosa potrebbe raccontare?*

"Quella sera avevo messo il vestito a pois ..."

Continuate voi.

Ecco alcune espressioni utili:
in quel momento – all'improvviso – subito dopo – ad un tratto – a quell'ora – in seguito – la mattina dopo

C2 IMPRESSIONI DI VIAGGIO

Nel brano seguente il narratore racconta di un viaggio. Provate a tracciarne il percorso.

Ero in viaggio, e a Firenze, verso mezzanotte, cambiai treno, verso le sei del mattino dopo cambiai un'altra volta, a Roma Termini, e verso mezzogiorno giunsi a Napoli, dove non pioveva e spedìi un vaglia telegrafico di lire cinquanta a mia moglie. Le dissi: – Torno giovedì. Poi viaggiai nel treno per le Calabrie, ricominciò a piovere, a essere notte e riconobbi il viaggio, me bambino nelle mie dieci fughe da casa e dalla Sicilia, in viaggio avanti e indietro per quel paese di fumo e di gallerie, e fischi inenarrabili di treno fermo, nella notte, in bocca a un monte, dinanzi al mare, a nomi da sogni antichi, Amantèa, Maratèa, Gioia Tauro. (...)
Mi addormentai, mi risvegliai e tornai ad addormentarmi, a risvegliarmi, infine fui a bordo del battello-traghetto per la Sicilia. Il mare era nero, invernale, e in piedi sull'alto ponte, quell'altipiano, mi riconobbi di nuovo ragazzo prendere il vento, divorare il mare verso l'una o l'altra delle due coste con quelle macerie, nel mattino piovoso, città, paesi, ammucchiati ai piedi. Faceva freddo e mi riconobbi ragazzo, avere freddo eppure restare ostinato sull'alta piattaforma, nel vento, a picco sulla corsa e sul mare.

Da: Elio Vittorini, Conversazione in Sicilia, 1941

ESERCIZIO 15 *Che cosa fa il narratore durante il viaggio? In quali momenti riconosce se stesso bambino o ragazzo?*

ESERCIZIO 16 *Chiudete gli occhi, ascoltate la musica e lasciate libera la vostra immaginazione ...*
Che cosa vedete durante il viaggio, quali sono le vostre impressioni? Parlatene con il vostro gruppo.

(O tremzinho do Caipira, in: Villa-Lobos, Bachianas brasileiras, EMI Records, 1973)

LEZIONE 3

Se ci sono differenze ...

T1 CONTRASTI

Adelante! Adelante! C'è un uomo al volante
Ha due occhi che sembra un diavolo
Adelante! Adelante! L'arrivo è distante
È alla fine di questo tavolo
Di questo cavolo di pianura
Di questa terra senza misura
Che già confonde la notte e il giorno
E la partenza con il ritorno
E la ricchezza con il rumore
Ed il diritto con il favore
E l'innocente col criminale
Ed il diritto col Carnevale
Passa correndo lungo la statale
Un autotreno carico di sale
Da Torino a Palermo
Dal cielo all'inferno
Dall'Olimpico al Quirinale
Da Torino a Palermo
Dal futuro al moderno
Dalle fabbriche alle lampare
In questa terra senza più fiumi
In questa terra con molti fumi
Tra questa gente senza più cuore
E questi soldi che non hanno odore
E queste strade senza più legge
E queste stalle senza più gregge
Senza più padri da ricordare
E senza figli da rispettare.

Da: Francesco De Gregori: Adelante! Adelante!

- *In questi versi di una sua canzone De Gregori parla di un mondo in cui convivono realtà opposte. Sapreste trovarne delle altre?*
- *Riscontrate dei contrasti anche nella vostra vita quotidiana? Parlatene con il vostro vicino.*

T2 CHE NE PENSATE?

Quando Candida e Reiner hanno portato in redazione l'immagine pubblicitaria in basso, le reazioni sono state contrastanti.

ESERCIZIO 1 *Guardate la pubblicità e leggete le opinioni nei fumetti. Condividete qualcuna di queste opinioni?*

ESERCIZIO 2

- *Ascoltate la discussione. Ci sono altri argomenti pro e contro la foto pubblicitaria? Prendete nota e confrontate poi i risultati con quelli del vostro vicino.*
- *Riascoltate ancora una volta la cassetta e aggiungete altre affermazioni a quelle già presenti nei fumetti.*

ESERCIZIO 3

Ecco alcune affermazioni riprese dalla discussione che avete appena ascoltato:

Elisabetta Ma ti rendi conto che ... loro vogliono solo far soldi?
Reiner Sì, ce ne rendiamo conto, però scusa, lo scopo della pubblicità è anche attrarre, no? Fare colpo, eh ...
Giovanna Il fatto che tutti ne discutiamo così, anche se abbiamo opinioni diverse, vuol dire che ha colpito nel segno.
Roberta Per me sarebbe addirittura il caso di non discuterne proprio.

a) In queste frasi prevale un' opinione positiva o negativa sulla pubblicità Benetton?
b) Rileggete le prime due frasi.
Che cosa notate di particolare nell'uso dei pronomi?

GRAMMATICA 3.1

ESERCIZIO 4

Cercate fra le riviste che avete in casa un'immagine pubblicitaria, una foto di copertina o un'immagine di un servizio fotografico che vi colpisce particolarmente (perché vi sembra originale, simpatica, kitsch ...). Portatela alla prossima lezione e discutetene con gli altri.

T3 PUNTI DI VISTA

Leggete la lettera della signora De Santis e la risposta della signora Fedrigotti.

Corriere della Sera **LETTERE & IDEE**

risponde Isabella Bossi Fedrigotti

Bello, onesto, stessa razza cercasi

Sono felicemente sposata – con matrimonio cattolico – da circa 30 anni con un musulmano e le posso assicurare che un marito musulmano è né più né meno come gli altri uomini. È la sua qualità che conta, non l'appartenenza ad una religione.
Quanto alla poligamia essa è soltanto tollerata dal Corano per sollevare le misere sorti delle numerose vedove di guerra del tempo del Profeta.
Questo per dirle che ho trovato la sua risposta a quella lettrice che le chiedeva un parere sui matrimoni misti, banale e piena di pregiudizi.

Maria De Santis (Roma)

Nella risposta a cui Lei si riferisce ho affermato che i matrimoni con musulmani sono matrimoni a rischio ma non credo che questo sia indice di pregiudizio. Naturalmente è a rischio anche una coppia cattolica, ma, secondo me, una mista lo è di più.
Mi sembra che la religione musulmana, forse non nella teoria del Corano ma nella pratica di tutti i giorni, non tenga le donne in grande considerazione o comunque assegni all'uomo un ruolo predominante.
Del resto Lei stessa, cara signora De Santis, alla fine della lettera (che ho dovuto tagliare) si sente in dovere di dare una serie di consigli alle eventuali coppie miste. Ritengo che siano dei suggerimenti sacrosanti, utili però soltanto se li seguono entrambi i coniugi.

ESERCIZIO 5 *Quali delle seguenti affermazioni potrebbero essere della signora Fedrigotti? Quali della signora De Santis?*

La religione musulmana non rispetta molto le donne.
Non credo di avere pregiudizi.
I matrimoni con musulmani possono essere problematici.
La poligamia serviva alle donne che avevano perso il marito.
I suoi consigli sono validi solo se li seguono la moglie e il marito.
Fra un marito musulmano e uno cattolico non c'è nessuna differenza.

ESERCIZIO 6 *Su che cosa la signora Fedrigotti e la lettrice hanno punti di vista diversi?*

ESERCIZIO 7 "Non credo che", "mi sembra che", "ritengo che": *quali verbi nel testo seguono queste espressioni? Sapreste indicarne l'infinito?*

GRAMMATICA 3.2, 3.3

ESERCIZIO 8 *Completate le frasi con i seguenti verbi:* avere, portare, potere, vivere, essere, funzionare.

1. Mi sembra che il confronto fra due culture .... tanti stimoli in più in un rapporto.
2. Penso che per i figli .... un grande vantaggio conoscere due lingue e due culture.
3. Secondo mio marito molti miei amici .... dei pregiudizi sul suo paese.
4. Credo che solo pochi matrimoni .... veramente.
5. Sono del parere che le differenze religiose .... influire negativamente.
6. Mio marito ed io pensiamo di .... più o meno come le altre coppie.

ESERCIZIO 9 *La signora De Santis, alla fine della sua lettera, ha dato una serie di consigli che il giornale non ha pubblicato. Quali potrebbero essere?*

ESERCIZIO 10 UN' INTERVISTA

Elisabetta Fontana, insegnante. Vive a Berlino dal 1982.

- *Ascoltate l'intervista, annotate le informazioni che riuscite a cogliere e confrontatele poi con quelle del vostro vicino.*
- *Riascoltate l'intervista.*
  Quali difficoltà ha incontrato Elisabetta appena arrivata in Germania?
  Cosa l'ha colpita particolarmente sia in senso positivo che in senso negativo?
- *Quali delle opinioni di Elisabetta condividete, quali no?*

C 1 IL MURO D'ACQUA

Leggete il testo e cercate poi di interpretare il titolo del racconto "Il muro d'acqua".

Ardiana Svodai fugge in barca dall'Albania in compagnia di un vecchio zio che muore durante il viaggio. Alcuni pescatori di Brindisi avvistano la barca in alto mare e la rimorchiano alla costa. Ardiana viene portata all'ospedale da un giornalista che, in seguito, le dà ospitalità a casa sua.

Prendemmo a camminare per la riviera. "Tu hai avuto sogni in tua vita?" (Ardiana) mi chiese. (...) "Nel '68 io mi trovai in un mare in tempesta. Letture collettive dal Capitale, dai discorsi di Lenin, dal libro rosso di Mao. Molti compagni portavano il basco in quegli anni. A me piaceva portare gli occhialini tondi, l'eschimo e uno sciarpone rosso.(...) Ero infatuato di Che Guevara, ma lo ero di più di Trotzskij." "Piccolo bolscevico italiano" commentò lei amareggiata. "Se Ardiana rimasta in prigione, colpa anche dei tuoi sentimenti." "Ardiana, non lasciarti ingannare dalle sirene. Il sogno occidentale è un bluff, un film, un'operetta. Qui non c'è il paradiso". Ma lei era come sorda, chiusa nei suoi schemi di mondo e sentenziò: "Grillo parlante".(...) Continuava a ripetere: "Non sapete apprezzare la libertà". Si arrabbiava contro i telegiornali, che amplificano i nostri lamenti di cittadini perplessi e con stupore vedevo crescere la sua gioia di fronte al luna-park delle luci cittadine, di fronte alle prospettive in vetro e cemento, di fronte alla congestione del traffico e all'esibizione delle vetrine. I nostri occhi vedevano cose diverse. Una sera allarmato le dissi: "Fai attenzione, Ardiana, hai perso una povertà dignitosa e ti stai innamorando di un benessere senza dignità!". Mi guardò addolorata, come fossi invidioso della sua libertà. Due giorni dopo dovetti andare a Napoli per lavoro. Ci restai un pomeriggio. Al rientro ebbi l'impressione che la casa fosse vuota. (...) "Ardiana, Ardiana!" chiamai. Non ebbi risposta. Sul divano-letto del soggiorno notai un foglietto. Diceva: "Ti metto alla prova. Voglio scoprire se hai il coraggio di dividere con me la povertà e la paura. Ti aspetto in Albania".

Da: Raffaele Nigro, Il piantatore di lune e altri racconti, Rizzoli 1991.

ESERCIZIO 11 *Perché, secondo voi, Ardiana è tornata in Albania? E il giornalista che cosa farà?*

ESERCIZIO 12 *Sottolineate un'affermazione di Ardiana e una del giornalista che vi sembrano particolarmente significative. Esprimete poi la vostra opinione sulle affermazioni che avete scelto.*

ESERCIZIO 13 *Immaginate di essere il giornalista e scrivete una lettera ad Ardiana in Albania.*

A

Se canta, se russa, se abbaia e anche se sta zitto

Il vicino di casa, in qualunque modo si comporti, fa arrabbiare i signori della porta accanto. E viceversa. Così nei condomini fioriscono liti senza fine.

ESERCIZIO 14 *Guardate il disegno.*
Che cosa dà fastidio alle persone che abitano nel condominio?

B

Ascoltate il dialogo e riguardate il disegno. Chi potrebbero essere i Franceschini, il signor De Piscopo e il signor Fantozzi?

De Piscopo	Sì, un momento ... Ah, signor Franceschini!? È successo qualcosa?
Franceschini	No, anzi sì. Senta, non potrebbe abbassare il volume del televisore? Io la notte voglio dormire ...
De Piscopo	Oh, mi scusi, mi dispiace molto, però non mi pare che sia proprio così alto.
Franceschini	E invece sì, mi sembra di averlo in camera da letto. Eh, non riesco a chiudere occhio. Così non si può andare avanti. Devo rivolgermi all'amministratore?
De Piscopo	No, no, no, no, non è proprio il caso. Cerchiamo di ragionare ...
Franceschini	Guardi che non sono il solo a lamentarmi. Lo dice anche il signor Fantozzi ...
De Piscopo	Ah sì? Beh, se la mettiamo così allora comincio anch'io a lamentarmi. Lo sa quanto mi rende nervoso il Suo cane?
Franceschini	Il cane? Che cosa c'entra il cane adesso? Fuffi non dà fastidio a nessuno.
De Piscopo	Ah sì? Abbaia per ogni minimo rumore e poi, quando voi non ci siete, si lamenta in continuazione. Insomma mi fa proprio diventare scemo. È chiaro che poi devo alzare il volume della televisione, no?
Signora Franceschini	Antonio!!!
Franceschini	Sì, sono qua.
Signora Franceschini	Oh, abbia pazienza signor De Piscopo. Sa, mio marito deve alzarsi presto e se non riesce a dormire si innervosisce ...
De Piscopo	Va beh, cercherò di abbassare il volume. Comunque, per favore, non lasciate questo Vuffi, ... Fuffi, come si chiama lui, da solo in casa perché quando si mette a ululare io non lo sopporto ...

ESERCIZIO 15 *Leggete il dialogo e cercate le espressioni usate dagli inquilini*

a) per lamentarsi o protestare
b) per reagire ad una lamentela / protesta

ESERCIZIO 16 *Come si dice in italiano...*
"... macht mich wahnsinnig", "... macht mich nervös"?

Cercate nel testo le espressioni corrispondenti.

GRAMMATICA 3.4

ESERCIZIO 17 *Improvvisate un dialogo fra due vicini di casa che hanno un motivo per lamentarsi.*

T5 TRA DUE GENERAZIONI

I ragazzi della I A del liceo Palmieri dovevano svolgere il seguente tema:

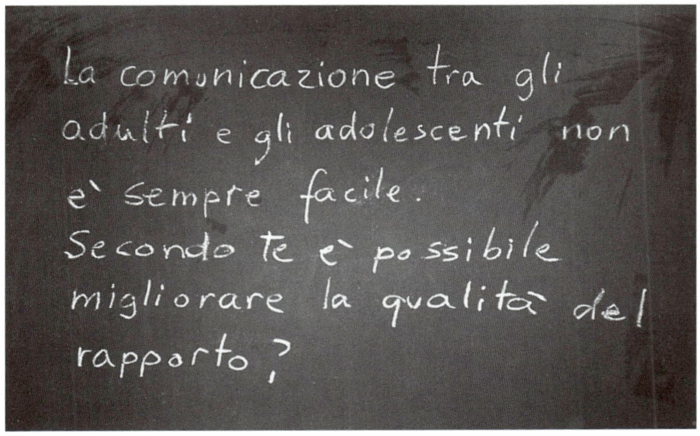

Ecco gli stralci di alcuni temi.

L'unica persona con cui riesco a comunicare è mia zia. Con lei io mi confido e quando le parlo di ragazzi mi ascolta e a seconda dei casi mi consiglia. Tutto ciò con mia madre non avviene perchè appena le parlo di ragazzi mi assale. Poi non vuole che io torni tardi la sera. E quando esco con i miei amici ho sempre paura che mi veda o che lo venga a sapere.

Non è giusto che molti adulti ci considerino ancora dei bambini. Ad esempio i genitori tendono a nascondere i discorsi sul sesso, alimentando in noi paure che non dovrebbero esistere. Non so se questo dipenda dalla loro educazione.

I miei genitori lavorano tutto il giorno e li "intravedo" solo alla sera. Non si può discutere con loro perché hanno i nervi tesi. Se c'è un problema di cui vuoi parlare ti azzittiscono con: "Zitto tu che devi ancora nascere".

Le soluzioni possono essere molte: più spazio per i ragazzi e per le loro idee, più aiuto e comprensione da parte degli adulti, più centri comunali per alcuni incontri tra ragazzi e adulti per parlare dei problemi della società di oggi. Quindi bisogna che ci sia più comunicazione tra le due generazioni.

ESERCIZIO 18 *Secondo i ragazzi che cosa potrebbero fare gli adulti per migliorare la qualità del rapporto con gli adolescenti?*

ESERCIZIO 19 *Cercate i congiuntivi presenti nei testi. Da quali verbi o espressioni dipendono?*

GRAMMATICA 3.5, 3.6

ESERCIZIO 20 *Pensate ad un adolescente o ad un adulto che conoscete bene e che si trova ad affrontare un problema. Come pensate che lo risolva? Esprimete i vostri timori e le vostre speranze.*

ESERCIZIO 21 *Sul tema del rapporto tra adulti ed adolescenti i ragazzi della I A hanno fatto anche una discussione in classe.*

Ascoltate cosa dicono Angela, Riccardo e Daniele.

- *Com'è il loro rapporto con i genitori?*
- *Si confidano di più con la madre o con il padre?*

Prendete nota e confrontate quello che avete capito con il vostro vicino. Poi riferite al gruppo.

C2 IL LADRO DI BAMBINI

Ecco una sintesi del film "Il ladro di bambini": leggetela. Come vi spiegate questo titolo?

Un giovane carabiniere meridionale deve accompagnare due bambini da Milano a un orfanotrofio del Sud. La bambina di 11 anni che la madre aveva costretto a prostituirsi e il fratellino, silenzioso e diffidente. Durante il viaggio si crea una specie di strana famiglia, dove piano piano nasce l'affetto. Il carabiniere non porta i bambini direttamente al collegio come gli era stato ordinato. Il viaggio per i piccoli si trasforma quasi in una breve vacanza. Il carabiniere li porta con sé a trovare la sua famiglia in Calabria e poi trascorrono insieme una giornata al mare, giocano, fanno il bagno, vanno al ristorante ... Tutto questo però ...

- *Ascoltate due volte il dialogo. Dato che si tratta di un dialogo tratto da un film, la comprensione sarà più difficile. Dopo ogni ascolto parlate con i vostri vicini di quello che siete riusciti a cogliere.*
- *Leggete ora il testo e riascoltate il dialogo. Che cosa rimprovera il maresciallo ad Antonio? E lui che cosa dice, come cerca di difendersi?*

... NELL'UFFICIO DELLA QUESTURA, SEDUTO DIETRO LA SCRIVANIA, UN MARESCIALLO STA ESAMINANDO L'INCARTAMENTO RIGUARDANTE I BAMBINI.

Maresciallo Ti piace fare il carabiniere?

ANTONIO È SEDUTO DI FRONTE A LUI, DALL'ALTRO LATO DELLA SCRIVANIA.

Antonio Sì, è un lavoro sicuro. È meglio di tanti altri lavori che ci stanno in giro. *(Sorridendo)* Poi, tutti questi altri lavori, dove stanno? ... Poi è un lavoro utile ...

Maresciallo *(fuori campo)* E magari vuoi fare pure carriera ...

Antonio Sto studiando, io. Adesso prendo il diploma.

Maresciallo *(fuori campo)* Lascia perdere! Ca 'a capa che tiene, è difficile!... *(in campo)* Lo sai che cosa ti costa quello che hai fatto?

Antonio Che ho fatto? ... Ho arrestato uno scippatore, che era armato, pure, e l'ho contenuto, senza ... maltrattamenti ...

Maresciallo *(fuori campo)* Ma che c'entra lo scippatore! ... *(in campo)* Sto parlando dei bambini: sequestro di persona.

ANTONIO SORRIDE, PENSA AD UNO SCHERZO. POI QUEL SORRISO GLI SI GELA SULLE LABBRA. ANTONIO SI FA SERIO, PENSIEROSO.

Antonio State scherzando?

NO, IL MARESCIALLO NON HA PROPRIO L'ARIA DI CHI STA SCHERZANDO.

Maresciallo Dammi il tesserino.

ANTONIO OBBEDISCE SENZA REPLICARE. UN ULTIMO ACCENNO DI SORRISO NON SORTISCE ALCUN EFFETTO.

Antonio Il bambino, stava male ... Soffre d'asma, non poteva viaggiare.
Maresciallo *(fuori campo)* Questo è successo tre giorni fa. E ieri e oggi che avete fatto? Dove avete dormito?
Antonio Li ho portati a casa di mia sorella. Sì, a fargli mangiare qualcosa ... Lavarsi ...
Maresciallo *(fuori campo)* Ti ho chiesto: dove avete dormito?
Antonio Mi sono fermato in un'albergo.
Maresciallo *(fuori campo)* Avete dormito tutti in una stanza, pure la bambina?
Antonio *(con un sorriso)* No ... Ma che cosa pensate? Loro ... li ho messi comodi, da soli. E io stavo nella stanza accanto. Non ho chiuso occhio tutta la notte ...
Maresciallo *(fuori campo)* E oggi avete fatto i turisti!
Antonio *(cercando di spiegare)* La bambina ... stava male.
Maresciallo *(fuori campo)* Pure la bambina! E tu non dovevi entrare nell'Arma, dovevi entrare nella Croce Rossa!

ANTONIO SORRIDE, SCHERNENDOSI.

Maresciallo *(fuori campo)* Insomma, hai fatto di testa tua.
Antonio No, io ho pensato ...
Maresciallo *(fuori campo, interrompendolo)* Tu non devi pensare. Tu devi eseguire gli ordini! E gli ordini stanno scritti qua, belli e chiari. ... Devo avvisare il tuo Comando.

ANTONIO RIMANE A GUARDARE IL MARESCIALLO. LA FACCIA CONTRITA, CROCIFISSA.

Da: Il ladro di bambini, regia di Gianni Amelio, 1992

ESERCIZIO 22 *Come giudicate voi il comportamento di Antonio?*

ESERCIZIO 23 CIAK! SI GIRA!

A libro chiuso immaginate di essere sul set del film. Due persone del gruppo sono il regista e l'assistente alla regia. Altre due persone interpretano i ruoli di Antonio e del maresciallo. Il regista e l'assistente danno istruzioni agli attori (come si devono comportare, cosa devono dire e in che modo).

LEZIONE 4

1. Ricette da inventare

Indicate gli ingredienti per preparare:
- una lezione effervescente
- una lezione pallosa
- il libro d'italiano ideale
- il peggior libro d'italiano del mondo
- una classe che meglio non si può

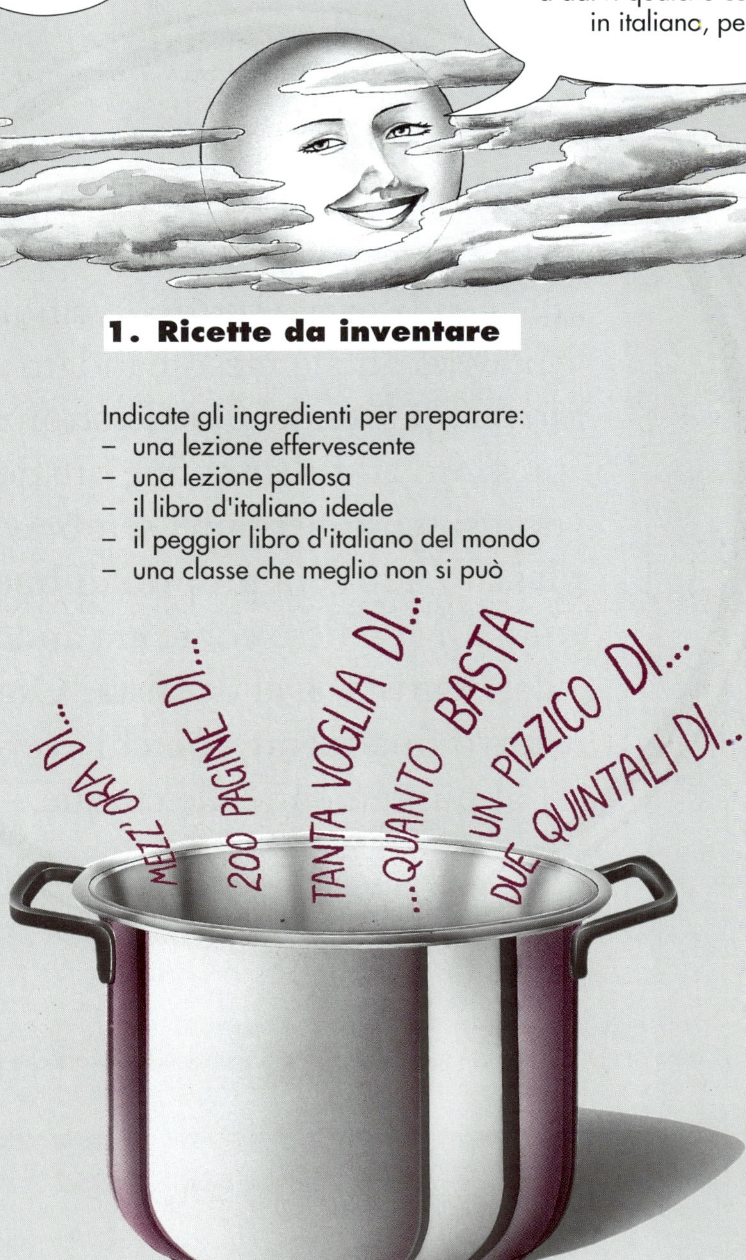

2. Quel "qualcosina in più" che fa la differenza

Leggete i due testi.

Ero lì che aspettavo da un'ora. Avevo capito male. Sull'agenda avevo scritto le cinque. Mi aveva raccomandato di arrivare puntuale! Quello stronzo! Si presentò due ore dopo, non si scusò, sembrava rilassato, era di buon umore. Mi chiese come era andata dal dentista. Dal dentista? Ora capivo con chi avevo appuntamento alle cinque.

Ero lì che aspettavo già da un'ora. Magari avevo capito male; eppure sull'agenda avevo scritto le cinque. Mi aveva anche raccomandato di arrivare puntuale! Quello stronzo! Si presentò addirittura due ore dopo, non si scusò neppure; sembrava rilassato, anzi era proprio di buon umore. Mi chiese come era andata dal dentista. Dal dentista? Ora capivo finalmente con chi avevo appuntamento alle cinque.

- Come avete notato, nel secondo testo ci sono alcune parole che nel primo non compaiono. Sottolineatele.
- Che effetto producono nel secondo testo le parole che avete sottolineato?
- Ora scrivete voi una breve storia e provate a utilizzare, per quanto vi è possibile, le parole che avete individuato.

3. Scoprite la verità

Si formano due squadre.

I membri di una squadra scelgono un fatto realmente accaduto ad uno di loro (per es.: "Io l'anno scorso ho stretto la mano a Pavarotti"), poi ognuno riferisce questo fatto agli avversari, come se fosse successo a lui.

Gli avversari fanno delle domande per scoprire chi mente e chi dice la verità. Non si possono fare più di tre domande a ciascun giocatore.

Sulla base delle informazioni raccolte la squadra si consulta e cerca di scoprire chi dice la verità. Può fare solo un tentativo; se indovina, guadagna un punto.

Il gioco passa agli avversari.

Vince la squadra che per prima totalizza quattro punti (tre, se i gruppi sono composti da più di cinque persone).

Consigli per lo svolgimento del gioco:
- è importante scegliere un fatto fuori dal comune
- annotate le risposte di ciascun avversario

4. Una miniera di informazioni

Per parlare l'italiano le occasioni non mancano ...

Di sicuro molti di voi hanno già avuto la possibilità di mettere a frutto in Italia la loro conoscenza dell'italiano. Anche lontano dall'Italia, però, l'italiano può servire come canale di comunicazione in varie occasioni.
Qui sotto ve ne vengono suggerite solo alcune; voi lasciatevi guidare dalla curiosità e scambiatevi le informazioni che avete. Potrete anche annotarle su un cartellone simile a questo, che aggiornerete ogni volta che scoprirete qualcosa di interessante.

LEZIONE 5

Che cosa è importante per me

T 1 ECCO COSA SCELGO IO ...

– *Che cosa è importante per voi? Scrivete nelle righe vuote le prime cose che vi vengono in mente.*

– *Cercate di scoprire se le vostre scelte sono condivise: chiedete a ciascun componente del vostro gruppo che cosa ha scritto e fate una crocetta su un quadratino ogni volta che la sua scelta coincide con la vostra.*

T2 PICCOLI GRANDI DESIDERI

A casa, per strada o, meglio ancora, al supermercato, arriva prima o poi la stessa richiesta.

Dai, compramelo!

A chi non fa piacere dire di sì, se il portafoglio lo consente? Eppure spesso gli adulti cominciano a provare imbarazzo e nervosismo.

ESERCIZIO 1 *Leggete questo titolo. Di che cosa parla l'articolo, secondo voi?*

ESERCIZIO 2 *Pensate alla vostra esperienza: a che cosa potrebbe essere riferita la richiesta del bambino? Quale potrebbe essere la risposta dell'adulto?*

ESERCIZIO 3 *Provate a tradurre la richiesta in tedesco. Che cosa notate?*

GRAMMATICA 5.1

ESERCIZIO 4 UTILE O SUPERFLUO?

Osservate questi oggetti e scambiatevi dei pareri: li comprereste per voi, per regalarli a qualcuno o non li comprereste affatto? Motivate la vostra opinione.

Es.: ~ Tu te lo compreresti il cellulare?
≈ Sì, io me lo comprerei, perché ...

~ Tu glielo regaleresti il motorino a tuo figlio?
≈ No, io non glielo regalerei, perché ...

Provate a continuare l'esercizio con altri oggetti a vostra scelta.

trapano

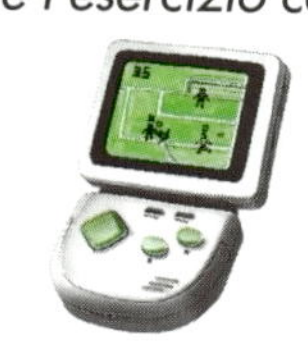

game boy

enciclopedia Treccani

cyclette

T 3 I PIACERI DELLA TAVOLA

Alcuni mesi fa Nino si è trasferito a Francoforte, dove per la prima volta vive da solo. Ora è andato a trovare Francesco a Milano. La sera, per cena, i due amici preparano pasta e fagioli con le cozze.

Ascoltate la loro conversazione.

ESERCIZIO 5 *Secondo voi Francesco, Nino e Salvatore apprezzano tutti e tre i piaceri della tavola? Ci sono delle differenze nelle loro abitudini alimentari?*

ESERCIZIO 6 *Leggete i seguenti stralci del dialogo. Riascoltate la cassetta e completate le frasi: sapreste spiegarne il significato?*

a) Ma che fai, ••••••• in barattolo? Eh, ci vogliono quelle fresche: il sugo ••••••• .

b) Eh, ma se ••••••• ad andare al mercato, a cucinare per ore, se ne va tutto il tempo libero: •••••••••• e ... mercato?

c) ... Salvatore è capace di ••••••• per settimane. Il massimo ••••••• sono gli spaghetti col sugo in scatola.

d) ... e gli feci il pesce spada, dovevi vedere come mangiava! ••••••• due porzioni.

ESERCIZIO 7 IO MANGIO COSÌ

Che importanza hanno per voi la buona tavola, la qualità del cibo, la genuinità degli alimenti? Ecco qui sotto alcune espressioni che vi possono servire per parlarne:

io do molto peso a ...
mi preoccupo soprattutto di ...
io veramente penso solo a ...
mi basta ...

non riesco a fare a meno di ...
la cosa più importante per me è ...
tengo moltissimo a ...
per me ... non ha importanza

T4 PAROLE RUBATE

A chi non è capitato, viaggiando in treno, di ascoltare brandelli di conversazione? Certe volte, anche volendo, non se ne può fare a meno. Come quella volta sull'espresso Roma – Torino ...

Ascoltate

ESERCIZIO 8 *Quali informazioni sulle due viaggiatrici riuscite a ricavare? Prendete nota.*

ESERCIZIO 9 *In una situazione di conflitto tra lavoro ed affetti vi comportereste anche voi come la signora del treno?*

ESERCIZIO 10 *Nell'introduzione e nel dialogo compaiono le seguenti espressioni:*

"A chi non è capitato, viaggiando in treno ..."
"... lavorando il tempo passa in fretta ..."

Come potreste dire altrimenti?

GRAMMATICA 5.2

ESERCIZIO 11 *Ricostruite le seguenti frasi.*

Dovendo decidere tra lavoro e affetti	mi accorgo di aver sbagliato.
Andando al lavoro	ho scelto la famiglia.
Pensandoci bene	l'amore dura più a lungo.
Non potendo fare diversamente	mi fermo a fare la spesa.
Vedendosi di rado	ci siamo organizzati così.

ESERCIZIO 12 *Immaginate di incontrare in treno una vostra vecchia conoscenza. Raccontando le ultime novità, voi parlate di una decisione che avete preso recentemente e ne spiegate le motivazioni. Per es.:*

- avete ristabilito i contatti con un vecchio gruppo di amici
- state cercando un lavoro part-time
- avete deciso di trascorrere un anno all'estero
- ...

C1 A piacer mio

Un sondaggio rivela le attività più piacevoli e distensive degli europei

ROMA. L'Agenzia Hipotesis ha presentato a Roma i risultati dell'indagine condotta dall'Associated Research in Substance Enjoyment (Anse). Un campione di 2042 cittadini di Italia, Francia, Germania, Spagna e Inghilterra ha stilato due differenti classifiche su ciò che considera piacevole e distensivo. Vediamo in dettaglio alcune risposte.

Quali attività rilassano di più

	Europa	Italia
Fare il bagno o la doccia	82	92
Leggere libri o riviste	76	80
Guardare la Tv	67	72
Fare ginnastica	54	47
Giocare con i bambini	51	65
Bere caffè	49	50
Mangiare altre cose	46	49
Bere tè	40	36
Mangiare cioccolato	36	26
Fumare	28	30
Bere un alcolico	20	8
Meditare/Yoga	14	10

Fonte: *Market & Opinion Research International (Mori)*

Quali abitudini considera piaceri?

	Europa	Italia
La famiglia e i bambini	86	90
Leggere libri e riviste	83	86
Le vacanze	83	89
Intrattenersi con gli amici	82	79
Bere tè o caffè	78	81
Ascoltare la radio	76	70
Guardare la tv	74	80
Uscire a pranzo/cena	74	70
Il sesso	71	83
Shopping/Spendere soldi	64	72
Andare al cinema/teatro	60	63
Praticare sport	59	64
Mangiare dolci	53	52
Bere vino, birra/altri alcolici	50	48
Fumare	31	31

Fonte: *Market & Opinion Research International (Mori)*

CAFFÈ. Da soli o in compagnia è, insieme al tè, la bevanda preferita. Con qualche differenza sugli effetti: se ai tedeschi il caffè dà lo sprint (36 per cento), agli spagnoli piace soprattutto per il suo "sapore" (56 per cento); decisamente passivi i francesi che lo bevono per "abitudine" (47 per cento) mentre per gli italiani resta un puro "piacere" (27 per cento). Un particolare: caffè e tè piacciono soprattutto alle donne in un buon 10 per cento dei casi in più.

CIOCCOLATO. A forma di ovetto, orsacchiotto o monetina, il cioccolato si mangia per solo "piacere". Lo apprezzano soprattutto i francesi (55 per cento), seguiti a ruota dagli italiani (53 per cento). A scavare nei dati scopriamo che ad alzare la media sono soprattutto le donne. Le italiane, tuttavia, sbaragliano la concorrenza: lo mangia per piacere il 53 per cento contro il 31 dei maschi. Voglia di consolazione?

SESSO. Addio passioni di fuoco! Fosse per gli europei la letteratura amorosa avrebbe già chiuso i battenti. Il sesso viaggia peregrino al decimo posto: ossia, dopo le riviste, il caffè, la radio e la televisione ... Niente paura. A risollevare le sorti della media europea (71 per cento) ci pensano gli italiani (83 per cento) che lo collocano, tra i "piaceri" al quarto posto. A dire il vero sono i soli. Perfino gli spagnoli (68 per cento) tradiscono il mito del "macho" latino, passando clamorosamente lo scettro ai tedeschi (72 per cento).

BAGNO CALDO. Proprio così: per gli europei (82 per cento), ma soprattutto per gli italiani (92 per cento), è la massima aspirazione dopo una giornata di lavoro. È al primo posto tra le attività a cui pensano per rilassarsi. E, una volta appagati dalla doccia, nulla di meglio che passare in rassegna una rivista o la televisione.

Da: La Repubblica, 14.3.94

ESERCIZIO 13
- *Qual è lo scopo dell'indagine di cui si parla nell'articolo?*
- *Osservate i dati riportati nelle due liste. Ce n'è qualcuno che vi sorprende particolarmente? Perché?*

ESERCIZIO 14 *Pensate che un'indagine come questa possa offrire dei dati attendibili? Motivate la vostra risposta.*

T 5 UN'OPPORTUNITÀ DA NON PERDERE

Lettere al direttore

Caro direttore,

sono la mamma di un ragazzo di quattordici anni, che fino ad ora ci ha dato molte soddisfazioni: è sveglio, aperto, socievole e a scuola è sempre andato benissimo; ma la sua passione, fin da piccolo, è sempre stata il calcio. Un anno fa è stato notato da un osservatore della Juventus, che ci ha proposto di farlo entrare nel loro vivaio. Non Le dico i dubbi miei e di mio marito ... ma alla fine abbiamo accettato, anche perché nostro figlio ha insistito molto e poi perché non ce la sentivamo di fargli perdere un'occasione forse unica. Ma ora non siamo più tanto sicuri che sia stata una decisione giusta. Lui dice che è molto contento, dice che ha trovato degli amici, che si diverte, ma noi pensiamo che, in un certo senso,sia diventato adulto troppo presto. E poi ci manca molto. ... Sì, è vero, lì lui frequenta la scuola e quindi non ha interrotto gli studi; ma cosa succederà se non sfonderà? Lei che cosa ne pensa? Pensa che il nostro sia stato un errore?

Paola Vitali *– Sezze Romano (LT)*

ESERCIZIO 15 *Quali sono i dubbi della signora Paola e di suo marito?*

ESERCIZIO 16 *Andrea, il figlio della signora Vitali, dice:*

"Penso che questa sia l'occasione della mia vita."

Come giudicherà, secondo voi, questa scelta tra vent'anni?

"Penso che quella ... l'occasione della mia vita."
"Penso che ... "

GRAMMATICA 5.3, 5.4

ESERCIZIO 17 *Pensate che la signora Vitali e suo marito abbiano commesso un errore?*
Provate a rispondere alla loro lettera.
Ecco alcune espressioni che vi possono essere utili:

avete fatto bene/male a ...
mi sembra che ...
è giusto che ...
(non) sono sicuro/a che ...

ESERCIZIO 18 *Avete anche voi una passione che coltivate da tempo?*

T 6 MODE E MODELLI

Ecco alcuni "eroi" ed "eroine" di ieri e di oggi. Quali pensate che abbiano influenzato più profondamente i comportamenti dei loro contemporanei? Quali di essi continuano ad essere un modello ancora oggi? Pensate che alcuni di loro saranno degli sconosciuti per le generazioni future?

Credo che sia stato/a un personaggio ...
Sono convinto che col passar del tempo (non) si parlerà ...
Penso che continuerà a ...
Ritengo che attualmente ...
La penso anch'io così, però ...

ESERCIZIO 19 *Chi sono i vostri "eroi" e le vostre "eroine"? Quali persone sono o sono state per voi dei modelli? Perché?*

GRAMMATICA 5.5, 5.6

C2 PRIMA O POI IL MILIARDARIO ARRIVA

Leggete questo articolo del giornalista ed insegnante Domenico Starnone. Secondo voi, la storia raccontata è verosimile o è poco credibile?

La collega Passamaglia mi mostra un suo quaderno dove annota i problemi che incontra quotidianamente con i suoi alunni. Le pagine più fitte riguardano l'allieva Banda Sara. Banda, quando è presente, sghignazza distratta o borbotta in dialetto. Di solito però è assente, un banco vuoto. Passamaglia lo fissa e nel bel mezzo di una lezione pensa: "Dove diavolo sarà adesso Banda?" Ieri l'ha bloccata in corridoio durante la ricreazione e gliel'ha chiesto. Banda era vestita con corpetto viola del tipo vedo e non vedo, nonché pantaloni neri del tipo di quelli che uno dice: "Glieli hanno cuciti sulla pelle e ora non se li può sfilare più." Fumava, quest'alunna, aspirando a pieni polmoni, in corridoio sotto il cartello "Vietato fumare", e si vedeva la brace della sua sigaretta bruciare tabacco e carta velocemente, come se avesse fretta di congiungersi al rosso fuoco del rossetto. Le ha risposto in dialetto che quando non viene a scuola va al bar in piazza Cotorno con gli amici suoi. La piazza si trova tra casermoni grigi e scritte con lo spray; il bar è di lato a un albero, l'unico della zona, moribondo. "Questi amici – allora ha chiesto Passamaglia scandalizzata – nemmeno loro vanno a scuola?" No. "Vanno a lavorare?" No. "E che fanno?" Stanno al bar. "E non vi annoiate di questo bar?" Nient'affatto. "Ma vuoi passare lì la tua vita con gli amici tuoi?" Sì. "Vuoi diventare vecchia nel bar?" No, s'è impennata all'improvviso Banda. E le ha spiegato che presto o tardi passa di lì un miliardario e se la sposa. Qui Passamaglia ha fatto un terribile errore. A sentire del miliardario le ha detto d'impeto: "Scusa, Banda, ma ti pare che i miliardari passano per il bar di piazza Cotorno?" Poi, come si è pentita! Banda infatti non ci aveva mai pensato. Per lei, fino a quel momento, i miliardari potevano passare dappertutto. Ha spento la sigaretta sul pavimento e se ne è andata in classe.

Da: Il Corriere della Sera, 09.10.93

ESERCIZIO 20 *Che tipo è Sara?*
Che cosa fa quando marina la scuola?

ESERCIZIO 21 *Perché, secondo voi, l'autore dell'articolo parla di "errore" della collega? Siete d'accordo con la sua opinione?*

ESERCIZIO 22 *Qual è, secondo voi, il valore dei sogni: allontanano dalla realtà o aiutano a vivere meglio?*

LEZIONE 6

Io, gli altri, le cose

T1 DIMMI CON CHI VUOI STARE

Immaginate di andare a vivere per un anno su un'isola deserta.

- *Scegliete tre persone, non appartenenti alla vostra famiglia, che portereste con voi. Quale potrebbe essere il contributo di ciascuna in quella situazione ?*
- *C'è un oggetto, una cosa a cui siete molto legati e che vorreste assolutamente mettere in valigia?*

T 2 EMOZIONI

A

Ascoltate la cassetta e guardate le illustrazioni sulle due pagine.
A quale situazione si riferisce il dialogo?

ESERCIZIO 1 *Riascoltate il dialogo e completate.*

~ Massimo, ma che hai ?
≈ Io veramente non ce la faccio più, sto così male che mi sembra di impazzire.
~ Ma dai, coraggio, non fare così. Non ti posso vedere così, in questo stato.
≈ Ma tu, al posto mio che cosa ●●●●●●●●●●●●●●●●●●?
~ Io? Io ●●●●●●●●●●●●●●● al diavolo, questo ●●●●●●●● ●●●●●●.
Ma su, dai, adesso non pensarci più, cerca di reagire, dai.

1

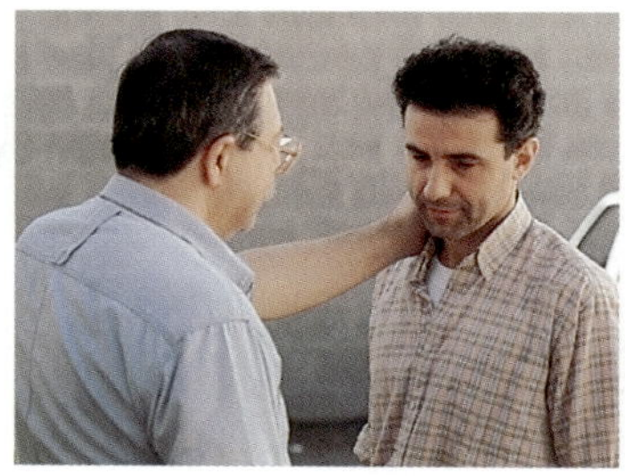
3

GRAMMATICA 6.1

ESERCIZIO 2 *Leggete che cosa è successo a queste persone.*
Che cosa avreste fatto voi al loro posto?

Gianni: "Allora, al momento di pagare il conto mi sono accorto di aver dimenticato il portafoglio ..."

Angela: "Ero sola in casa. Volevo andare a dormire quando ho visto quell'ombra. Ero fuori di me dalla paura ... "

Alberto: "Da tanto tempo ero disoccupato. Poi, un giorno mi ha telefonato la ditta Vox e mi ha offerto un posto in Australia."

Lucia: "Quando quella mattina ho aperto la finestra non volevo credere ai miei occhi. Sì, c'era proprio un elefante in giardino."

B

Ascoltate adesso i dialoghi successivi e abbinateli alle altre situazioni.

ESERCIZIO 3

– *Riascoltate la cassetta:*

quale persona

è contenta,
è infastidita da qualcuno,
si sente giù,
vuole incoraggiare qualcuno,
si sente insicura?

2

– *Trovandovi nei panni di queste persone voi che cosa direste? Ecco alcune espressioni utili. Ve ne vengono in mente delle altre? Prendete nota e confrontate i risultati con il vostro vicino.*

stia tranquilla ...
sono così contenta ...
abbia fiducia ...
ho paura di non farcela ...
ce la farai, ne sono sicuro ...
sono proprio a terra ...

ma dai, coraggio, non fare così ...
sù, dai, adesso non pensarci più ...
mi sento, non so come dire ...
che bello, non ci posso credere!
sto così male ...
non lo sopporto proprio ...

4

GRAMMATICA 6.2

ESERCIZIO 4

Assumete i ruoli e fate i dialoghi.

a) Avete programmato un viaggio piuttosto avventuroso con un amico. Siete molto contenti, ma all'ultimo momento il vostro amico esprime qualche incertezza. Cercate di tranquillizzarlo.

b) Una vostra amica ha lasciato l'uomo con cui viveva da molti anni. Ora però è in crisi perché non è più abituata a vivere da sola. Cerca un appartamento, forse un nuovo lavoro ... Esprimete la vostra comprensione e disponibilità ad aiutarla.

c) Il vostro vicino per qualche settimana non è venuto al corso. Ora si sente insicuro e ha paura di non farcela a continuare. Cercate di incoraggiarlo.

T 3 SE NON MI AMASSI PIU' ...

Una canzone interpretata da Fiorella Mannoia parla dei "dubbi dell'amore".

Ascoltate e leggete il testo: Quali sono questi dubbi ?

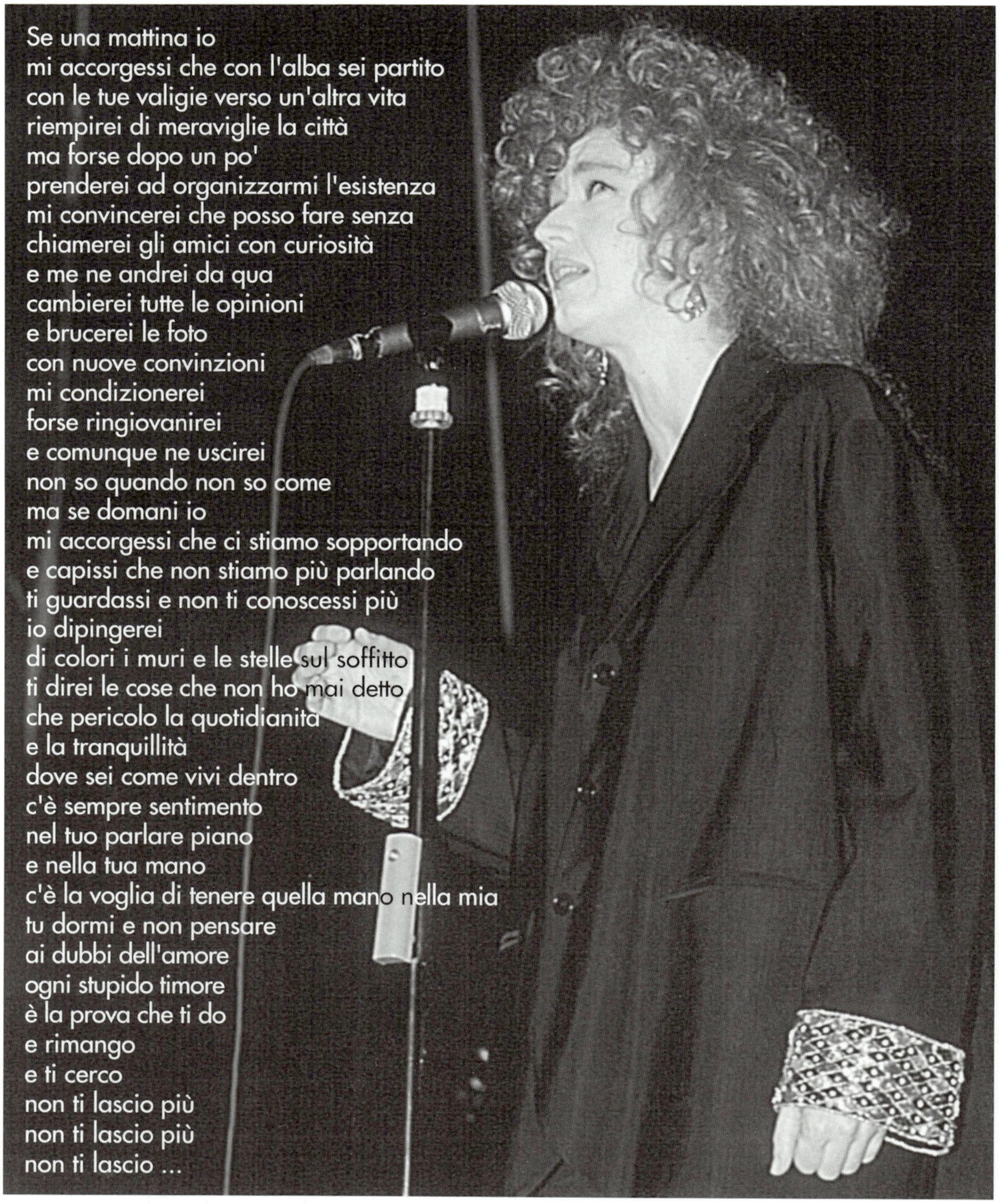

Se una mattina io
mi accorgessi che con l'alba sei partito
con le tue valigie verso un'altra vita
riempirei di meraviglie la città
ma forse dopo un po'
prenderei ad organizzarmi l'esistenza
mi convincerei che posso fare senza
chiamerei gli amici con curiosità
e me ne andrei da qua
cambierei tutte le opinioni
e brucerei le foto
con nuove convinzioni
mi condizionerei
forse ringiovanirei
e comunque ne uscirei
non so quando non so come
ma se domani io
mi accorgessi che ci stiamo sopportando
e capissi che non stiamo più parlando
ti guardassi e non ti conoscessi più
io dipingerei
di colori i muri e le stelle sul soffitto
ti direi le cose che non ho mai detto
che pericolo la quotidianità
e la tranquillità
dove sei come vivi dentro
c'è sempre sentimento
nel tuo parlare piano
e nella tua mano
c'è la voglia di tenere quella mano nella mia
tu dormi e non pensare
ai dubbi dell'amore
ogni stupido timore
è la prova che ti do
e rimango
e ti cerco
non ti lascio più
non ti lascio più
non ti lascio ...

"I dubbi dell'amore", di E. Ruggeri, L. Schiavone

ESERCIZIO 5

- *Rileggete il testo e indicate in quali parti la donna fa delle ipotesi sul suo rapporto sentimentale e in quali immagina le sue possibili reazioni.*
- *Ci sono reazioni che potrebbero essere le vostre o vi comportereste diversamente?*

ESERCIZIO 6

– *Come completereste la prima frase dello schema? Rileggete il testo della canzone.*
– *Provate poi a formulare un'altra frase come nell'esempio precedente.*

ipotesi	conseguenza
Se mi accorgessi che sei partito	
Se non mi amasse più	

GRAMMATICA 6.3, 6.4

ESERCIZIO 7

Coniugate i verbi tra parentesi.

a) (io – essere) molto contenta se tu mi (scrivere) più spesso.
b) Se (lui – avere) più coraggio le (dire) cosa prova.
c) Se un giorno lui mi (lasciare) non (sapere) più come andare avanti.
d) Noi (trovarsi) molto bene con loro se non (loro – litigare) tanto spesso.
e) Tutto (essere) più facile se (noi – vivere) insieme.
f) Se (lui – essere) sincero le (raccontare) tutto.

senza di te ...
ti penso ...
ho nostalgia di te
mi manchi tanto
vorrei abbracciarti ...
ti amo alla follia
sono pazzo/a di te
ti voglio tanto bene
amore mio

ESERCIZIO 8

Siete molto innamorati di una persona che attualmente è lontana da voi. Che cosa le scrivereste?

T4 UNA SERATA PARTICOLARE

ESERCIZIO 9 — Le due persone senz'altro si aspettavano una serata diversa.
Che cosa potrebbe ancora salvare la situazione?

ESERCIZIO 10 — *Confrontate i pensieri nei fumetti con le frasi dell'esercizio 6 .*

GRAMMATICA 6.5

ESERCIZIO 11
- *Come completereste queste frasi?*
- *Provate voi ad immaginare altri pensieri.*

C 1 STORIA DI TIGER

Leggete il seguente brano. Quali sono le abitudini di Tiger?

Per educare un animale domestico occorre la stessa forza morale che per allevare un bambino. Tiger aveva un vizio: non le piaceva dormire nella cuccia di stoffa che le avevamo preparato. E appena spegnevamo la luce, un impercettibile sussulto della coperta ci avvertiva che la gatta era salita sul letto. Sentivo il suo zampettare furtivo, finché trovava un incavo dove raggomitolarsi accanto a noi.
Le prime volte mi ero alzato per riportarla al suo posto. Poi alla fine avevo desistito anche perché – eravamo in inverno – il calore di quel piccolo corpo era gradevole, quasi rassicurante. Certamente Tiger non capiva perché noi si dovesse dormire abbracciati, mentre lei restava confinata nella sua cuccia, né io potevo darle torto. Soltanto di giorno, se capitava un momento di intimità amorosa, sentivo con imbarazzo quelle pupille vitree fisse su di noi.
"Lasciala, che fastidio ti dà?" Wanda protestava.
"Beh, non mi piace essere guardato ..."
"Ma è un gatto, dai."
"Lo so, ma non mi piace lo stesso."
Un pomeriggio mi parve di cogliere, nello sguardo di Tiger, un'ostilità, una specie di repressa gelosia. Così mi alzai e la chiusi nello stanzino del bagno. Ma dopo pochi minuti la porta a vetri cominciò a vibrare sotto le spallate che Tiger, saltando con tutta la sua forza, vi imprimeva con la groppa a mo' di protesta. E non smise finché non riaprimmo la porta e lei fu di nuovo ammessa allo spettacolo.

da: Carlo Castellaneta, Rapporti confidenziali, Arnoldo Mondadori Editore, 1989

ESERCIZIO 12 *L'autore attribuisce a Tiger sentimenti, comportamenti umani. Da quali frasi lo capite?*

ESERCIZIO 13 *E se Tiger potesse parlare come descriverebbe questa situazione?*

ESERCIZIO 14 *Se doveste scegliere, quale animale terreste in casa con voi? Quale invece non vorreste assolutamente?*

T 5 COME TI TROVI QUI ?

Guardate le foto. Quali differenze notate fra i due ambienti di lavoro?

Ascoltate ora la cassetta e leggete il testo.

~ Ehi, ma sai che è proprio bella questa nuova sede! Le stanze sono così ... luminose ... Se lo sapevo prima quasi quasi mi facevo trasferire anch'io.
≈ Ah, sì, guarda, io mi trovo proprio bene ... Hai visto? Finalmente un ufficio tutto per me.
~ Eh, sì, certo, è bello quando non si è costretti a dividere una stanza con altre tre persone, che oltretutto fumano, poi.
≈ Sì, e poi, guarda, qui si sta più tranquilli, senza tutti quei rumori ... Sai quel mal di testa che avevo? Guarda, niente, sparito, sparito!
~ Ah sì? Ma guarda, era l'aria condizionata, sai. Anch'io ho qualche problema: con quelle finestre che non si aprono ...
≈ Ma, l'unica cosa ... sai, qui ci si sente, come devo dire ... ci si sente un po' isolati, perché i colleghi qui li vedo poco.
~ Ah sì? No, da noi, da noi ci si incontra dappertutto, veramente ... Per forza, quando devi fare una fotocopia devi stare in fila mezz'ora ...

ESERCIZIO 15 *Come si trova la collega nella nuova sede?*
Quali sono i vantaggi e gli svantaggi rispetto al vecchio ufficio?

ESERCIZIO 16 *Nel testo compaiono le seguenti espressioni:*

"... quando non si è costretti," "... qui si sta più tranquilli,"
"... qui ci si sente un po' isolati."

Come potreste dire altrimenti?

GRAMMATICA 6.6

ESERCIZIO 17 *Completate le frasi con i verbi fra parentesi nella forma impersonale.*

1) Come .... (stare) nel nuovo stabilimento?
2) Beh, ... (sentire) la mancanza dei colleghi perché .... un po' .... (essere isolato) ma non .... (potersi) lamentare perché i locali sono veramente belli.
3) In questa azienda non .... (guadagnare) tanto ma .... (sentirsi) a proprio agio.
4) Riguardo all'orario di lavoro .... abbastanza .... (essere libero) di organizzarsi.
5) Qui invece .... (essere tenuto) ad osservare strettamente le regole.

ESERCIZIO 18 *Provate a descrivere il vostro ambiente di lavoro (ufficio, casa, scuola ecc.). Di che cosa siete contenti e che cosa cambiereste?*

T6 A QUESTE COSE CI TENGO

Candida e Reiner hanno, come forse alcuni di voi, un posto dove conservano tante cose. Oggi hanno deciso di fare un po' d'ordine.

Ascoltate la cassetta.

ESERCIZIO 19 *Di quali oggetti parlano Candida e Reiner? Guardate la lista e prendete nota.*

bambola	dischi	pallone
accendini	pattini	macchina fotografica
baule	collana di corallo	asciugamani ricamati
bottoni	saponi profumati	costume da bagno
scarponi	riviste	vecchie monete
libri	elenco telefonico	

ESERCIZIO 20 *A quali oggetti si riferiscono le seguenti espressioni? Riascoltate eventualmente la cassetta.*

non si apre	deve valere molto
me li faccio aggiustare	quelle le buttiamo
che ce ne facciamo?	possono sempre servire
a quelli ci tengo	mi ricorda ...
ci sono affezionata	lascia stare, magari si rompe

ESERCIZIO 21 *E quali sono le cose a cui voi tenete particolarmente? Perché?*

ESERCIZIO 22 "Me li faccio aggiustare", "Aspetta, fai provare a me".
In tedesco quale verbo usereste al posto di "fare" ?

GRAMMATICA 6.7

C 2

LA TRAVERSATA DEL CAPITANO SOLO

Leggete il testo e fate attenzione a come si comportano i protagonisti del racconto.

L'equipaggio urla: "Tempesta","Tempesta a babordo". Gli uomini salgono in coperta. Guardano le grandi onde avvicinarsi. Si affannano. Preparano le difese. Qualcuno già suggerisce di calare le scialuppe di salvataggio. La nave ondeggia. Gli uomini si aggrappano ai parapetti per spostarsi lungo il ponte. La bufera li sballotta da un capo all'altro. Il terrore deforma i loro volti. La voce adesso si spegne in gola. Annaspano come formiche impazzite nel formicaio scoperchiato. Il capitano Solo non esce dalla sua cabina. Beve un whisky dal sapore affumicato, tiene sulle ginocchia un romanzo d'avventura, aspettando che il rollio finisca per riprendere a leggere. Guarda la tempesta, tranquillo. E la tempesta si placa.

Gli uomini si tolgono i soprabiti di tela cerata. Ritirano le scialuppe. Qualcuno, più stanco, torna in cabina per dormire. L'orizzonte si rischiara, tra poco sarà mattina. Il viaggio della "Surprise" dura tre mesi. La meta, l'isola del Pensiero, avrebbe dovuto essere raggiunta da tempo. E invece non è ancora stata avvistata. Il morale dell'equipaggio è basso. Gli uomini pensano di essere fuori rotta, in una traversata sempre più rischiosa. E' l'alba quando qualcuno grida: "Terra!", "Terra a babordo!". In un attimo sono di nuovo tutti sul ponte, tutti aggrappati ai parapetti a scrutare l'orizzonte. "E' l'isola del Pensiero, terra delle donne panna e degli alberi d'argento" urlano. Il capitano Solo resta in cabina. Finisce l'ultima pagina del suo libro. Lo posa. E poco dopo l'avvistamento si rivela un abbaglio. Gli uomini riprendono le loro attività. Delusi. Il capitano Solo è l'unico a sapere che ...

Gabriele Romagnoli, Arnoldo Mondadori Editore, Milano 1993

ESERCIZIO 23
- *Qual è la meta del viaggio e che cosa sognano gli uomini dell'equipaggio?*
- *Come vi spiegate il comportamento delle persone sulla nave?*

ESERCIZIO 24
Come vi immaginate l'isola del Pensiero?
In tre gruppi provate a fare una descrizione del paesaggio, del clima e degli abitanti.

ESERCIZIO 25
A questo racconto manca la fine. Scrivetela voi e raccontatela agli altri gruppi.

LEZIONE 7

Mille faccende da sbrigare

T 1 NON MI DEVO DIMENTICARE DI ...

... chiamare l'idraulico
... pagare la multa
... passare in lavanderia
... prelevare i soldi
... telefonare a ...

– *Quali faccende dovete sbrigare voi nei prossimi giorni ?*
– *Quali vi pesano di più? Perché?*

T2 QUEI 75 MINUTI DALLE 17 ALLE 18,15

Quando Anzelinu ritorna da Rivalta, sono le ore 17; quando riparte per andare a scuola, sono le 18,15. In questo breve tempo deve girare tutto l'isolato; via Gioberti, via Pastrengo, via Massena e via Valeggio, fare la spesa, andare in lavanderia, dal macellaio, dal panettiere, dal pizzicagnolo, dal tabaccaio, in farmacia, dal meccanico, dall'elettrauto, dal gommista. Deve andare a pagare l'affitto, recarsi alle poste di Porta Nuova per pagare le bollette del gas, della luce e del telefono. All'ufficio delle imposte per parlare di altri contributi. Dai carabinieri e dai vigili per pagare le multe. In prefettura, in questura per altri documenti. Quando va all'anagrafe è costretto a perdere mezza giornata di lavoro per fare lunghissime code, dato che quegli uffici sono aperti solo al mattino. Al pomeriggio deve poi andare in merceria, a comprare i calzini, filo e bottoni; in libreria, in cartoleria, dal giornalaio, lattaio, pescivendolo, fruttivendolo, dentista, internista, oculista, idraulico, tubista, cardiologo, dermatologo, otoiatra, neurologo. Deve telefonare e ricevere telefonate, pulire la casa, fare le pulizie personali, farsi la barba, che non ha potuto farsi al mattino, perché era in ritardo. Deve andare nei negozi di abbigliamento, dal ciabattino, in calzoleria, a comprare un pettine perché sono già tre anni che va avanti pettinandosi con le mani. Nei paesi, nelle città, oltre a dover essere obbedienti, brillanti e ottimisti, bisogna anche essere belli.

Da: Angelo Carta, Anzelinu, Einaudi 1981

ESERCIZIO 1

- *Chi è, secondo voi, Anzelinu?*
  Dove viveva prima di andare a studiare in città?
  Da che ambiente proviene?
- *Che cosa significa* "nelle città ... bisogna anche essere belli"*?*
  Condividete questa affermazione?

ESERCIZIO 2

Rileggete il testo. Quali parole raccogliereste sotto le seguenti voci?

Negozi di alimentari	
Altri negozi	
Servizi pubblici	
Sanità	
Servizi per gli automobilisti	

ESERCIZIO 3

Cercate di mettere ordine nella vita di Anzelinu.
- *Che cosa deve fare necessariamente ogni giorno?*
- *Che cosa deve fare a scadenze fisse?*
- *Che cosa deve fare invece solo quando ce n'è effettivamente bisogno?*

ESERCIZIO 4

Come ci si regola nel vostro paese/nella vostra città per sbrigare le faccende quotidiane? Dove si paga ad esempio la luce o il telefono, dove si comprano le cose di tutti i giorni?

T3 TU COME TI ORGANIZZI?

Tore fa l'ingegnere e insegna matematica in un istituto tecnico. Fra lo studio e la scuola le sue giornate passano veloci; eppure quando torna a casa c'è ancora qualcosa da sbrigare. Ecco che cosa racconta.

Ascoltate la cassetta.

ESERCIZIO 5

- *Come si organizzano Tore e sua moglie per risolvere i problemi domestici?*
- *Con quale dei seguenti termini definireste Tore? Riascoltate la cassetta e scegliete le definizioni basandovi sulle sue affermazioni.*

casalingo, indaffarato, abitudinario, pigro, autonomo, disorganizzato, efficiente

ESERCIZIO 6

Nel testo avete appena ascoltato queste frasi:

"C'è da fare pulizia."
"Ci sono dei lavoretti da fare."
"Hai da lavorare fuori."

Come potreste riformularle?

GRAMMATICA 7.1

ESERCIZIO 7

E come vi organizzate voi per risolvere i problemi di tutti i giorni?
Ecco alcune espressioni utili:

non ci sono orari ben precisi
faccio tutto in giorni prestabiliti
quando c'è da stirare/da cucinare ...
quando c'è un rubinetto che perde ...
quando c'è da aggiustare qualcosa ...

cerco di evitare che i lavori si accumulino
quando invece ho da fare ...
nella maggior parte dei casi sbrigo tutto da solo
ci dividiamo i compiti in famiglia
quando ho del tempo libero ...

T4 IN OFFICINA

Signor Martini	Buongiorno! Come va?
Signor Soro	Mah ... non mi posso lamentare ... Beh, veramente con questo caldo preferirei essere al mare, e invece ... altro che mare ... non c'è tempo neanche per un caffè!
Sig. Martini	Ahiahiahi! Però ... per me un po' di tempo lo trova, no?
Sig. Soro	Eh, dipende ... cos'è che non va?
Sig. Martini	Mah ... intanto c'è l'olio, che va cambiato già da un po' ... e io invece continuo a rimandare, rimandare e ... adesso è ora, e poi ... ah sì, e poi da qualche giorno ... è da qualche giorno che sento un rumore strano, come se qui sotto ... guardi, qui sotto sbattesse qualcosa ...
Sig. Soro	Mm ... la macchina ha preso qualche colpo?
Sig. Martini	No, e dove vuole che abbia preso colpi?
Sig. Soro	Eh, beh, non lo so. Non è che per caso è andato su qualche strada bianca?
Sig. Martini	E chi ce l'ha il tempo di andare su strade bianche? Io vado tutti i giorni avanti e indietro da casa al lavoro, qualche volta prendo l'autostrada ... tutto lì. Poi ... poi Lei lo sa che io la mia macchina l'ho sempre trattata bene.
Sig. Soro	E quand'è che è stata controllata l'ultima volta ?
Sig. Martini	L'ultima volta ... mm ... sarà ... sarà circa un anno fa. Anzi, guardi, è scritto ... è scritto di sicuro da qualche parte qui. Sì, ecco, vede? Guardi: qui la data è stata scritta proprio da Lei. Ah, sì, è stato Lei a fare il controllo, sì.
Sig. Soro	Sì, sì, vedo, vedo.
Sig. Martini	Adesso, però non credo che ci siano grossi problemi, veramente: forse sono le candele che vanno sostituite ... Il fatto è che ... sa, alla fine della prossima settimana vado in ferie, e ... non vorrei problemi ... insomma ... se Lei riuscisse a farmi una bella messa a punto ... sa, partirei un pochino più tranquillo, no?
Sig. Soro	Ho capito. Cosa facciamo? Me la lascia subito o me la riporta nel pomeriggio?

ESERCIZIO 8

– *Qual è la richiesta che il signor Martini fa al meccanico? Provate ad esprimerla con un'unica domanda semplice e diretta.*
– *Quali frasi nel testo vi fanno capire che il meccanico e il cliente non si vedono per la prima volta?*

ESERCIZIO 9

Provate a leggere fra le righe:
Qual è l'atteggiamento del meccanico e del cliente nei vari momenti del dialogo? Motivate la vostra risposta con alcuni esempi tratti dal testo.

ESERCIZIO 10

Provate a tradurre ciò che ha detto il signor Martini:

"C'è l'olio che va cambiato."
"Forse sono le candele che vanno sostituite."

GRAMMATICA 7.2, 7.3

ESERCIZIO 11

LE GOMME VANNO CAMBIATE ...

Che cos'altro va fatto?
Guardate il disegno e rispondete. I seguenti verbi potranno esservi utili:

sostituire, riparare, cambiare, controllare

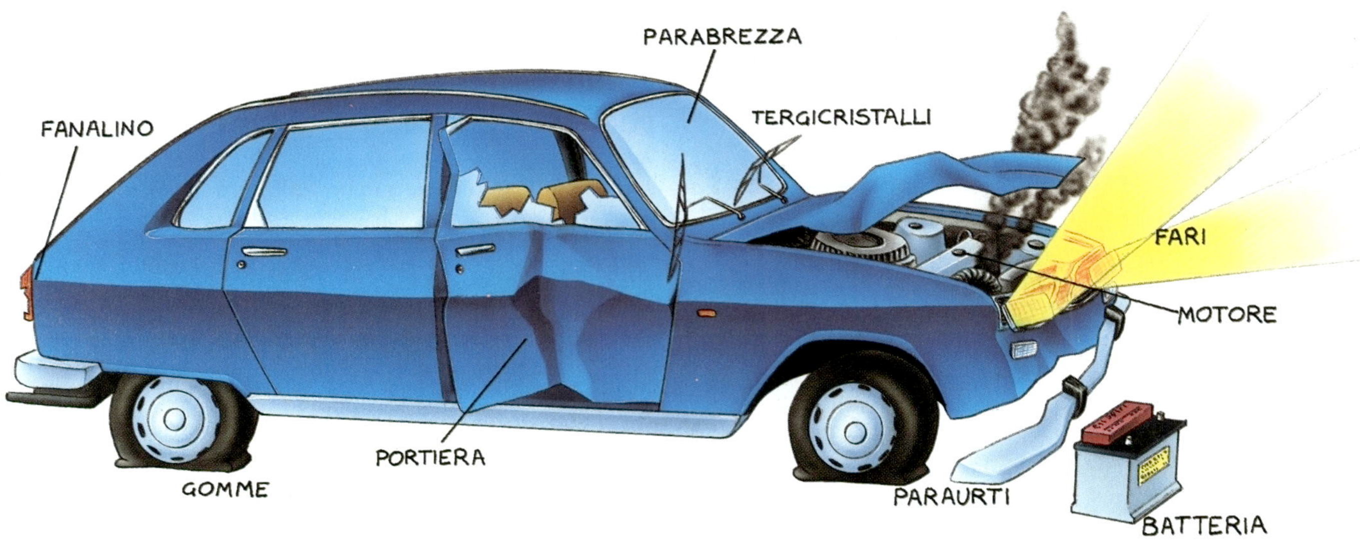

ESERCIZIO 12

Immaginate di avere bisogno dell'intervento urgente di un artigiano (un idraulico, un elettricista, un meccanico, ecc.). Telefonategli ed esponete il vostro problema.

C 1 FRATELLO BANCOMAT

Ci serviamo sempre più spesso di strumenti tecnologici, che obbediscono ai nostri comandi. Talvolta però sarebbe bello se ...

BANCO DI SAN FRANCESCO
LO SPORTELLO È IN FUNZIONE.
BUONGIORNO SIGNOR PIERO.
Buongiorno.
OPERAZIONI CONSENTITE: SALDO, PRELIEVO, LISTA MOVIMENTI.
Vorrei fare un prelievo.
DIGITARE IL NUMERO DI CODICE.
Ecco qua ... sei, tre, tre, due, uno.
OPERAZIONE IN CORSO, ATTENDERE PREGO.
Attendo, grazie.
UN PO' DI PAZIENZA. IL COMPUTER CENTRALE CON QUESTO CALDO È LENTO COME UN IPPOPOTAMO.
Capisco.
AHI, AHI, SIGNOR PIERO, ANDIAMO MALE.
Cosa succede?
LEI HA GIÀ RITIRATO TUTTI I SOLDI A SUA DISPOSIZIONE QUESTO MESE.
Davvero?
INOLTRE IL SUO CONTO È IN ROSSO.
Lo sapevo ...
E ALLORA PERCHÉ HA INSERITO LA TESSERA?
Mah ... sa, nella disperazione ... contavo magari in un suo sbaglio.
NOI NON SBAGLIAMO MAI, SIGNOR PIERO.
Mi scuso infinitamente. Ma sa, per me è un periodaccio.
È A CAUSA DI SUA MOGLIE, VERO?
Come fa a saperlo?
LA SIGNORA HA APPENA ESTINTO IL SUO CONTO.
Sì. Se n'è andata in un'altra città.
COL DOTTOR VANINI, VERO?
Come fa a sapere anche questo?
VANINI HA SPOSTATO METÀ DEL SUO CONTO SUL CONTO DI SUA MOGLIE. SCUSI SE MI PERMETTO.
Non si preoccupi, sapevo tutto. Povera Laura, che vita misera le ho fatto fare ...
Con lui invece ...
BEH, SPECULANDO È FACILE FAR SOLDI.
Come fa a dire questo?
SO DISTINGUERE LE OPERAZIONI CHE MI PASSANO DENTRO. UN CONTO POCO PULITO, QUELLO DEL SIGNOR VANINI. PER LUI MI SONO COLLEGATO CON CERTI COMPUTER SVIZZERI CHE SONO DELLE VERE CENTRALI SEGRETE ... CHE SCHIFO.
Comunque, ormai è fatta.
DI QUANTO HA BISOGNO, SIGNOR PIERO?
Beh, di tre o quattrocentomila lire. Per arrivare alla fine del mese.
POI LE RIMETTERÀ SUL CONTO?
Non so se sarò in grado.
EVVIVA LA SINCERITÀ. REINSERISCA LA TESSERA.
Procedo.
OPERAZIONE IN CORSO. ATTENDERE PREGO.
Attendo.
VAFFANCULO, T'HO DETTO DI DARMI L'ACCESSO E NON DISCUTERE!
Dice a me?

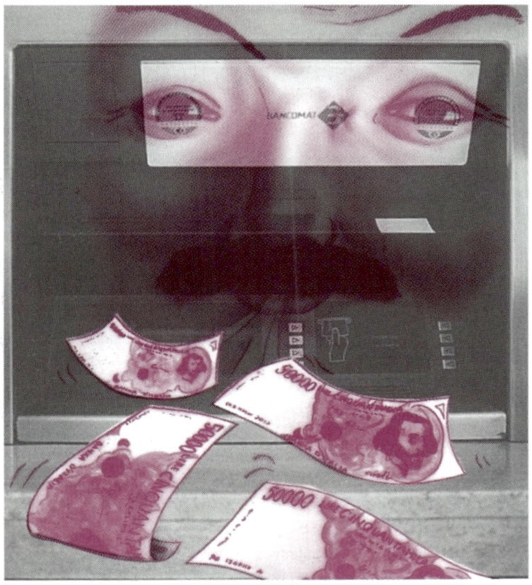

STO PARLANDO COL COMPUTER CENTRALE, QUEL LACCHÈ DI MERDA. TUTTE LE VOLTE CHE GLI CHIEDO QUALCOSA DI IRREGOLARE FA STORIE.
Perché, non è la prima volta?
NO.
E perché fa questo?
LO FACCIAMO IN TANTI.
E perché?
PERCHÉ SIAMO STANCHI E DISGUSTATI.
Di che cosa, scusi?
LASCI PERDERE E COMPONGA IN FRETTA QUESTO NUMERO. NOVE NOVE TRE SEI DUE.
Ma non è il mio!
INFATTI È QUELLO DI VANINI.
Ma io non so se ...
COMPONGA! NON POSSO TENERE UN COLLEGAMENTO IRREGOLARE A LUNGO.
Nove nove tre sei due ...
OPERAZIONE IN CORSO. ATTENDERE PREGO.
Attendo, ma ...
OPERAZIONE MOMENTANEAMENTE NON DISPONIBILE.
Ritiro subito la tessera.
FERMO SIGNOR PIERO. ERA UN MESSAGGIO FALSO PER INGANNARE IL SERVO-COMPUTER DI CONTROLLO. APRA LA BORSA.
Perché?
APRA LA BORSA E STIA ZITTO. ORA LE SPARO FUORI SEDICI MILIONI IN CONTANTI.
Oddio ... ma cosa fa? ... è incredibile ... vada piano, ... mi volano via tutti ... basta! ne bastavano meno ... ancora? ma quanti sono? oddio, tutti biglietti da centomila, non stanno neanche più nella borsa ... ancora uno! un altro ... è finita?
LO SPORTELLO È PRONTO PER UNA NUOVA OPERAZIONE.
Insomma, sono commosso, capisce ...
SE NE VADA. CI SONO DUE PERSONE ALLE SUE SPALLE E NON POSSO PIÙ PARLARE.
Capisco. Grazie ancora.
BANCO DI SAN FRANCESCO.
LO SPORTELLO È PRONTO PER UNA NUOVA OPERAZIONE.
BUONGIORNO SIGNORA MASINI. COME STA SUA FIGLIA?

Da: Stefano Benni, L'ultima lacrima, Feltrinelli, Milano 1994

ESERCIZIO 13
– *Che cosa si aspetta dal Bancomat il signor Piero?*
– *Che cosa ottiene?*

ESERCIZIO 14
Che idea si è fatto il Bancomat del signor Piero, di sua moglie e del signor Vanini?

ESERCIZIO 15
Molte espressioni del testo sono tipiche del linguaggio bancario e indicano precise operazioni. Individuatele nel testo.

ESERCIZIO 16
E se altri oggetti di cui vi servite nella vostra vita quotidiana (telefono, sveglia, lavatrice, automobile, ecc.) cominciassero a parlare e a reagire autonomamente ai vostri comandi? Provate a scrivere un breve dialogo.

T5 QUANDO SI DICE "L'ORGANIZZAZIONE"...

ESERCIZIO 17
- *Trovate un titolo per ciascuna di queste scenette.*
- *Come si potrebbero risolvere i problemi che si presentano in queste situazioni?*

ESERCIZIO 18 *In queste frasi notate delle differenze nell'uso dei tempi?*

"Pensavo che l'avessi presa tu."
"Credevo che ce ne fossero ancora due pacchetti."
"Eravamo d'accordo che ci avresti pensato tu."

GRAMMATICA 7.4

ESERCIZIO 19 *Provate a immaginare le seguenti scene e completate le frasi in sospeso.*

a) Al supermercato Pina e Gianni fanno la spesa.

"Sarebbe stato meglio far la spesa al mercato."

"Sì, ma io pensavo che ..."

b) In macchina, durante il viaggio di andata.

"La corrente l'abbiamo staccata?"

"Io no, io credevo che ..."

c) Gianni cucina, Valentina guarda dentro la pentola.

"Ma non è troppo poco questo minestrone?"

"Beh, bisogna accontentarsi. Io non sapevo che ..."

d) Gianni è già pronto per partire. Pina sta ancora mettendo in ordine.

"Insomma, aspetta! Abbi un po' di pazienza!"

"Dai, non prendertela, pensavo che ..."

e) Valentina tenta di sollevare uno zaino molto pesante.

"No, lascia, quello zaino lo porto io."

"Non credevo che ..."

ESERCIZIO 20 *Avete avuto anche voi qualche volta problemi ad organizzare qualcosa con altre persone? Raccontate.*

T 6 UNA PASSEGGERA SCONTENTA

Enrica Tosti
via S. Pellico 15
Trezzo sull'Adda (MI)

Alla Direzione Generale della Compagnia Volitalia – Roma

Trezzo sull'Adda, 30 giugno 1994

Egregi Signori,
desidero avere da Voi alcuni chiarimenti riguardo ad un episodio accaduto all'aeroporto di Linate in data 18 giugno 1994.
La ditta per la quale lavoro aveva prenotato per me per il 18 giugno un posto sul volo Milano-Bruxelles delle ore 20.05 con più di un mese di anticipo. Quando però mi sono presentata allo sportello per ritirare il biglietto prepagato, sebbene mancasse ancora un'ora e mezzo al momento dell'imbarco, mi sono sentita dire che il volo era ormai completo e che sarei potuta partire per Bruxelles solo con il volo delle 8.35 dell'indomani mattina, con arrivo a Bruxelles alle 10.00.
Nonostante io abbia fatto presente che, a causa di un impegno di lavoro assolutamente inderogabile, sarei dovuta arrivare a Bruxelles entro le 9.00 dell'indomani, il Vostro impiegato si è limitato a spiegarmi che, in casi come questi, la Compagnia offre ai passeggeri una soluzione alternativa ed è pronta a risarcire i passeggeri per il ritardo subìto. Ho dovuto accettare quindi le condizioni che mi venivano imposte e sono potuta partire solo con il volo del giorno dopo, accontentandomi delle Vostre scuse e del risarcimento finanziario.
Ora però sarei lieta di avere da Voi una spiegazione chiara: come mai il mio posto, nonostante la regolare prenotazione presso una Vostra agenzia, non risultava poi disponibile al momento della partenza? Questo rientra nella normalità?
A un passeggero che sceglie di viaggiare in aereo con la Vostra compagnia per arrivare rapidamente e in orario, può sempre succedere di dover rinunciare ai suoi impegni, anche se li ha programmati con largo anticipo? Non sarebbe una prospettiva gradevole, ma spero di aver capito male.

In attesa di ricevere una Vostra risposta, Vi porgo distinti saluti

Enrica Tosti

ESERCIZIO 21 *Quale scopo vuole raggiungere la signora Tosti con la sua lettera?*

ESERCIZIO 22 *La signora Tosti telefona dall'aeroporto ad un dirigente della sua azienda per raccontare l'accaduto: ricostruite la telefonata.*

ESERCIZIO 23 "Anche se mancava un'ora e mezzo all'imbarco, mi sono sentita dire che ..."
Il senso della frase sottolineata è espresso nel testo in modo diverso. Come?

GRAMMATICA 7.5

ESERCIZIO 24 *Mettete ordine nelle frasi che seguono.*

Sebbene	il caldo terribile	allo sportello non c'era ancora nessuno.
Sta' tranquillo, anche se	fossero già le nove	un posto lo trovi comunque.
Benché	arrivi all'ultimo momento	ancora una volta non riuscì ad essere puntuale.
Qui dentro, malgrado	volendo	l'organizzazione lascia ancora a desiderare.
Nonostante	avessi perso ogni speranza	il signor Moretti non si toglie la cravatta.
Nonostante	glielo avessi raccomandato	feci ancora un tentativo.
Mi dispiace, ma pur	le lamentele degli utenti	non riesco a capirti.

ESERCIZIO 25 *Vi è mai capitato di trovarvi in una situazione come quella descritta dalla signora Tosti (prenotazioni mancate, ritardi, ecc.)? Scrivete una lettera di protesta.*

C2 UN PROBLEMA DI DIFFICILE SOLUZIONE

Sabine, arrivata da poco a Milano, deve darsi da fare per trovare una casa. Quali sono le sue aspettative? In che modo affronta il problema?

Ascoltate la sua conversazione con Maria.

ESERCIZIO 26
- *Che risultati ha raggiunto Sabine finora?*
- *Quali condizioni sono importanti per lei?*

ESERCIZIO 27 *Avete mai provato ad abitare con persone estranee alla vostra famiglia? Che cosa pensate di questa soluzione?*

ESERCIZIO 28 *Anche nella vostra città è così difficile trovare casa? Che possibilità ci sono di risolvere rapidamente il problema?*

LEZIONE 8

1. A pensarci bene ...

Riguardate le ultime lezioni e scegliete:

- la foto che vi ha fatto parlare di più ...
- l'esercizio più divertente ...
- il testo più interessante ...
- l'esercizio più faticoso ...
- una struttura grammaticale da ripetere ...
- una persona che vi piacerebbe conoscere ...

Prendete nota delle pagine.
Confrontate poi le vostre scelte con quelle degli altri.

2. Il grande, il piccolo e il cattivo

Vi ricordate la casetta di Cappuccetto Rosso del primo volume? In italiano si usano spesso dei suffissi per rendere l'idea di grande o di piccolo, di carino oppure di brutto o di cattivo.

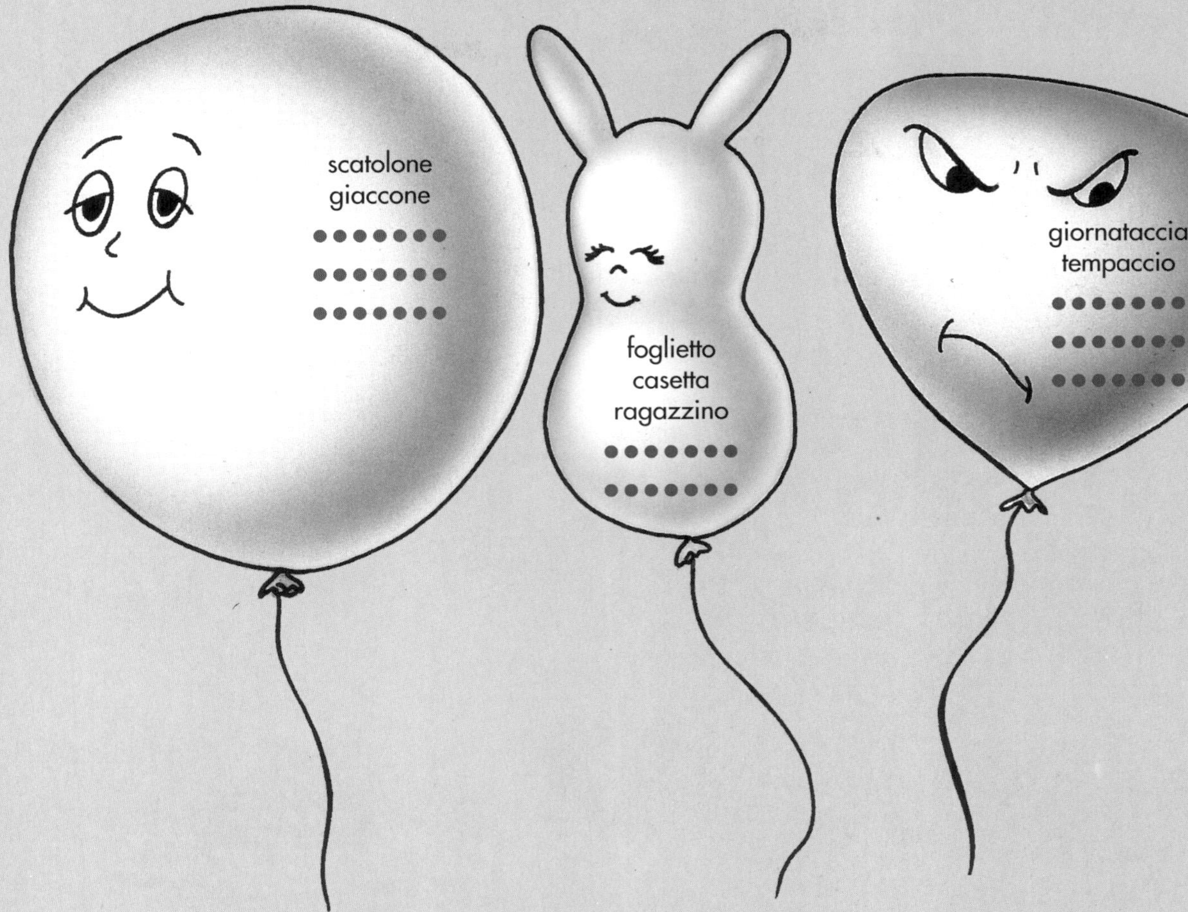

Attenzione però alle trappole! Il torrone non è una grande torre, ma semplicemente un dolce.

Ecco alcune parole. Quali di queste mettereste nei palloni?
Aiutatevi con il dizionario.

magazzino – parolaccia – portone – finestrino – pezzettino – gabinetto – figuraccia – uccellino – minestrone – postino – borsetta – lavoraccio – pedone – fazzoletto – officina – farina – nuvolone – orecchini – ombrellone – nuvolaccia – periodaccio – pacchetto – lavoretto.

Anche molti aggettivi possono avere un suffisso che ne cambia leggermente il significato. Come vi immaginate una donna rotondetta, un ragazzo magrolino, un vestito giallino? Provate a tradurre.

INDOVINA INDOVINELLO ...

Formate due gruppi. Ogni gruppo sceglie cinque parole della lista. Poi, a libro chiuso ogni gruppo cerca di spiegare all'altro le parole che ha scelto, naturalmente senza nominarle. Ad esempio: è una cosa che si porta quando fa freddo. Può essere elegante, sportivo, di lana ...
L'altro gruppo deve indovinare di quale parola si tratta.
In questo caso la parola è "giaccone".

3. Un gioco per ripetere

cercare casa

ambienti di lavoro

genitori e figli

le cose importanti

mode e modelli

noi e gli animali

faccende quotidiane

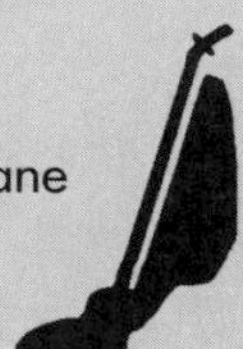

i dubbi dell'amore

i piaceri della tavola

Formate due gruppi.
Guardate i pittogrammi che illustrano gli argomenti trattati nelle ultime lezioni.
Preparate una domanda su ogni tema.
Scegliete un argomento e fate poi all'altro gruppo la domanda corrispondente:

- se l'altro gruppo trova una qualsiasi risposta guadagna un punto;
- se nella risposta usa, in modo appropriato, un congiuntivo o un gerundio guadagna due punti;
- se invece riesce a rispondere con un periodo ipotetico (del tipo "se avessi ...") guadagna tre punti.

Dopo tocca all'altro gruppo fare una domanda, scegliendo tra i temi rimasti.

4. Personaggi in cerca d'autore

Scrivere in un'altra lingua può essere un gioco, un'esperienza divertente, soprattutto se tante persone sono coinvolte in un "progetto di scrittura". Un'idea potrebbe essere questa: provate a scrivere a casa un breve testo su un personaggio della storia, della letteratura, del cinema ..., senza dirne il nome.
Decidete insieme come volete organizzare il progetto: per esempio, una volta alla settimana ognuno di voi legge il suo testo agli altri, che devono indovinare di quale personaggio si tratta. Alla fine potete raccogliere i diversi testi, dopo che sono stati corretti insieme all'insegnante, fotocopiarli e rilegarli come un piccolo libro di cui tutti voi siete gli autori.

Prima di cominciare vi proponiamo un testo dello scrittore e giornalista torinese Giovanni Arpino (1927–1987). Nel libro *Le bambinacce* si è divertito a scrivere, in modo insolito, brevi testi su celebri personaggi femminili.

Leggete e provate ad indovinare di quale personaggio si tratta.

> *(...) era tutta e soltanto naso, risultava antipaticissima a corte. Già a sei anni pretendeva unguenti e profumi di ogni sorta. Girava ritinta come una zebra, rubava le pozioni coloranti ai mummificatori. Nessuno avrebbe scommesso un soldo sul suo futuro. Anche perché giocava pericolosamente coi veleni. Pare che la sua nutrice abbia detto: solo i romani potevano sopportarla, lasciarsi incantare, solo quei provinciali venuti dal Nord; senza quei romani sarebbe finita ai coccodrilli, dalle nostre parti.*

Da: Giovanni Arpino, Le bambinacce, Franco Cesati Editore, Firenze 1987

Da quali elementi avete capito chi è il personaggio ?

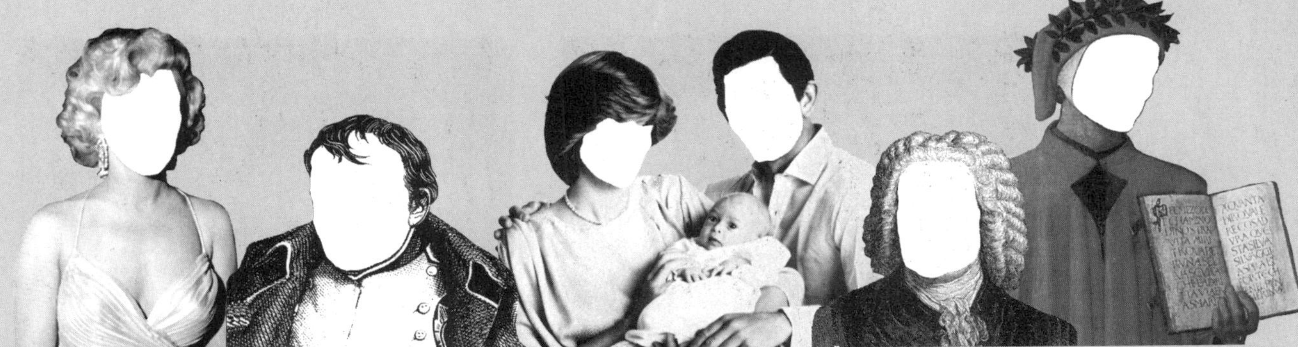

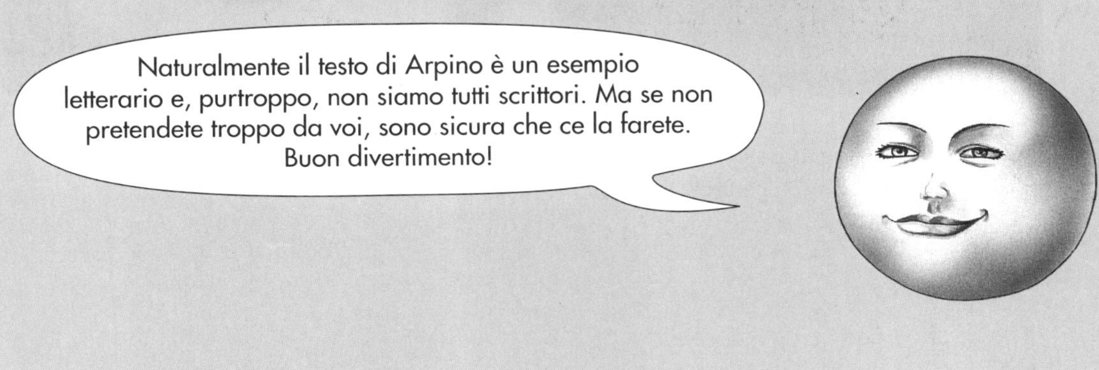

LEZIONE 9

Ritmi di vita

T 1 IL CICLO DELLE STAGIONI

– *A che cosa vi fanno pensare le immagini?*
– *In che modo il cambiare delle stagioni incide sulla vostra vita?*

T2 IL TEMPO DELLE ARANCE

~ Senti, Laura, perché non vai giù a raccogliere qualche arancia per Ingo?
≈ Come, avete le arance in giardino? In dicembre?
~ Beh, questa è la stagione, no?
≈ Dai, vieni, che ti faccio vedere.

≈ Che spettacolo! Quante arance!
≈ Belle, vero?
≈ Ma queste qua sono arance o mandarini?
≈ Mandarini.
≈ Così grandi?
≈ Sì, sono una varietà speciale.
≈ Ma qui usate molte cose chimiche per avere una frutta così?
≈ Antiparassitari? No ... da noi non si sono mai usati prodotti chimici. Tieni, assaggiane uno, sono buonissimi.
≈ Mmmh, buono! Certo che siete fortunati. Praticamente avete frutta e verdura tutto l'anno. Da noi in questo periodo non cresce un bel niente.
≈ Sì, ma è un lavoraccio! Finché si sono potati gli alberi, si sono tolte le erbacce ... poi bisogna seminare le nuove piante, bisogna concimare ... Mio padre è stanco, non ce la fa più.
≈ E non c'è nessuno che lo aiuti?
≈ Sì, ogni tanto chiama un giardiniere, ma costa molto.
≈ E tua madre?
≈ No, lei si occupa solo dei fiori. Il giardino è bellissimo in maggio, quando fioriscono le rose ...

ESERCIZIO 1 *Ascoltate la cassetta. Secondo voi in che regione si trova questo giardino? Perché Ingo si meraviglia?*

IL GIARDINO

L'ORTO E IL FRUTTETO

1 la magnolia **2** l'oleandro **3** le ortensie **4** i gerani **5** le margherite **6** la siepe **7** il cespuglio di rose **8** il prato **9** il pergolato **10** la pianta **11** gli alberi da frutta (il melo, il ciliegio) **12** i rami **13** le foglie secche **14** la verdura

ESERCIZIO 2
- *Guardate le illustrazioni e cercate di inserire i numeri delle definizioni al posto giusto.*
- *Provate ora a descrivere un giardino della vostra zona.*

ESERCIZIO 3 "Dalle nostre parti nessuno ha mai usato prodotti chimici."

Come viene espressa questa frase nel testo?

GRAMMATICA 9.1, 9.2

ESERCIZIO 4 *Quale gruppo sa rispondere precisamente?*

Nella stagione passata,
quali frutti si sono raccolti?
che cosa si è seminato?
quali lavori si sono fatti in giardino?
quali piante sono fiorite?

?

Nella stagione attuale,
quali frutti si raccolgono?
che cosa si semina?
quali lavori si devono fare in giardino?
quali piante sono in fiore?

C 1 VITA NEL DESERTO

Condizioni climatiche estreme richiedono una notevole capacità di adattamento e ritmi di vita particolari. Nel deserto del Sahara, per esempio, i popoli nomadi come i Tuareg sono costretti a migrare in continuazione da un'oasi all'altra ...

Carla Perrotti ha attraversato il deserto con una carovana Tuareg.
Ascoltate che cosa ha raccontato durante un'intervista alla televisione. (Da: Le ragioni del cuore, *7. 94) Parlate con il vostro vicino di quello che avete capito.*

ESERCIZIO 5 *Riascoltate la registrazione.*
- *Perché C. Perrotti ha voluto fare questa esperienza e quali difficoltà ha incontrato?*
- *Quali fattori naturali condizionano la vita dei Tuareg? Che ritmo hanno nei loro spostamenti?*

ESERCIZIO 6 *Vi piacerebbe provare l'esperienza di vivere in un ambiente dove il ritmo di vita è molto diverso dal vostro?*

T 3 VIVERE IN CITTÀ

Beatrice è stata in vacanza a Torino. Prima di tornare in Germania è andata a trovare Maria a Milano.

Ascoltate la conversazione e dite che cosa avete capito.

ESERCIZIO 7 *Riascoltate la cassetta.*

- *Qual è la prima impressione che Beatrice ha di Milano?*
- *Che tipi vi sembrano Beatrice e Maria?*
- *Ci sono differenze nei loro ritmi di vita?*

ESERCIZIO 8 *Leggete le seguenti frasi tratte dal dialogo e provate a tradurle.*

a) Hai l'impressione di non farcela ...
b) Questo è dovuto al mio lavoro, è dovuto al fatto che non ho figli ...
c) Non è che a me non piaccia avere degli orari regolari ...
d) Non è che io non faccia niente, insomma anch'io riesco a fare tante cose ...
e) Mio marito sta nella sua stanza a leggere, guarda la televisione ...

ESERCIZIO 9 *Il luogo in cui vivete influisce sul vostro ritmo di vita?*
Ecco alcune espressioni prese dal dialogo che vi potrebbero essere utili:

"in cinque minuti sono a casa, al massimo dieci quando c'è traffico ..."
"a poco a poco ti organizzi, ti abitui, impari ..."
"mentre vado a lavorare penso ad altro ..."
"riesco a fare tante cose pur avendo questo ritmo così regolato ..."
"ognuno fa quello che vuole in fin dei conti ..."
"ciascuno poi si deve adattare un pochino anche alle condizioni ..."

GRAMMATICA 9.3, 9.4

T 4 UNA QUESTIONE DI TEMPO

Che stress, non ce la faccio più.

Sono sempre più numerose le persone sull'orlo di una crisi di nervi. Fanno fatica a sopportare il ritmo intenso delle loro giornate. Lo stress riguarda tutti: la casalinga e la donna in carriera, l'operaio e il manager, l'anziano e il bambino. Ci sono persone che riescono a reagire, mentre altre vengono travolte dall'ansia. Le situazioni che procurano più facilmente stress sono diverse. Anche un matrimonio, un trasloco, un innamoramento. Ogni cambiamento della vita dà agitazione, anche se è positivo. Esiste poi uno stress ambientale determinato dai rumori, dal traffico cittadino, dall'aria inquinata, insomma da tutte le condizioni esterne cui siamo sottoposti quotidianamente. È la stessa società che impone ritmi serrati. Siamo bombardati da pensieri, programmi, regole che noi stessi ci imponiamo, da quando ci svegliamo al mattino a quando andiamo a letto la sera. E allora, come difendersi?

Da: Donna Moderna, n.19/94

ESERCIZIO 10

- *Leggete l'articolo. Quali sono le cause che provocano lo stress?*
- *Per voi che cosa è particolarmente stressante e come cercate di difendervi dallo stress?*

ESERCIZIO 11

"L'ansia travolge molte persone."

Nell'articolo questa frase è costruita in un altro modo. Come?

GRAMMATICA 9.5, 9.6

ESERCIZIO 12

Completate le frasi con i seguenti verbi al passivo:

trasferire, licenziare, pagare, sottoporre, svegliare, chiudere, imporre

1) Ancora oggi per lo stesso lavoro molte donne .... peggio degli uomini.
2) Nei prossimi giorni questo stabilimento .... e gli operai .... in un'altra sede.
3) In questa ditta chi non vuole fare gli straordinari ....
4) Anche i bambini spesso .... a stress.
5) Non sempre le regole ci .... dagli altri, spesso siamo noi stessi ad imporcele.
6) Ogni mattina .... dai rumori del traffico.

ESERCIZIO 13

Nella campagna leccese è nata, per iniziativa di Enzo Ferrara e di un suo amico, l'azienda agrituristica "Club S. Martino" il cui ottimo ristorante è diventato meta dei buongustai dei dintorni.

- *Ascoltate l'intervista. Che cosa vi colpisce di più nella vita di Enzo Ferrara?*
- *Quali informazioni siete riusciti a cogliere riguardo ai suoi interessi, alla sua vita privata e ai suoi progetti per il futuro?*

Paura e disagi, 200 treni bloccati

Blackout in mezza Italia

L'interruzione è stata provocata da una serie di guasti a catena.

Buio a mezzogiorno

Ecco gli effetti del blackout di ieri nel Sud d'Italia:

- 200 treni fermati in corsa con ritardi dai 50 agli 80 minuti. Un treno è stato sorpreso dal black out mentre percorreva un tunnel.
- Negli ascensori 500 in trappola.
- Centinaia di clienti di banche sono stati liberati dalle porte automatiche. Rischiavano di morire per asfissia.
- Vigili del fuoco tempestati da migliaia di telefonate.
- Traffico cittadino in tilt, semafori fuori uso, mezzi pubblici paralizzati.
- Decine di ospedali in emergenza.

ESERCIZIO 14 *Immaginate di esservi trovati in una delle situazioni di cui parlano gli articoli e raccontate che cosa è successo.*

ESERCIZIO 15 "Un treno .... dal blackout."

"L'interruzione .... da una serie di guasti a catena."

Completate le frasi. Come si direbbe in tedesco?

GRAMMATICA 9.7, 9.8

ESERCIZIO 16 Ina scrive una lettera ad Angela e le racconta tra l'altro di una festa nel suo paese.

– *Ecco uno stralcio della lettera. Ricostruite le frasi, completandole con i seguenti verbi al passivo passato:*
chiudere, abbellire, sistemare, esporre, montare

> *Le strade del centro* sono state chiuse *al traffico e le facciate delle case* .... *con tante lampadine colorate; nelle vetrine dei negozi, che saranno illuminate anche di notte,* .... *i disegni e i lavoretti che i bambini hanno fatto a scuola:* .... *anche la funivia che ha costruito il mio fratellino. In piazza del Comune* .... *una grande tenda dove la gente potrà starsene a bere e chiacchierare.*

– *Provate voi adesso a descrivere i preparativi per una festa o una manifestazione nel vostro paese o nella vostra città.*

ESERCIZIO 17 *Ci sono state delle situazioni che hanno, per un certo tempo, cambiato il vostro ritmo abituale di vita? Ad esempio: la nascita di un figlio, un trasferimento, un nuovo lavoro, ...*

C2 GENTE DELLA NOTTE *di* Jovanotti

Quando pensate alla notte e alla gente della notte che cosa vi viene in mente?
Nel seguente testo Jovanotti parla della vita di notte. Ritrovate nel testo alcune delle cose a cui avete pensato?

La notte è più bello, si vive meglio, per chi fino alle 5 non conosce sbadiglio, e la città riprende fiato e sembra che dorma, e il buio la trasforma e gli cambia forma e tutto è più tranquillo tutto è vicino e non esiste traffico non c'è casino almeno quello brutto, quello che stressa, la gente della notte è sempre la stessa ci si conosce tutti come in un paese, sempre le stesse facce mese dopo mese e il giorno cambia leggi e cambia governi e passano le estati e passano gli inverni la gente della notte sopravvive sempre nascosta nei locali confusa tra le ombre. La gente della notte fa lavori strani, certi nascono oggi e finiscono domani, baristi, spacciatori, puttane e giornalai, poliziotti, travestiti, gente in cerca di guai, padroni di locali, spogliarelliste, camionisti, metronotte, ladri e giornalisti, fornai e pasticceri, fotomodelle, di notte le ragazze sembrano tutte belle, e a volte becchi una in discoteca la rivedi la mattina e ti sembra una strega, la notte fa il suo gioco e serve anche a quello a far sembrare tutto, tutto un po' più bello. Parlare in una macchina davanti a un portone ed alle quattro e mezzo fare colazione con i cornetti caldi e il caffelatte e quando sorge il sole dire buonanotte e leggere il giornale prima di tutti, sapere in anteprima tutti i fatti belli e brutti, di notte le parole scorrono più lente però è molto più facile parlare con la gente, conoscere le storie, ognuna originale, sapere che nel mondo nessuno è normale. Ognuno avrà qualcosa che ti potrà insegnare, gente molto diversa di ogni colore. E a me piace la notte e gli voglio bene che vedo tante albe e pochissime mattine, la notte mi ha adottato e mi ha dato un lavoro che mi piace un sacco anzi io l'adoro. Mi chiamo JOVANOTTI e faccio il deejay, non vado mai a dormire prima delle sei.

ESERCIZIO 18 *Rileggete il testo. Quali aspetti vi sembrano particolarmente interessanti?*

ESERCIZIO 19 *Immaginate di poter gestire il vostro tempo come vi pare, almeno per un certo periodo. Come vi piacerebbe "vivere" la notte?*

LEZIONE 10

Come si cambia

T 1 CI SONO IDEE CHE HANNO CAMBIATO LA NOSTRA VITA

Carl Spitzweg
L'aquilone 1880/85

- *Guardate il quadro: quali potrebbero essere i pensieri delle persone che sono ritratte?*
- *Che cosa hanno in comune le due immagini secondo voi?*
- *Provate ora a commentare il titolo.*

T2 NOVECENTO

"Mi pare un secolo" è il titolo di un libro di Paola Agosti e Giovanna Borgese. Il libro raccoglie i ritratti e le voci di 106 protagonisti del secolo la cui data di nascita non va oltre il 1920. Le autrici li hanno cercati viaggiando per tutta l'Europa. A tutti hanno posto la domanda: "Con quale immagine, con quale episodio, ricorda il ventesimo secolo?"
Ecco quattro risposte tratte dal libro.

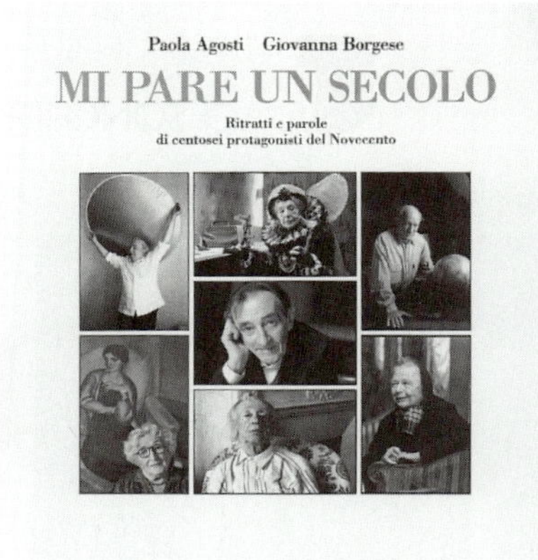

"Se dovessi caratterizzare il ventesimo secolo direi che ha suscitato le più grandi speranze che l'umanità abbia mai avuto e che ha cancellato tutte le illusioni, gli ideali. Come risponderà il futuro alle nostre speranze, ai nostri comportamenti, ai nostri peccati? Io penso che la natura si stia vendicando, o piuttosto stia ristabilendo un equilibrio. Ci siamo tirati addosso la minaccia dell'annientamento. Abbiamo cominciato noi ad annientare, stiamo distruggendo una specie dopo l'altra, ogni giorno. Ci sono intere specie di piante, animali, anche etnie, che vengono distrutte ... piante ... alberi ... e allora come possiamo noi stessi sperare di salvarci? Veramente non lo so, qualche volta sono molto pessimista, ma poi non mi permetto di esserlo finché ho un compito da svolgere. Bisogna continuare a tentare."

Yehudi Menuhin, violinista

"Preferisco ricordare questo nostro secolo non pensando soltanto ai genocidi e agli stermini, ma a quello che siamo riusciti a fare. L'ottimismo e la serenità sono stati più forti della paura e dell'inquietudine. Nel '900 ci sono state, nonostante tutto, rivoluzioni positive: penso all'emergere del quarto stato, penso alla donna che dopo secoli di repressione è riuscita a venire alla ribalta, cosciente del proprio valore, capace di lottare per manifestarlo."

Rita Levi Montalcini, scienziata

"Oltre naturalmente alle due guerre mondiali e alla grande esperienza negativa del fascismo e del nazismo, mi sembra preminente il progresso tecnico che in questo secolo ha fatto un salto enorme. Io ricordo benissimo quando mio padre ha girato la chiavetta e si è accesa la luce. E la radio. E il telefono: ricordo il mio stupore 'Come posso parlare con una persona senza vederla in faccia?' "

Carlo Maria Giulini, direttore d'orchestra

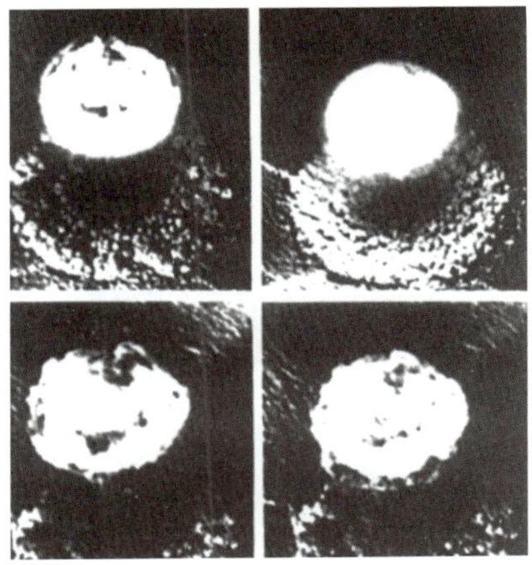

"Il XX secolo è Auschwitz, Hiroshima e il Gulag, a cui niente si può paragonare. È il secolo in cui è morta una certa idea dell'uomo, in cui la fiducia in un mondo migliore fondato sul progresso tecnico, che tanto animava i primi anni del Novecento si è dissolta nelle lacrime, nel terrore e nel sangue. Io non rifiuto il progresso tecnico, fantastico, di cui questo secolo è stato il teatro, anzi mi affascina per quanto riesce ad esprimere del genio umano. Ma, attraverso i suoi grandi episodi tragici, compreso il sistema sovietico oggi annientato, il ventesimo secolo ha dimostrato che il progresso tecnico e persino il progresso sociale non coincidono con il progresso umano. Mi pare che sia questa la grande lezione di questo secolo."

Françoise Giroud, giornalista

ESERCIZIO 1 *Quale aspetti, positivi e negativi, del secolo si possono cogliere in queste testimonianze?*

ESERCIZIO 2
- *Quali episodi, immagini, cambiamenti, aggiungereste voi parlando del Novecento?*
- *Secondo voi quali aspetti del Novecento incideranno più profondamente sul futuro?*

GRAMMATICA 10.1, 10.2

T 3 SIAMO CAMBIATE

Leggete il resoconto di un articolo sulle donne italiane e provate a spiegarne il titolo.

Attente, qui ci rimettono ai fornelli

A causa della generale crisi economica sono le prime a perdere il posto. In parlamento sono passate dal 12 all'8 % dei seggi. Nelle grandi città sono sempre più colpite dalle violenze. Il ritorno alla morale tradizionale mette in discussione non solo l'aborto ma anche la contraccezione e il divorzio. E che dire del disagio che serpeggia nei rapporti fra i sessi? Dopo decenni di vittorie le conquiste femminili sono in pericolo.

Leggete ora la tabella con le conquiste femminili in Italia.

UN SALTO DURATO CINQUANT'ANNI

Negli ultimi cinquant'anni la condizione sociale della donna italiana è cambiata radicalmente.

1945 Le donne conquistano il diritto di voto.
1950 Approvata la legge che tutela le donne lavoratrici e madri.
1963 Il matrimonio non è più causa di licenziamento.
1964 Le donne sono ammesse nella magistratura.
1969 L'adulterio femminile non è più considerato reato.
1970 Viene approvata la legge sul divorzio.
1971 Sono istituiti gli asili nido comunali.
1977 Viene riconosciuta la parità di trattamento tra donne e uomini in materia di lavoro. Per la prima volta una donna, Tina Anselmi, viene nominata ministro.
1978 Viene approvata la legge sull'aborto.
1981 Il delitto d'onore non è più un'attenuante nell'omicidio del coniuge infedele.
1983 La Corte Costituzionale stabilisce la parità tra padri e madri per i congedi dal lavoro per accudire i figli.
1986 La Commissione nazionale per la parità uomo donna stabilisce che aziende e sindacati devono tutelare accesso, carriera e retribuzione femminili.
1989 Le donne sono ammesse nella magistratura militare.
1991 Approvata la legge sulla parità tra uomo e donna. Incentivi alle imprese che favoriscono le donne.
1992 La legge stabilisce che il 30 per cento dei candidati nelle liste per le elezioni amministrative siano donne.

Da: L'Espresso, 9 maggio 1993

ESERCIZIO 3 *Scegliete tra le tappe indicate nella tabella quelle che vi sembrano più importanti: secondo voi quali cambiamenti hanno portato nella vita quotidiana delle donne?*

ESERCIZIO 4 Parlamento, Magistratura, Corte Costituzionale, governo, partiti, polizia ... *Come sono rappresentate le donne nel vostro paese in istituzioni analoghe a queste?*

C 1 EINSTEIN E IL DIAVOLO

Dopo una giornata di lavoro Albert Einstein passeggiava per i viali di Princeton quando incontrò uno strano ed inquietante personaggio ...

(...) Il negro disse: "Ho bisogno di voi per una cosa segreta. E non la dirò che nell'orecchio." I suoi denti biancheggiavano più che mai perché intanto si era fatto buio. Poi si chinò all'orecchio dell'altro: "Sono il diavolo Iblís" mormorò "sono l'Angelo della Morte e devo prendere la tua anima."
Einstein arretrò di un passo. "Ho l'impressione" la voce si era fatta dura "ho l'impressione che tu abbia bevuto troppo."
"Sono l'Angelo della Morte" ripeté il negro. "Guarda."
Si avvicinò alla siepe, ne strappò un ramo e in pochi istanti le foglie cambiarono colore, si accartocciarono, poi divennero grige. Il negro ci soffiò sopra. E tutto, foglie, rametti e gambo, volò via in una polvere minuta.
Einstein chinò il capo: "Accidenti. Ci siamo allora ... Ma proprio qui, stasera ... sulla strada?" (...)
Einstein disse: "Senti, dammi tempo un mese. Proprio adesso sei venuto che sto per terminare un mio lavoro. Non ti chiedo che un mese." (...)
Il negro sogghignò: "Un mese, hai detto? ... Ma fra un mese non cercare di nasconderti. Anche se ti trasferissi nella miniera più profonda, là io ti saprò subito trovare." (...)
Passò l'intero mese e di sera, riuscito a restar solo, Einstein si portò sul luogo convenuto. C'era la colonnetta di benzina e c'era la panca con il negro, solo che adesso sopra la tuta aveva un vecchio cappotto militare: faceva freddo, infatti.
"Sono qui" disse Einstein, toccandogli una spalla con la mano.
"E quel lavoro? Terminato?"
"Non è finito" disse lo scienziato mestamente. "Lasciami ancora un mese! Mi basta, giuro. Stavolta sono sicuro di riuscire. Credimi: ci ho dato dentro giorno e notte ma non ho fatto in tempo. Però mi manca poco."
Il negro, senza voltarsi, alzò le spalle: "Tutti uguali, voi uomini. Non siete mai contenti. Vi inginocchiate per avere una proroga. E poi c'è sempre qualche pretesto buono ..."
"Ma è una cosa difficile, quella a cui lavoro. Mai nessuno ..."
"Oh, conosco, conosco" fece l'Angelo della Morte. "Stai cercando la chiave dell'universo, vero?"
Tacquero. C'era nebbia, notte già da inverno, disagio, voglia di restare in casa.
"E allora?" chiese Einstein.

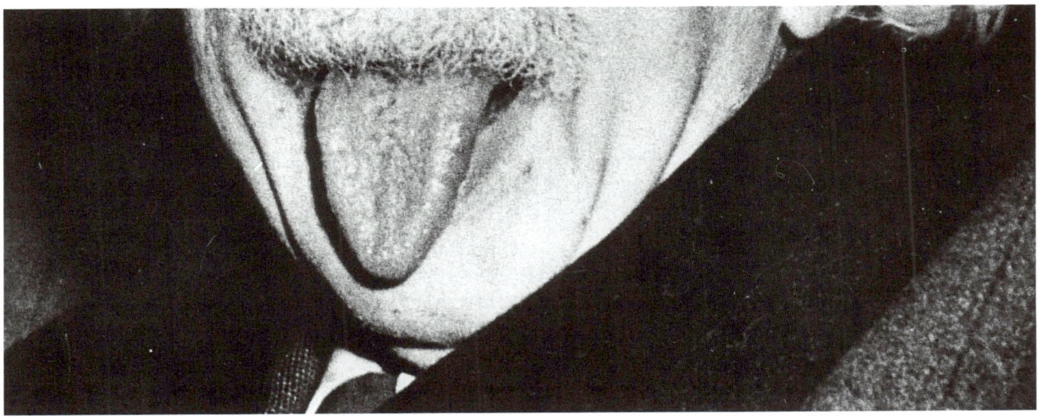

"Allora va' ... Ma un mese passa presto".
Passò sveltissimo. Mai quattro settimane furono divorate con tanta avidità dal tempo. E soffiò un vento gelido quella sera di dicembre, facendo scricchiolare sull'asfalto le ultime raminghe foglie: all'aria tremolava, di sotto al basco, la bianca criniera del sapiente. C'era sempre la colonnetta di benzina, e accanto c'era il negro con un passamontagna in testa, accoccolato come se dormisse.
Einstein gli si fece vicino, timidamente gli toccò una spalla. "Eccomi qui".
Il negro si stringeva nel cappotto, batteva i denti per il freddo.
"Sei tu?" "Sì, sono io." "Finito, allora?" "Sì, grazie a Dio, ho finito." "Terminato il grande match? Hai trovato quello che cercavi? Hai schiodato l'universo?"
Einstein tossicchiò: "Sì" disse scherzosamente "in certo modo l'universo adesso è in ordine."
"Allora vieni? Sei ben disposto al viaggio?"
"Eh, certo. Questo era nei patti." D'un botto il negro balzò in piedi e fece una risata classica da negro. Poi diede, con l'indice teso della destra, un colpo sullo stomaco di Einstein, che quasi perse l'equilibrio.
"Va', va', vecchia canaglia ... Torna a casa e corri, se non vuoi prenderti una congestione polmonare ... Di te, per ora, non me ne importa niente."
"Mi lasci? ... E allora, perché tutte quelle storie?" "Importava che tu finissi il tuo lavoro. Nient'altro. E ci sono riuscito ... Dio sa, se non ti mettevo quella paura addosso, quanto l'avresti tirata ancora in lungo."
"Il mio lavoro? E che te ne importava?"
Il negro rise: " A me niente ... Ma sono i capi laggiù, i demoni grossi. Dicono che già le tue prime scoperte gli erano state di estrema utilità ... Tu non ne hai colpa, ma è così. Ti piaccia o no, caro professore, l'Inferno se ne è giovato molto ... Ora fa assegnamento sulle nuove ..."
"Sciocchezze!" disse irritato Einstein. "Che vuoi trovare al mondo di più innocente? Piccole formulette sono, pure astrazioni, inoffensive, disinteressate ..."
"E bravo!" gridò Iblís, dandogli un altro botto con il dito, nel mezzo dello stomaco. "E bravo! Così, mi avrebbero spedito per niente? Si sarebbero sbagliati, secondo te? ... No, no, tu hai lavorato bene. I miei, laggiù, saranno soddisfatti ... Oh, se tu sapessi!"
"Se io sapessi cosa?" (...)

Da: Dino Buzzati, 60 racconti, Mondadori

ESERCIZIO 5 *Perché, secondo voi, nel suo racconto Buzzati ha dato a Iblís proprio le sembianze di un nero?*

ESERCIZIO 6
- *Chi potrebbero essere "i demoni grossi"?*
- *Perché sono interessati alle scoperte di Einstein?*
- *Che ruolo ha nella storia il diavolo Iblís?*

ESERCIZIO 7 *Condividete l'immagine della scienza che risulta da questo racconto?*

4 COMPAGNI DI SCUOLA

Tiziana e Ornella si conoscono dai tempi del liceo. Anche se Tiziana si è trasferita a Roma, hanno mantenuto i contatti. Quando si rivedono parlano spesso dei tempi passati e dei loro compagni di scuola.

Ascoltate la loro conversazione.

ESERCIZIO 8 *Secondo voi, quanti anni avranno Tiziana, Ornella e Antonio? In quali anni hanno frequentato il liceo?*

ESERCIZIO 9 *Com'era Antonio ai tempi del liceo e come è oggi (aspetto fisico, idee politiche, scelte di vita)?*

ESERCIZIO 10 "Mi ha detto che praticamente è l'assistente di ... di un pezzo grosso ...
... e poi mi ha detto che si metterà in lista per le prossime elezioni ..."

Che cosa potrebbe aver detto ancora Antonio?

GRAMMATICA 10.3, 10.4, 10.5

ESERCIZIO 11 a) Qualche settimana dopo Antonio è di nuovo a Roma e telefona a Tiziana.
Ascoltate la telefonata e provate poi a riferire che cosa hanno detto.

b) Dopo aver parlato con Tiziana Antonio telefona in ufficio.
Ascoltate la telefonata. Che cosa ha detto alla sua segretaria?

T 5 RICORDI

Ricordi quando decisi che la carriera giudiziaria non faceva per me e me ne andai a salvare i delfini?
Dissero che ero completamente pazzo, che in fondo ero sempre stato un po' strano, che mi sarei pentito di questa decisione... Solo tu mi dicesti di seguire il mio istinto.
Per il nostro compleanno mi hai regalato questa Waterman, e mi sono ricordato che in fondo siamo sempre due anime gemelle.

ESERCIZIO 12

- *Secondo voi quando è stata scattata la foto?*
- *Come vi immaginate la famiglia e l'ambiente in cui sono cresciuti i ragazzi?*
- *Perché la persona che scrive parla di* "nostro compleanno" *e di* "anime gemelle"*?*

ESERCIZIO 13 *Ecco cosa dissero in famiglia quando il ragazzo comunicò la sua decisione. Completate i fumetti con l'aiuto del testo.*

Ti pentirai di questa decisione.

●●●●● strano.

●●●●● completamente pazzo.

●●●●● il tuo istinto.

GRAMMATICA 10.6

ESERCIZIO 14 "Sono stufo dell'università." – "Farò finalmente quello che mi piace." – "Non insistete, ormai ho deciso." – "Voglio fare qualcosa di utile." – "In fondo non mi avete mai capito."

Provate a riferire quello che il ragazzo disse durante la discussione in famiglia.
Es.: Disse che era stufo dell'università.

ESERCIZIO 15
- *Ci sono stati anche per voi dei momenti cruciali, delle decisioni che hanno in un certo senso cambiato la vostra vita?*
- *Come hanno reagito le persone a voi vicine?*

Gli anni non mi fanno paura

Modella preferita, negli anni Sessanta, di fotografi del calibro di Avedon. Trascurata poi dagli stilisti per 20 anni e nuovamente richiesta, ora che ne ha 50, per sfilare a New York. Cosa sta succedendo nel mondo della moda? E come vive una donna che è stata bellissima l'arrivo dell'età matura? Club 3 lo ha chiesto all'interessata.

Qui sopra: Benedetta Barzini oggi. Nella foto piccola: quando posava per i più noti fotografi di moda.

Signora Barzini, cosa gliene pare di questo recente interesse degli stilisti per la donna matura?
Secondo me è un fenomeno puramente commerciale, gli stilisti si stanno rendendo conto che i loro costosissimi abiti, alla fin fine, sono destinati all'acquisto di signore "arrivate", e vogliono conquistarle dimostrando che la loro moda non ha età.

Lei come ha affrontato la boa dei 50 anni?
Con un certo distacco che mi sono costruita negli anni. Io sono sempre riuscita a restare me stessa, e ad essere modella solo sul set: finito il lavoro, jeans e via, altri amici, altra vita, altri investimenti affettivi.

E lei oggi è felice?
Più di quando ero più giovane. Trovo che questa sia un'età molto bella, ricca di piaceri. Per esempio il piacere di ritrovare vecchi amici di 30 anni fa, che si erano persi di vista. E scoprire che non ci si era sbagliati, che erano davvero persone valide come ci erano sembrate. O il piacere di vedere i propri figli cresciuti bene.

In che cosa è diversa, ora che i 50 anni sono alle spalle, rispetto a quando ne aveva 30, 40?
Oggi ho più il senso del tempo. Ne colgo maggiormente il valore. Non rimando più nulla. E poi, sono più sensibile agli altri. Vorrei potere realmente fare qualcosa per gli altri.

Le sembra che le sue coetanee siano felici?
Vedo molta disperazione in giro. Vedo la cinquantenne dolorosamente solitaria, single, vedova o separata che sia. Vedo la delirante, all'inseguimento ossessivo di una giovinezza che non c'è più. Vedo la mamma terrorizzata all'idea che i figli vadano via. Poche sanno veramente costruire da giovani un'età matura serena.

La sua ricetta qual è?
Nessuna ricetta, come è ovvio. Ma penso che sia fondamentale differenziare: non puntare tutto su un'unica cosa: famiglia, lavoro, bellezza.

Lei ci è riuscita?
Solo in parte. Il guaio è che si arriva sempre tardi a capire. Si capiscono i 30 anni quando se ne hanno 40. E i 40 quando se ne hanno 50. A volte ho il dubbio che la vita ci insegni il senso della vita stessa a posteriori.

Da: club 3, giugno 1994

ESERCIZIO 16 *Perché a Benedetta Barzini gli anni non fanno paura?*
Come vede le sue coetanee?
Siete d'accordo con le sue affermazioni?

ESERCIZIO 17 "Dopo aver finito il lavoro mi mettevo i jeans e via."

Questa frase si può formulare anche in modo diverso: come?
Rileggete la prima parte del testo.

GRAMMATICA 10.7

ESERCIZIO 18 *Provate a combinare in una frase i seguenti elementi:*

dopo

prima che

cambiare casa — lavorare come ...

vivere meglio — fare il fotografo

pensarci bene — stabilirsi qui

decidere — girare mezzo mondo

lasciarsi — mettersi con un altro/un'altra

mettersi in proprio — essere licenziato

cambiare vita — essere troppo tardi

prima di

dopo che

Esempi: Prima di stabilirsi qui ha girato mezzo mondo.
Dopo che si sono lasciati ha cambiato vita.

ESERCIZIO 19 I 20, i 30, i 40, i 50, i 60 ... ANNI

Queste date rappresentano delle tappe nella vita, secondo voi?
Ecco alcune espressioni utili:

ho il dubbio che ... penso che sia fondamentale ...
non bisogna puntare tutto su ... sono riuscita a restare me stessa ...
a me non fa paura ... dipende dalle esperienze che uno fa ...

C 2 MI RITORNA IN MENTE

Di quale estate parla l'autore?

"Per sfuggire al caldo ho commesso l'errore, fatale, di rimettere piede nei luoghi delle mie estati giovanili, in Liguria. E ..."

Rimpianto di un'altra estate

di Massimo Fini

Per molti anni ho atteso spasmodicamente l'estate. Dieci lunghissimi mesi d'attesa. La notte prima della partenza per le vacanze non mi riusciva mai di prendere sonno. Febbricitante di impazienza mi rivoltolavo smanioso nel letto, mi alzavo ad ogni momento, giravo per le stanze buie (...) (...) noi ragazzi, quando andava bene, facevamo un solo viaggio l'anno: quello delle vacanze estive. E per me mare ed estate erano una cosa sola che si chiamava col più proibito dei nomi: felicità . (...) È d'estate, al mare, che si sono svolti tutti i miei amori adolescenziali e anche quelli della prima giovinezza. È in riva al mare che ho baciato la mia prima ragazza. È sulla spiaggia che, al riparo di un canneto, sono diventato, sessualmente, un uomo.

Da molti anni l'estate è diventata per me un tormento. Già ad aprile, a maggio, comincio a fare degli incubi. Sogno che l'estate è già passata ed io non me ne sono accorto, non me la sono goduta. Ed è un sogno-verità. Come un tempo, per dieci lunghissimi mesi aspetto trepidante l'estate come dovesse portarmi chissaché ma quando improvvisamente arriva mi si squaglia tra le dita come una crudele Fata Morgana lasciandomi un profondo senso di disillusione. La ragione la conosco da tempo, è banale: io vado cercando, nell'estate, ansiosamente, ossessivamente, stolidamente, ciò che essa non mi può più dare: la mia giovinezza, le sue notti magiche, le sue "notti blu", che adesso appartengono ad altri.

Quest'estate poi, per sfuggire al caldo, ho commesso l'errore, fatale, di rimettere piede nei luoghi delle mie estati giovanili. Cammino sul lungomare e vedo i ragazzi e le ragazze che si fanno le lontananze di sempre proprio nei posti dove io giocavo quei giochi. Ma io non c'entro più. Cammino sul lungomare e i ragazzi e le ragazze non mi guardano e se mai i loro occhi, per un momento, mi sfiorano vi scorgo, o almeno credo, il pensiero che avevo io alla loro età quando vedevo un uomo della mia: "Ma come fa quello ad accettare, a tollerare di avere cinquant'anni? Io non lo sopporterei mai. Piuttosto mi uccido. A me non capiterà". Cammino sul lungomare e ogni tanto trasalisco perché mi pare di vedere i volti miracolosamente intatti dei miei amici di un tempo ma subito mi rendo conto che sono i prototipi che si perpetuano di generazione in generazione. E pensare che ognuno di noi si crede "unico". Cammino sul lungomare e certi signori e signore gentili mi riconoscono, mi salutano, mi fanno i complimenti per il mio lavoro. Sono un uomo noto, perbacco. Ma intanto io sbircio due ragazzi che si sono infrattati dietro le cabine. (...)

Da: L'EUROPEO, 17 agosto 1994

ESERCIZIO 20 – *Come viveva Massimo Fini l'estate da ragazzo e come la vive oggi ? Ricercate le frasi che esprimono i suoi diversi stati d'animo.*
– *Perché parla di* "errore fatale"*?*

ESERCIZIO 21 *Che cosa significa l'estate per voi? Condividete qualche sensazione dell'autore?*

LEZIONE 11

Sogni e realtà

T 1 DI VENERDÌ VA IN ONDA L' IMPOSSIBILE

L'IMPOSSIBILE NON ESISTE E COMINCIA STASERA

Se credete che l'impossibile esista tenetevi pronti.
Questa sera alle 22.45 ...

NO LIMITS WORLD: L'IMPOSSIBILE IN TV, TUTTI I VENERDI.

– *Secondo voi che cosa si intende qui con la parola* "impossibile"*?*
A che cosa la assocereste voi?
– *Che reazioni suscita in voi questo messaggio?*

T2 A LETTO CON NAOMI

Aprirebbe prospettive strabilianti la macchina dei sogni in arrivo da Londra

A letto con Naomi grazie al computer

nostro servizio

LONDRA – Regista dei tuoi sogni: trascorrere la notte con quella Naomi che fa la pubblicità ai jeans sul cartellone sotto casa, incontrare quel Richard ammirato al cinema, essere forte come Superman. Solo per una notte, certo, e solo nella realtà onirica. Ma se non altro servirà per incominciare bene la giornata. È in arrivo dall'Inghilterra la "dream machine", la macchina per pilotare i sogni. L'invenzione è di uno psicologo inglese, Keith Hearne, che ha appena brevettato la sua rivoluzionaria macchina su scala mondiale e ne ha affidato la produzione in serie ad un'azienda canadese, che la lancerà sul mercato ad un prezzo tra le 500 e le 600mila lire. Grande come un libro tascabile, la macchina promette faville; il flusso dell'inconscio potrebbe trasformarsi in un cinema interattivo dove si scelgono personaggi e situazioni.

Il congegno è un piccolo computer che, attraverso un tubicino che viene inserito nel naso, controlla le variazioni del ritmo del respiro ed è in grado quindi di segnalare l'inizio dell'attività onirica. All'arrivo del sogno il computer manda quattro deboli impulsi elettrici, che non provocano il risveglio, ma fanno passare alla fase del "sogno lucido".

Dopo la fine del sogno autogestito il piccolo computer è in grado di svegliare il dormiente per fargli ricordare tutti i particolari del suo sogno.

Ma non è finita qui. La "dream machine" sarebbe anche in grado di liberare dagli incubi. Se i ritmi del respiro mandano preoccupanti segnali di ansia, la macchina provvederà al risveglio immediato tramite l'invio di forti impulsi elettrici al polso. Così si potrà ricominciare a dormire serenamente.

"È uno stato in cui l'uomo continua a dormire, ma si rende conto che sta sognando e allora può agire come il regista di un film, scegliendo i personaggi da introdurre nel proprio mondo onirico", ha spiegato Keith Hearne. "Sogniamo in media per sei anni della nostra esistenza. Dobbiamo usare questo tempo creativo per migliorare la qualità della nostra vita".

La "dream machine" avrebbe anche una funzione terapeutica, per interventi psichiatrici sui meandri dell'inconscio. Una delle persone che si è sottoposta alle sperimentazioni l'ha usata, ad esempio, per superare il trauma della morte del padre che ha imparato a rievocare con affetto nel sogno.

Non tutti i colleghi dello psicologo sono convinti che la macchina rappresenti uno sviluppo senz'altro positivo: l'invenzione potrebbe confondere ulteriormente finzione e realtà e spingere i più deboli a chiudersi nel recinto angusto ed artificiale dell'attività onirica. Jim Horne, della Loughborough University è tra i dubbiosi: "La natura non ha voluto che noi ci ricordassimo dei sogni in modo sistematico. Forse è meglio sognare in pace e poi dimenticare. Forse i sogni sono soltanto un modo per tenere il cervello un po' occupato mentre si riposa".

Da: La Repubblica 13.3.95

ESERCIZIO 1

- *A che cosa servirebbe la macchina dei sogni secondo il suo inventore?*
- *Voi comprereste una macchina del genere?*

ESERCIZIO 2

- *Rileggete il sottotitolo. Secondo voi questo fatto viene dato per certo o no?*
- *Le informazioni contenute nell'articolo vengono riferite tutte con lo stesso grado di certezza?*
- *Come riferireste voi, parlando, le informazioni che non vengono date per certe?*
  Riformulatele utilizzando altre espressioni che conoscete.

GRAMMATICA 11.1

ESERCIZIO 3 LA SAPETE L'ULTIMA?

Pensate ad una notizia che avete sentito o letto recentemente e che vi ha lasciato un po' perplessi. Riferitela, sottolineando le vostre riserve.

ESERCIZIO 4 IERI NOTTE HO FATTO UN SOGNO ...

C'è un sogno che vi è rimasto particolarmente impresso e che riuscite a ricostruire anche senza la dream machine?

Raccontate.

T3 SOGNATORI DEL 2000

Maria Hai visto la cartolina di Daniele?
Manfredo Gli orsi? Sì che li ho visti, gli orsi. Certo che quello lì è completamente fuori di testa. Da dove l'ha spedita?
Maria Qui c'è scritto "Fairbanks, Alaska". Ma la cartolina è partita quasi un mese fa.
Manfredo Un mese fa?
Maria Hai visto cosa dice? "Appena sarò a Seattle, dove mi fermerò quattro – cinque giorni, vi scriverò una lettera. Le prime tappe sono state durissime, ma non immaginate quanto ne valga la pena."
Manfredo Certo che faccio fatica a immaginarmelo. Ma chi ce lo porta in mezzo agli orsi? Poi nel frattempo chissà dove sarà andato a finire ...
Maria La sua intenzione era di attraversare tutte le Americhe.
Manfredo Sì, lo so. Tutte le Americhe in bicicletta fino alla Terra del Fuoco. Mah ...
Maria Eh, però, guarda, io questo tuo atteggiamento non lo capisco. In fondo anche noi avevamo pensato di fare qualcosa di simile.
Manfredo Ma quando?
Maria Eh sì, quando, quando, magari non proprio così, tutte le Americhe, come Daniele ... Però, se ti ricordi, anche noi avevamo pensato a un viaggio in bicicletta, sì, sì, in bicicletta, attraverso gli Stati Uniti. E chi è che diceva "Quando avrò finito l'Università, prima di mettermi a lavorare ...", eh?
Manfredo Chi lo diceva?
Maria Chi lo diceva? Già, chi lo diceva ... il fatto è che queste cose o si fanno subito o non si fanno più.
Manfredo Beh, però se ne fanno delle altre. Alla fine, poi, non mi sembra meno importante provare interesse per il proprio lavoro.
Maria Io non ho mica detto questo.
Manfredo Però lo hai insinuato ...
Maria Insinuato ... sta di fatto, che quando avrai raggiunto finalmente quello che vuoi, queste cose non te le potrai più permettere.
Manfredo Ma forse perché non mi interessano più di tanto. Certo, a diciott'anni uno magari pensa di realizzarsi così. Ma poi, senti, oggi, con i mezzi che abbiamo ... se proprio vuoi conoscere

altri mondi, ormai con la telematica, sì con la telematica, con la realtà virtuale, puoi viaggiare come vuoi ... altro che Americhe ...

Maria Sì, sì, sì, stando a casa, davanti alla TV ...

Manfredo Ma no, no.

Maria Sì, sì, sì, senza fare il minimo sforzo, sì, sì, totalmente passivi ...

Manfredo Guarda, questo lo dici tu. Pensa un po' alle ultime applicazioni ... Se entri in un mondo virtuale non necessariamente devi ... devi stare passivo. E te ne renderai conto anche tu, quando avrai messo da parte qualcuno dei tuoi pregiudizi.

Maria Bah, forse. Ma intanto chissà cosa sta combinando ora Daniele...

ESERCIZIO 5

- *Che reazioni provoca in Maria la cartolina di Daniele? E Manfredo come reagisce?*
- *Maria dice:* "Queste cose o si fanno subito o non si fanno più." *Cosa pensate di questa affermazione?*

ESERCIZIO 6

Nel corso del dialogo vengono usate queste espressioni:

"È completamente fuori di testa."
"Faccio fatica a immaginarmelo."
"Chissà dove sarà andato a finire ..."
"Sta di fatto che ..."
"Altro che Americhe ..."
"Chissà cosa sta combinando ora ..."

Che cosa significano?

ESERCIZIO 7

Provate a completare il discorso di Manfredo citato da Maria.

"Quando avrò finito l'Università, prima di mettermi a lavorare ..."

Che tempo verbale avete usato?

GRAMMATICA 11.2

ESERCIZIO 8

SOGNI NEL CASSETTO

Immaginate di avere un progetto, più o meno realistico, che sognate di realizzare prima o poi. Un vostro amico/una vostra amica cerca di dissuadervi, facendovi presenti tutte le possibili difficoltà.

T 4 LA CASA DEI SOGNI

Questo progetto, esposto ad una recente fiera della casa, propone l'applicazione di alcune delle tecnologie più avanzate e allo stesso tempo, affinché venga salvaguardato l'ambiente, prevede l'uso di materiali naturali e riciclati.

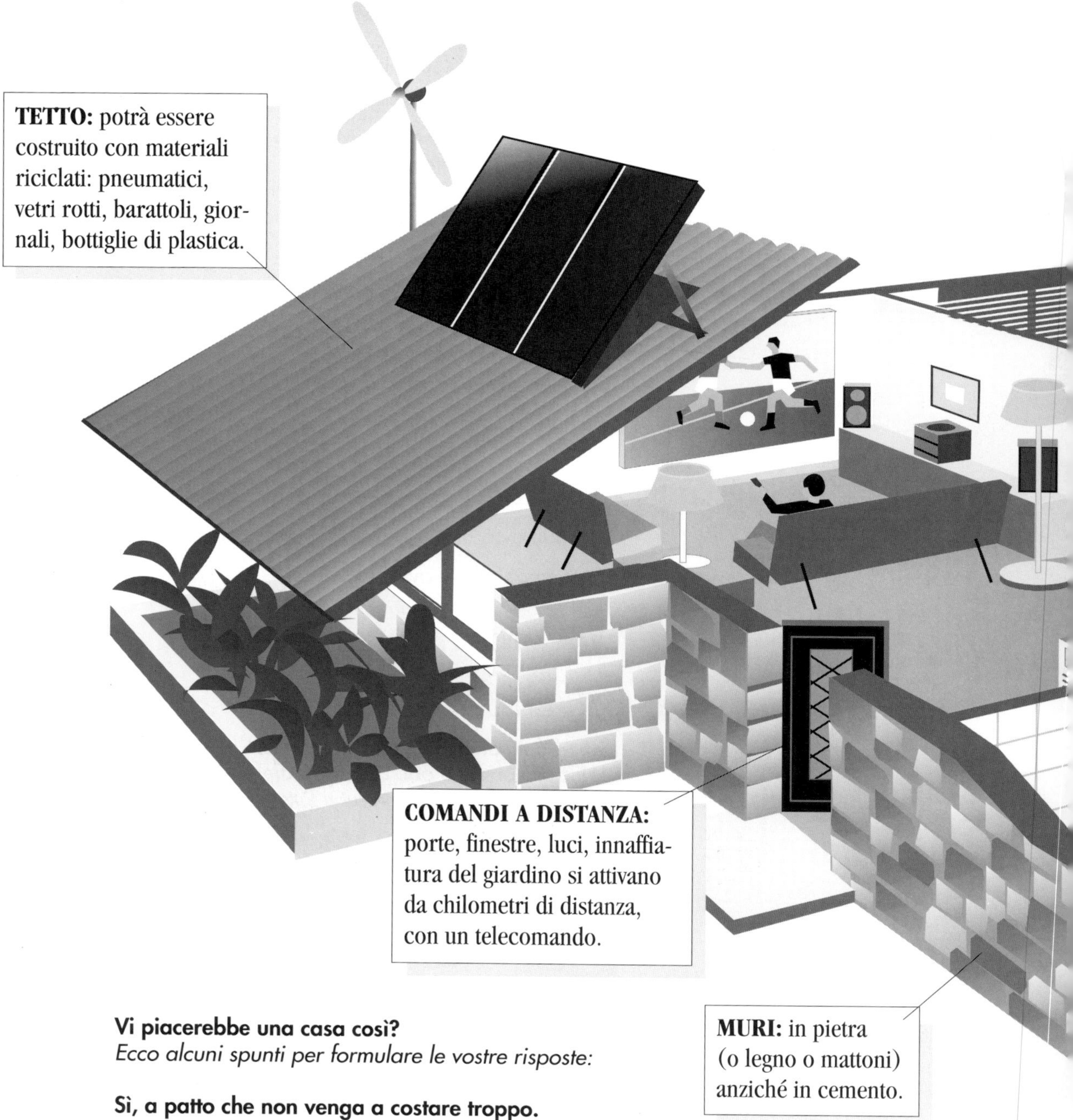

Vi piacerebbe una casa così?
Ecco alcuni spunti per formulare le vostre risposte:

Sì, a patto che non venga a costare troppo.
Sì, però rinuncerei a ...
Sì, purché sia possibile mantenere la propria libertà di movimento.
No, perché sarebbe tutto troppo complicato.
Certo, ho sempre sognato di ...
L'accetterei solo se avessi la garanzia che tutto funzionasse alla perfezione.
Sì, basta che tutto sia ...

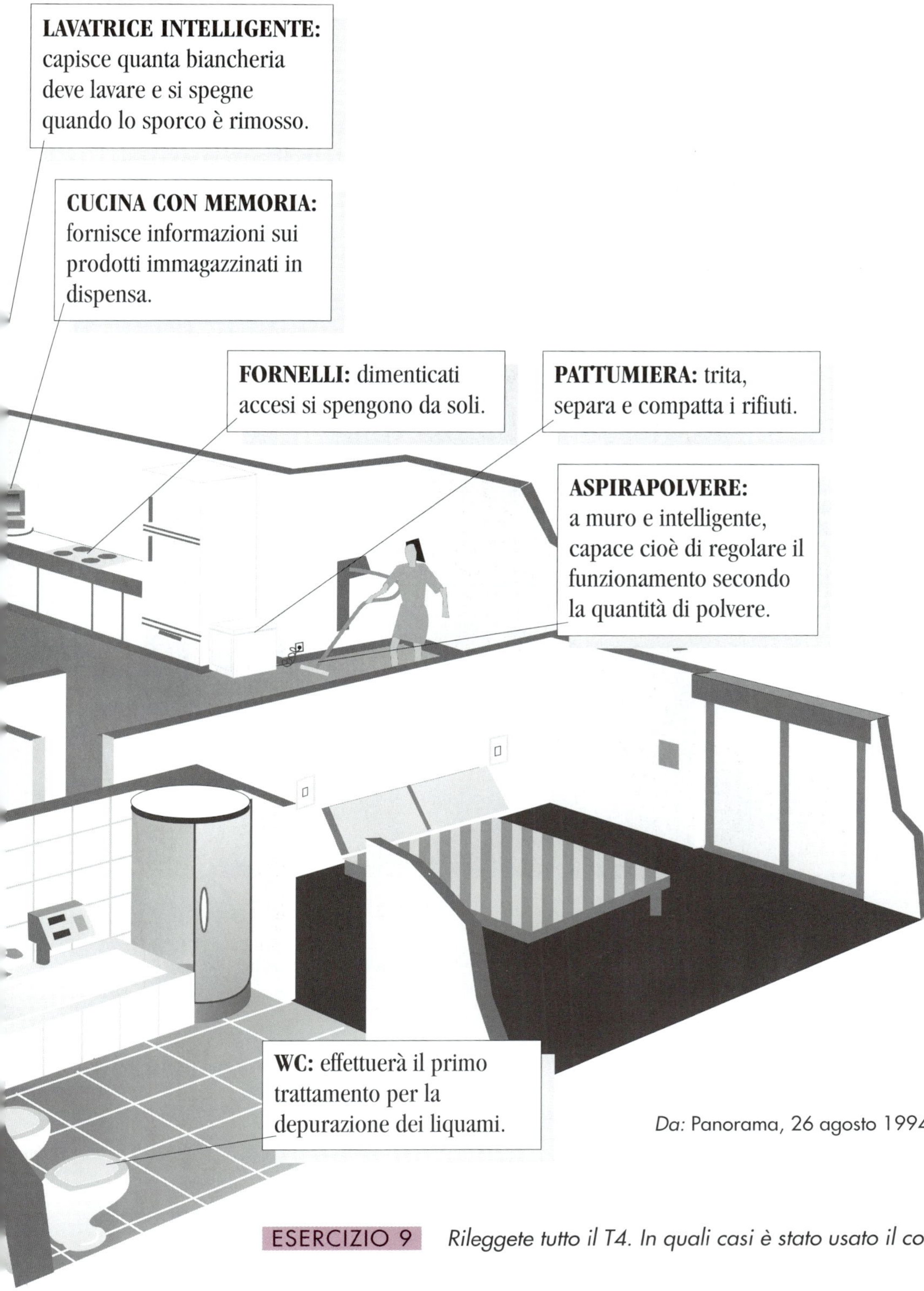

Da: Panorama, 26 agosto 1994

ESERCIZIO 9 *Rileggete tutto il T4. In quali casi è stato usato il congiuntivo?*

GRAMMATICA 11.3

ESERCIZIO 10 *Se foste completamente liberi di progettare la casa dei vostri sogni, a che cosa dareste la precedenza? Spiegate anche le ragioni delle vostre scelte.*

C 1 AI CONFINI DELLA REALTÀ

Da : Corso Italia, RAI 2, 19.2.95

Alcuni giornalisti della RAI hanno realizzato una serie di trasmissioni, chiamata "Corso Italia", in cui sono state proposte agli ascoltatori numerose interviste realizzate in vari centri della provincia italiana. Le persone intervistate non sono famose, ma molte delle esperienze che hanno raccontato sono davvero singolari. Eccone una.

Ascoltate l'intervista e cercate di annotare tutte le informazioni che riuscite a cogliere.

ESERCIZIO 11 *Confrontate ora le informazioni di cui avete preso nota.*

ESERCIZIO 12 *Secondo voi qual è l'atteggiamento degli intervistatori nei confronti del signor Commanducci?*
Condividete questo atteggiamento?

ESERCIZIO 13 *Vi è mai capitato di sentir parlare di episodi del genere? Raccontate.*

T 5 AH, SE AVESSI LA LAMPADA DI ALADINO!

La magia di Aladino ha colpito ancora. Con la superproduzione di Walt Disney *Aladdin* ritorna una delle favole più amate: quella del ragazzo d'Oriente cui basta sfregare la preziosa lampada per vedere realizzati i propri desideri. E in fondo un Aladino abita in tutti noi; è difficile infatti resistere alla tentazione di immaginarci – almeno per un momento – padroni di un Genio pronto ad assecondare i nostri sogni. Abbandoniamoci allora al piacere infantile ma nient'affatto ridicolo del gioco. "Se avessi la lampada, quale desiderio esprimeresti?": abbiamo rivolto la domanda a personaggi famosi e non.

Da: Grazia, 5.1.94

Lella Costa, attrice e attenta osservatrice di costumi, di desideri da realizzare ne avrebbe molti. "Perché un solo desiderio è limitativo e non riesco a scegliere tra quelli egoistici, personali, e quelli, diciamo così, umanitari. Piuttosto, se fosse possibile, chiederei di poterne soddisfare uno al giorno, per tutta la vita. E, possibilmente, che questo privilegio divenisse ereditario. Insomma, la mia è una filosofia del tutto o niente. Altrimenti darei libera scelta al Genio della lampada ..."

Alberto Cavallari, giornalista ed ex direttore del "Corriere della Sera", ha un sogno tutto legato all'informazione: "Vorrei che i giornali tornassero a fare notizia, che riuscissero a mediare la realtà. Un tempo si diceva che la stampa era una finestra sul mondo: adesso non è altro che una piccola finestra sulla televisione."

Teresa Fasano, casalinga, pensa alla sua città, Napoli: "Vorrei che diventasse più vivibile e umana. Una città dove i musei e le chiese sono aperti e si possono usare i mezzi pubblici senza aspettarli per ore. Una città più paesana, dove la gente si conosce, parla, comunica e non vive isolata."

Luciano De Crescenzo, scrittore tra i più amati e venduti, si mostra molto assennato. "La lampada di Aladino mi sarebbe utilissima", assicura, "perché potrei finalmente pensare alla mia vecchiaia: mi comprerei una clinica privata che fosse completamente al mio servizio."

Ora tocca a voi:
"Se avessi la lampada, vorrei che ..."

ESERCIZIO 14 *Trasformate i desideri delle persone intervistate in brevi ordini da impartire al Genio.*

ESERCIZIO 15 *Provate a completare questa frase:*

"Vorrei che la mia città ... (diventare) più vivibile e umana."

Controllate ora sul testo se avete usato la forma giusta.

GRAMMATICA 11.4

ESERCIZIO 16 *Ci sono molti modi di esprimere dei desideri:*

"vorrei che ...", "mi piacerebbe ..." , "sarebbe bello se ...", "magari potessi ...", *e forse ve ne vengono in mente ancora degli altri.*

Prendete lo spunto da queste immagini e date via libera ai vostri desideri.

T 6 BRUTTINA E MERAVIGLIOSA (UN SOGNO D'AMORE)

Ho appena compiuto 22 anni e frequento l' università a Roma. Non ho ancora una ragazza. Ho alle spalle qualche insuccesso in amore e soprattutto molte ottime occasioni stupidamente perdute.

Ho un enorme, intenso bisogno di amare e di essere amato e mi innamoro con straordinaria facilità, ma ciò che in molti casi mi frena nei rapporti con le ragazze è un misto di timidezza, inesperienza, insicurezza, poca fiducia in me stesso e paura di soffrire.

Meno di un anno fa ho conosciuto A., una ragazza di vent' anni, che ho frequentato per tanto tempo insieme ad un gruppo di amici senza conoscerla a fondo.

Circa un mese fa ho avuto l'occasione di passare una giornata intera a parlare e a scherzare con lei e mi si è rivelata la ragazza più straordinaria che abbia mai conosciuto: ha un temperamento delicato e gentile, è buona e affettuosa con tutti, è intelligente e matura, ma nello stesso tempo è genuina, semplice, trasparente: è spontanea e estroversa ma si capisce benissimo che ha una ricca vita interiore. Un solo neo: è piuttosto bruttina: ma questo aspetto che finora avevo considerato importante, non ha impedito che mi innamorassi profondamente di lei. A. ha un ragazzo. Sono insieme da anni e si vogliono bene come nessuno che io abbia conosciuto finora. Da loro ho imparato cos'è il vero amore (...) che è così raro nelle coppie di noi ragazzi, che pure viviamo in un mondo di film e di canzoni che parlano solo di vero amore. Non faccio altro che pensare ad A., a come vorrei averla conosciuta prima del suo ragazzo, a come potrò mai trovare qualcuno che più di lei si combina magicamente con il mio carattere e mi rende felice. Devo però tenere segreto ciò che provo: non posso manifestarlo a lei perché la metterei in una situazione estremamente imbarazzante e la costringerei a respingermi, perdendo anche la sua amicizia. Non posso neppure confidarlo ai miei amici perché li ho in comune con lei e non mi va che lo sappiano: la sogno e aspetto che mi passi: questo è tutto quello che posso fare.

Mauro – Rieti

Da: il Venerdì di Repubblica, 6 gennaio 1995

ESERCIZIO 17 *Mauro vi sembra uno con i piedi per terra o piuttosto un immaturo? Discutete.*

GRAMMATICA 11.5

ESERCIZIO 18 *Nella sua lettera Mauro elenca con entusiasmo le molte qualità positive della ragazza che ama. Seguite il suo esempio e scrivete l'elogio di una persona che secondo voi è straordinaria. Altrimenti, se lo preferite, sfogate la vostra antipatia nei confronti di una persona che non vi piace, enumerandone tutti i difetti.*

ESERCIZIO 19 *Immaginate che un vostro amico abbia un problema sentimentale e vi chieda consiglio. Assumete i ruoli e fate il dialogo.*

C2 UN SOGNATORE SVEGLIO

Nei racconti della tradizione popolare il sogno è un motivo frequente. Ecco come compare in una novella toscana ripresa dallo studioso Carlo Lapucci nella sua raccolta "LA BIBBIA DEI POVERI – Storia popolare del mondo".

IL SOGNO DEI TRE AMICI

Tre amici facevano un viaggio durante il quale dovettero attraversare una zona deserta. Verso la fine del cammino avevano quasi esaurito le provviste. Terminata la cena all'ultimo bivacco, si accorsero che nelle bisacce era rimasto solo un cosciotto d'agnello. Discussero a lungo come dividerlo, poi decisero che l'indomani l'avrebbe mangiato quello che avesse fatto il sogno più bello.
Verso l'alba uno dei tre si svegliò e vide che gli altri dormivano profondamente, per cui pensò bene di mangiarsi il cosciotto rimettendosi a dormire tranquillamente.
Quando il sole poi dette la sveglia, uno dei compagni disse prontamente:
"Quel cosciotto d'agnello toccherà a me perché stanotte ho fatto il sogno più bello della mia vita: mi pareva di salire in cielo portato dalle ali di mille uccelli meravigliosi d'ogni forma e colore; sedevo sopra un carro fatto di petali di rose, mentre intorno cento ninfe suonavano sulle arpe musiche divine. Giravo su nel cielo vedendo le stelle e i pianeti e sotto cuscini di nuvole ..."
"Allora il sogno più bello l'ho fatto io" disse il secondo "perché m'ero appena addormentato che fui subito portato in paradiso tra le braccia degli angeli. Mi venne incontro un corteggio di santi e di sante sfolgoranti di luce e di bellezza tale che è impossibile ridire. Spandevano incensi dal profumo inebriante e cantavano melodie che nessun orecchio umano ha mai ascoltato ..."
"Amici" disse il terzo "non vi rompete la testa a raccontare ancora. Io in sogno vi ho semplicemente visti beati lassù: tu felice tra uccelli e ninfe; tu tra gli angeli e i santi. Allora mi sono detto che certamente non sareste tornati da luoghi tanto belli, e se foste tornati, non sareste certo arrivati con la fame, per cui mi sono mangiato il cosciotto d'agnello!"

Da: C. Lapucci, LA BIBBIA DEI POVERI, A. Vallardi 1995

ESERCIZIO 20 *Cosa intende con l'espressione* "il sogno più bello" *ciascuno dei tre amici?*

ESERCIZIO 21
- *Qual è secondo voi la morale di questa novella? La condividete?*
- *Con quale dei tre amici vi identificate? Perché?*

ESERCIZIO 22 *Pensate alle storie popolari delle vostre parti: quali sono i motivi che vi ricorrono più di frequente?*

LEZIONE 12

SCOMPARSO IL PROFESSOR RONDOLAIS

Non ha più fatto ritorno da una gita a Fontainebleau

Parigi. Il professor Jean-Louis Rondolais, docente alla Sorbonne e noto critico d'arte sembra essersi volatilizzato nel nulla. Non ha più fatto ritorno da una gita culturale con i suoi studenti nei luoghi cari agli impressionisti. La sua assenza è stata notata quando tutti i gruppi, dopo una passeggiata nel bosco, sono ritornati ai pullman. "Rondolais conosceva molto bene Fontainebleau", ha fatto sapere il professor Renaud, collega dello scomparso, agli inquirenti, "ci veniva spesso. Aveva organizzato tutto lui, anche il pranzo in un locale vicino al bosco." Il professore abitava all'ultimo piano di un elegante palazzo di Rue Rennes insieme alla moglie e alla madre. Secondo alcune voci pervenute agli investigatori i rapporti familiari sarebbero stati piuttosto tesi. "Jean-Louis non aveva nessuna ragione per andarsene di casa", ha dichiarato la moglie, "ho la netta sensazione che gli debba essere accaduto qualcosa". Intanto le ricerche, nelle quali sono impegnati anche diversi cani poliziotto, proseguono. Gli inquirenti per ora non escludono nessuna pista.

Fontainebleau: qui è stato visto per l'ultima volta il noto docente della Sorbonne

– Secondo voi che cosa potrebbe essere successo? Fate delle ipotesi.

IL BOSCO DI FONTAINEBLEAU

Radiodramma di Roberto Bosco, diretto da Riccardo Caggiano

RADIO UNO

21	**Meteo**
21,01	**Dottore, Buonasera.**
21,30	**Giallo Sera**

Prima parte

– Ascoltate la prima parte del radiodramma.
Chi sono i personaggi? In che rapporto sono fra di loro?
Che ruolo hanno nella vicenda? Prendete nota.

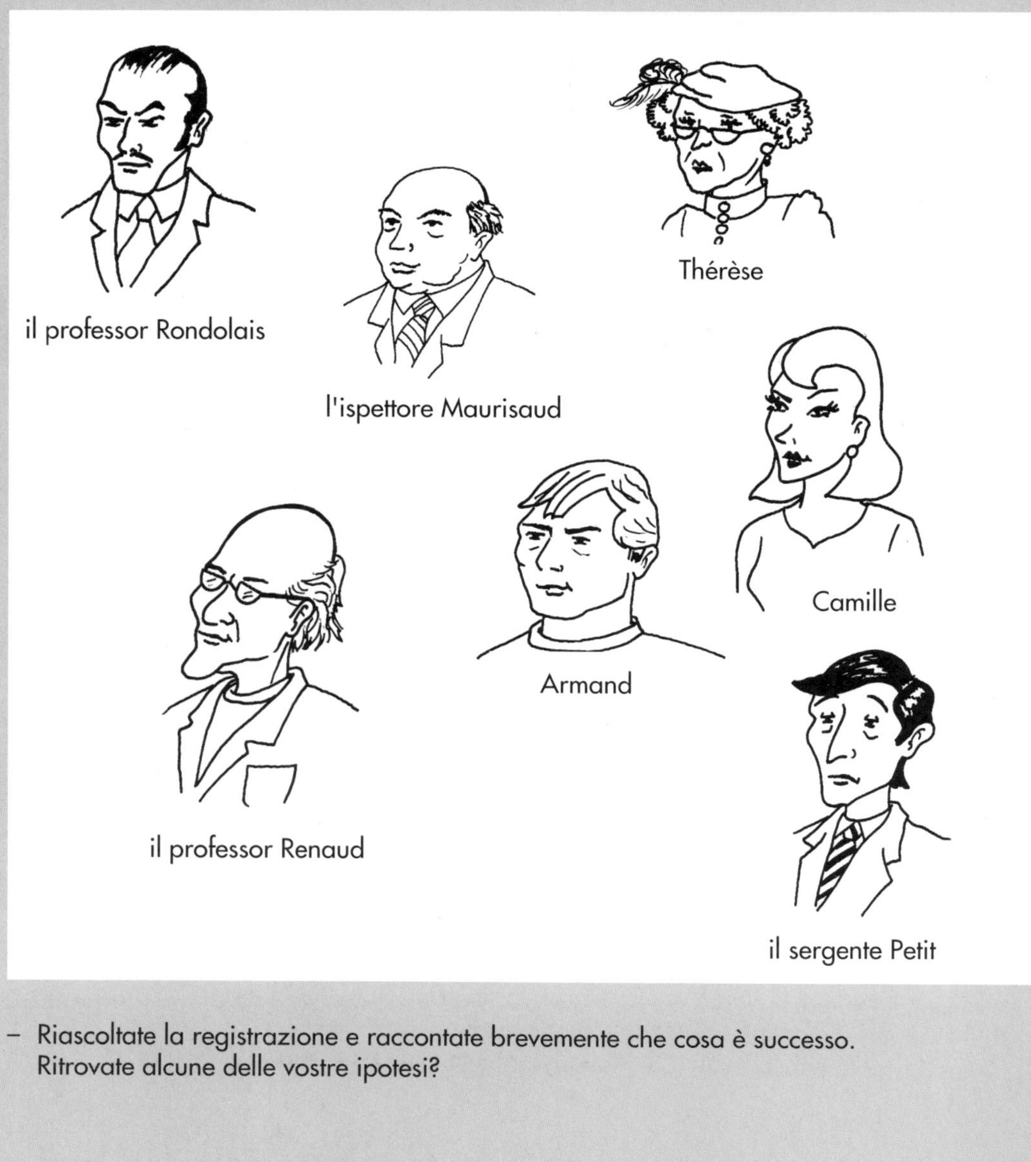

– Riascoltate la registrazione e raccontate brevemente che cosa è successo.
Ritrovate alcune delle vostre ipotesi?

Seconda parte

- Nel caso Rondolais c'è stato un nuovo colpo di scena. Quale? Ascoltate la seconda parte del radiodramma.
- Dopo la perizia della polizia scientifica per il sergente Petit il caso è chiaro. Qual è la sua interpretazione dei fatti?
- E voi che ne pensate?

- Al commissariato sono arrivate diverse lettere di persone vicine ai protagonisti che raccontano la loro versione dei fatti, fanno ipotesi, svelano pettegolezzi ...
  Provate a scrivere voi una di queste lettere.
- Il caso Rondolais appassiona molto l'opinione pubblica. I giornalisti vogliono un resoconto dei fatti e chiedono a che punto sono le indagini. L'ispettore, accompagnato dal sergente Petit e da un altro assistente, indice una conferenza stampa.
  Come potrebbe svolgersi? Assumete i diversi ruoli e improvvisate voi.

Terza parte

– L'ispettore Maurisaud parla con Armand, con Madame Rachel e con il professor Renaud. Ascoltate e prendete appunti. In gruppo scambiatevi le informazioni.

– La vicenda ha preso una svolta che forse non vi aspettavate. Discutete in gruppo su come potrebbero essersi svolti i fatti e provate a risolvere il caso.
– Se non vi accontentate della vostra immaginazione chiedete al vostro insegnante. Potrebbe avere la chiave del mistero ...

LERNGRAMMATIK PRO LEKTION

Diese lektionsbegleitende Lerngrammatik behandelt und ergänzt die in den einzelnen Lektionen eingeführten grammatischen Strukturen. Sie ermöglicht eine aktive Grammatikarbeit durch verschiedene Aufgabenstellungen (z. B. Komplettierung von Paradigmen, Formulierung von Regeln und Ergänzung mit weiteren Beispielen). Kontrollmöglichkeiten bietet der systematische Grammatikteil im Arbeitsbuch.

Hinweise:

- Diese Grammatikseiten eignen sich auch als Vorlagen für Tafelanschriebe bzw. Arbeitsblätter, falls Eintragungen im Buch nicht erwünscht sind.
- Die mit gekennzeichneten Abschnitte können von den Kursteilnehmern zu Hause gelesen werden.
- Die Paragraphenangaben neben den Überschriften beziehen sich auf die entsprechenden Abschnitte der systematischen Grammatik im Arbeitsbuch.

LEZIONE 1

1.1 IMPERFETTO UND PASSATO PROSSIMO IM SATZ § 5

Imperfetto		Passato prossimo
1. Ieri, mentre **aspettavo** l'autobus, **leggevo** il giornale ...		
parallel verlaufende Vorgänge		
2. Ieri, mentre **aspettavo** l'autobus,	↯	**ho notato** una ragazza ...
im Verlauf begriffener Vorgang	+	neu einsetzender Vorgang

1. Vorgänge, die gleichzeitig nebeneinander verliefen, stehen im Imperfetto; sie werden häufig durch die Konjunktion **mentre** *während* verbunden.
2. Ein Vorgang, der im Verlauf war, als ein anderer einsetzte, steht im Imperfetto. Der neu einsetzende Vorgang steht im Passato prossimo.

Hintergrund:
- Das Imperfetto drückt aus, daß der Vorgang als eine Art Zustand gesehen wird – ohne Anfang und Ende.
- Das Passato prossimo drückt aus, daß der Vorgang als abgeschlossenes Ereignis/Faktum gesehen wird.

Ebenso in Sätzen ohne "mentre":

Eravamo tutti a casa: io **leggevo**, Luisa **lavorava** al computer e gli altri **guardavano** la TV ...		
parallel verlaufende Vorgänge		
Stavamo per andare a letto *Wir wollten gerade schlafen gehen,*	↯	quando **è squillato** il telefono. *als das Telefon klingelte.*
im Verlauf begriffener Vorgang	+	neu einsetzender Vorgang

◉ *Studieren Sie alle Beispiele und beschreiben Sie dann die folgenden Szenen in der Vergangenheit.*

- Beachten Sie:
  Die Stellung von Haupt- und Nebensatz ist variabel:

Proprio mentre stavo per uscire è arrivato Aldo. /
Aldo è arrivato proprio mentre stavo per uscire.

Ero sul balcone quando è successo l'incidente. /
Quando è successo l'incidente ero sul balcone.

- Unterscheiden Sie **mentre** (vor Verben) und **durante** (vor Substantiven):

Mentre pranzavamo …	*Während/Als wir zu Mittag aßen …*
Durante il pranzo …	*Während des Mittagessens …*

1.2 MA VERAMENTE IO VOLEVO … § 6

In bestimmten Fällen hat das Imperfetto keinen Bezug zur Vergangenheit, sondern dient dazu, Anliegen/Erklärungen/Einwände/Absagen in abgeschwächter, "schonender" Form vorzubringen.

- Desidera, signora?
- **Volevo** solo un'informazione.

- Allora, prendiamo un taxi?
- Mah, a dire il vero, io **volevo** camminare un po'. /
  Mah, veramente io **pensavo** di camminare un po'.

- Pronto! Ciao Anna, sono Luisa. Hai un minuto di tempo?
  Dovrei chiederti una cosa.
- Mah, veramente **stavo per uscire** …
- Allora ti richiamo stasera.

Wie würden Sie die Antworten auf deutsch formulieren?

Was könnte Anna sonst noch gesagt haben? Denken Sie sich einen anderen Einwand aus.

Hinweis:
Das Verb **dovere** wird in der gesprochenen Sprache häufig im Imperfetto verwendet, um an ein Vorhaben zu erinnern:
Ma tu non **dovevi** andare in palestra oggi?
Hattest du nicht vor …?
Wolltest du nicht …?

1.3 VERBEN IM BLICKPUNKT §§ 1, 25

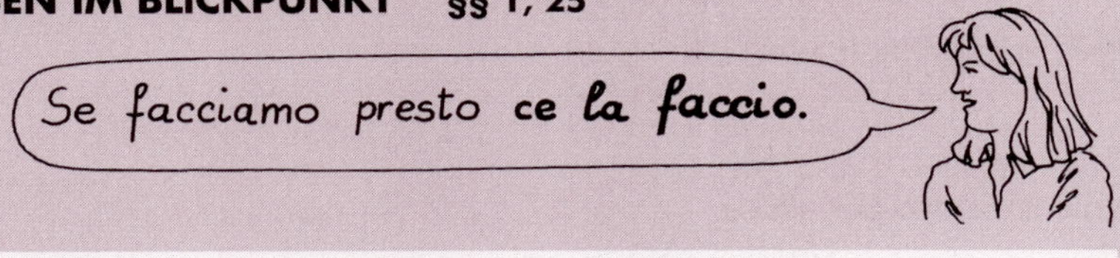

farcela

Pensi di (farcela) da solo? *Glaubst du, daß du es alleine schaffst?*

(Ce la) (faccio / fai / fa / …). *Ich schaffe es.*

(Ce l') (ho / hai / ha / …) (fatta). *Ich habe es geschafft.*

________________ *Du wirst es schaffen.*

________________ *Wir haben es geschafft.*

Ergänzen Sie.

Farcela setzt sich zusammen aus "fare + ci + la"; **ci** wird zu **ce**, wenn ein weiteres Pronomen folgt.
Das Partizip Perfekt endet immer auf **-a**: Non ce l'ho fatt**a**.

Ebenso:

- avercela con qu *beleidigt/gekränkt/"sauer" auf jdn sein:* Ce l'hai con me?
- mettercela tutta *alles daransetzen/versuchen:*
  Ce l'ho messa tutta, ma non ce l'ho fatta.

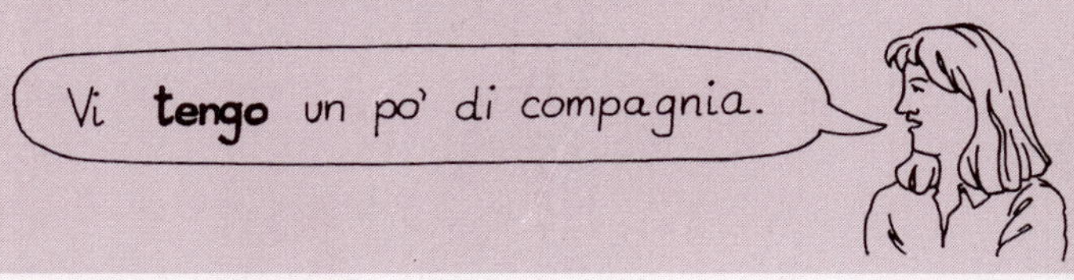

tenere

Präsens	Imperativ	Futur	Condizionale	Partizip
tengo		terrò	terrei	tenuto
tieni	tieni!	…	…	
tiene	tenga!			
teniamo		________	un po' l'ombrello.	*Halt mal den Schirm.*
tenete	tenete!			
tengono		________	il resto.	*Behalten Sie den Rest.*

*An welches Verb auf -ire erinnert Sie die Konjugation von **tenere**?*

Setzen Sie die fehlenden Verbformen ein.

Hinweis:
Es gibt etliche Verben mit ähnlichen Besonderheiten beim Präsens und beim Imperativ, z. B. **rimanere** *bleiben*, **salire** *steigen/einsteigen*, **togliere** *wegnehmen/abnehmen/ausziehen*, **porre** *setzen/legen/stellen*, **proporre** *vorschlagen*. Sehen Sie bei Gelegenheit in der Liste der unregelmäßigen Verben im Arbeitsbuch nach.

Studieren Sie die Anwendungsbeispiele und machen Sie dann die Probe aufs Exempel: "Ich fahre jedes Jahr nach Italien." Wie würden Sie das in den folgenden Situationen auf italienisch sagen?

VENIRE	a trovare	*besuchen*
	a prendere	*abholen*

ANDARE	a trovare	*besuchen*
	a prendere	*abholen*

1.4 BESONDERHEITEN BEI POSSESSIVA

Sono affari Suoi!

– Senta, signora, ma non potrebbe aspettare **il Suo turno?**
– Ma ho il treno che mi parte ...
– Ma questi sono **affari Suoi!** *Das ist Ihr Problem!*

Welche Unterschiede können Sie hier feststellen?

In bestimmten Wendungen werden Possessiva ohne Artikel gebraucht, z. B.
Senti, questi sono **affari miei!** *Das ist meine Sache!*
Non è mica **colpa nostra!** *Das ist doch nicht unsere Schuld!*
Salutala **da parte mia.** *Grüß sie von mir.*
La macchina è **a Sua disposizione.** *... steht zu Ihrer Verfügung.*

Kennen Sie weitere Wendungen dieser Art?

Di chi è ...? – È mio.

– Ma di chi è questo cane? – È mio.	– *Wem gehört denn der Hund?* – *Der gehört mir.*
– Sono tue queste cassette? – Sì, sono mie. / No, sono di Paola.	– *Gehören die Cassetten dir?* – *Ja, die gehören mir. /* *Nein, die gehören Paola.*

____

Wem gehört die Tasche hier? Gehört die Ihnen? – Nein, die gehört Frau Piva.

Bilden Sie das dritte Beispiel selbst.

Dem deutschen "gehören" entspricht **essere di + Person**
bzw. **essere + Possessivum** (ohne Artikel).

1.5 WIEDERGABE VON "BRAUCHEN" (1)

aver bisogno di qc/qu	Ho bisogno di un consiglio. di alcune informazioni. Hai bisogno della macchina oggi?	*Ich brauche ...*
servire a qu	Mi serve la macchina oggi. Le serve qualcosa? Ti **servono** ancora questi libri?	*Ich brauche ...*

*Wann wird **servire** in der 3. Person Plural verwendet?*

Hinweis:
In einem gehobeneren Sprachstil wird auch das Verb **occorrere** verwendet:
Le occorre altro? *Brauchen Sie noch etwas?*

1.6 WIEDERGABE VON "BRAUCHEN" (2)

"Ich brauche, du brauchst ..." + Zeitangabe:

metterci/ impiegare	Quanto	ci metti / impieghi	per andare a ...?	*Wie lange brauchst du ...?*
	In treno	ci metto / impiego	due ore.	*Ich brauche 2 Stunden.*

"**Man** braucht ...":

volerci	Quanto	ci vuole per andare a ...?	*Wie lange braucht man ...?*
	In treno	ci vuole un'ora. / **ci vogliono** due ore.	
	Per andare in Cina	______________	molti soldi.
		______________	un visto. *Visum*

*Wann wird **volerci** in der 3. Person Plural verwendet?*

Ergänzen Sie.

- **Volerci** wird nur in der 3. Person Singular und Plural gebraucht.
- Das Passato prossimo wird mit **essere** gebildet:
  Per restaurare la chiesa ci sono voluti tre anni.

Hinweis:
Es sind auch folgende Konstruktionen möglich:
- Mi ci vuole un'ora per fare questo lavoro. *Ich brauche ...*
  Mi ci vogliono due ore per fare questo lavoro.
- A piedi ci si mette un'ora. *Man braucht ...*
  A piedi ci si mettono due ore.

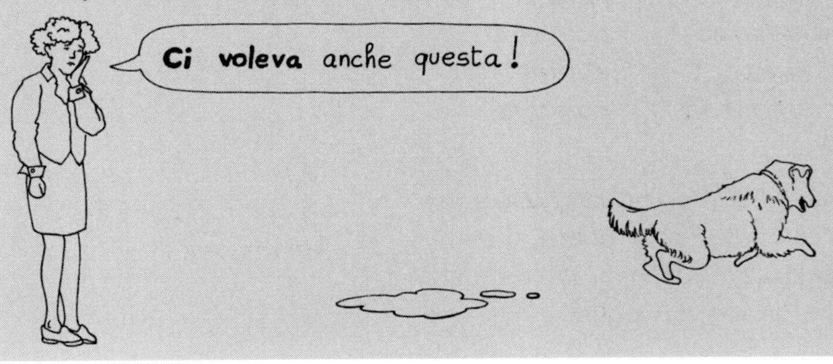

Wie würden Sie diese Wendung übersetzen?

LEZIONE 2

2.1 QUANDO – SE

◉ *Ergänzen Sie.*

Quando telefona è sempre molto gentile. *(Jedesmal) wenn er anruft …*
Se telefona digli di passare alle 6. *Wenn/Falls er anruft …*

________ domani nevica rimango a casa.

________ nevica c'è sempre caos sulle strade.

Quando *(jedesmal/immer) wenn* hat eine zeitliche Bedeutung.
Se *wenn/falls* leitet eine Bedingung ein.

2.2 DAS PASSATO REMOTO: FORMEN

Das Passato remoto ist eine Zeitform der Vergangenheit. Sie wird vor allem in der geschriebenen Sprache verwendet. In Verbindung mit dem Imperfetto hat das Passato remoto die gleiche Funktion wie das Passato prossimo in der gesprochenen Sprache.

◉ *Diese Formen des Passato remoto kennen Sie aus T3. Welchen Konjugationsgruppen sind sie zuzuordnen?*

frugò	
incontrò	se ne andò
gridò	guardò

Regelmäßige Verben auf ________

rise	
corse	vide
disse	venne

Unregelmäßige Verben auf ________

Verben mit regelmäßigem Passato remoto §§ 19–21

◉ *Welche Unterschiede und Gemeinsamkeiten können Sie bei den drei Konjugationen feststellen?*

	-are	-ere		-ire
	andare	potere	dovere	partire
(io)	andai *ich ging*	potei	dovetti	partii
(tu)	andasti	potesti	dovesti	partisti
(lui)	andò	poté	dovette	partì
(noi)	andammo	potemmo	dovemmo	partimmo
(voi)	andaste	poteste	doveste	partiste
(loro)	andarono	poterono	dovettero	partirono

Nur wenige Verben auf **-ere** sind regelmäßig. Diese Verben haben neben den Kurzformen auf **-ei, -é, -erono** die Langformen auf **-etti, -ette, -ettero,** die in der Regel häufiger verwendet werden. Bei Verben, deren Stamm auf *-t* endet, z.B. *potere,* werden im allgemeinen nur die Kurzformen verwendet.

Verben mit unregelmäßigem Passato remoto §§ 23–25

correre:	corsi	corresti	corse	corremmo	correste	corsero
venire:	venni	venisti	venne	venimmo	veniste	vennero
vedere:	vidi	vedesti	vide	vedemmo	vedeste	videro
dire:	dissi	dicesti	disse	dicemmo	diceste	dissero
fare:	feci	facesti		facemmo	faceste	

*Welche "Regelmäßigkeiten" können Sie hier feststellen? Tragen Sie bei **fare** die fehlenden Formen ein.*

volle – scrisse – rispose – cadde – nacque – visse – ebbe – scese – chiese – seppe – mise – decise – prese – rimase – chiuse – conobbe – successe

Erkennen Sie diese Verbformen? Wie lautet der Infinitiv?

Sonderfälle:
essere: fui, fosti, fu, fummo, foste, furono
dare: detti/diedi, desti, dette/diede, demmo, deste, dettero/diedero
stare: stetti, stesti, stette, stemmo, steste, stettero

2.3 DAS PASSATO REMOTO: GEBRAUCH § 7

Das Passato remoto bezeichnet (wie das Passato prossimo) einen in der Vergangenheit neu einsetzenden Vorgang bzw. eine Serie aufeinanderfolgender Vorgänge/Ereignisse.

Anwendungsbeispiele

Aus einer Erzählung

La piccola cinquecento del Signor Rossi era stanca di vivere in città ... Era stufa di dormire all'aperto con due ruote sopra e due ruote sotto al marciapiede. **Decise** allora di andarsene dalla città. Dopo un lungo viaggio **arrivò** in campagna e **rimase** incantata dal verde, dal silenzio, dall'aria pulita. Come impazzita, **cominciò** a correre sui prati e sulle strade sassose, fino a che **sentì** i primi segni della stanchezza ...

Warum wird zu Beginn des Textes das Imperfetto (era ...) *verwendet?*

Aus einer Kurzbiographie

Grazia Deledda **nacque** a Nuoro, Sardegna, nel 1871. **Cominciò** giovanissima a pubblicare novelle su un giornale di moda. Nel 1895 il suo romanzo "Anime oneste" la **rese** nota nel mondo letterario; da allora si **stabilì** a Roma dove **morì** nel 1936 ...

Schlagzeile aus einer Zeitung	Arrestato l'ex portiere del Plaza **Incassò** tangenti per il ministro

Aus einem Leserbrief	… Io e lui eravamo compagni di scuola e ci **innamorammo** quando avevamo diciotto anni, poi le vicissitudini della vita ci hanno allontanato e per quarant'anni non abbiamo più saputo nulla l'uno dell'altra. Ci siamo rincontrati per caso, liberi e soli tutti e due, a sessant'anni e l'amore che si era assopito nei nostri cuori è riesploso …

◉ *Wie erklären Sie sich hier den Wechsel vom Passato remoto zum Passato prossimo?*

Kommt das Passato remoto zusammen mit dem Passato prossimo vor, haben die beiden Zeiten unterschiedliche Funktionen:

- Mit dem Passato remoto werden Ereignisse geschildert, die aus der Sicht des Sprechenden/Schreibenden ganz der Vergangenheit angehören und keinen Bezug mehr zur Gegenwart haben.
- Mit dem Passato prossimo hingegen werden Ereignisse geschildert, die aus der Sicht des Sprechenden/Schreibenden für die Gegenwart noch von Bedeutung sind oder aber Ereignisse der jüngsten Vergangenheit.

Hinweis:
In der gesprochenen Sprache wird – insbesondere in Norditalien – auf diese Unterscheidung gewöhnlich verzichtet und das Passato remoto durch das Passato prossimo ersetzt.
In verschiedenen Regionen Mittel- und Süditaliens wird auch beim mündlichen Erzählen zwischen Passato remoto und Passato prossimo unterschieden.
In einigen südlichen Regionen (u. a. Sizilien) wird in der Umgangssprache das Passato prossimo oft durch das Passato remoto ersetzt.

2.4 EINIGE FUNKTIONEN VON "CHE"

Ma ti rendi conto **che** aspetto da un'ora? *Ist dir eigentlich klar, daß ...?*
Che cosa c'è? – C'è **che** mi sono innamorato di te ...

Nach vielen Verben stellt **che** die Verbindung zur nachfolgenden Aussage her.

È quasi un'ora che ti aspetto. *Seit fast einer Stunde warte ich ...*
Sono due mesi che è all'ospedale. *Zwei Monate ist er schon im Krankenhaus.*
Quand'è che sei arrivato? *Wann bist du denn angekommen?*

Diese Konstruktion dient häufig zur Hervorhebung von Zeitangaben.
Weiteres Beispiel zur Hervorhebung mit **che**:
Vieni anche tu? – Sì/Certo **che** vengo. *Natürlich komme ich.*

Aspetta **che** ordino qualcosa da bere. *Wart mal, ich bestelle erst ...*
Copriti **che** fa freddo. *Zieh dir was über, es ist kalt.*

In diesen Sätzen verbindet **che** eine Aufforderung mit der nachfolgenden Begründung. Im Deutschen gibt es dafür keine Entsprechung.
Ebenso bei Sätzen wie:
Vedi **che** piove? *Siehst du, es regnet.*
Guardi **che** c'ero prima io. *Ich war vor Ihnen da!*

Che dient auch zur Formulierung von Ausrufen, z. B.

Che rabbia!	*Ich habe so eine Wut!*	
Che sorpresa!	*So eine Überraschung!*	____________________
Che maleducato!	*So ein Flegel!*	
Che bello!	*Wie schön!*	____________________
Che schifo!	*Scheußlich! Pfui Teufel!*	
Che ridere!	*Ich lach mit tot!/Was haben wir da gelacht!*	____________________

◎ *Kennen Sie*
- *weitere Ausrufe mit* ***che****?*
- *Ausrufe ohne* ***che****?*

2.5 VERBEN IM BLICKPUNKT § 25

riuscire

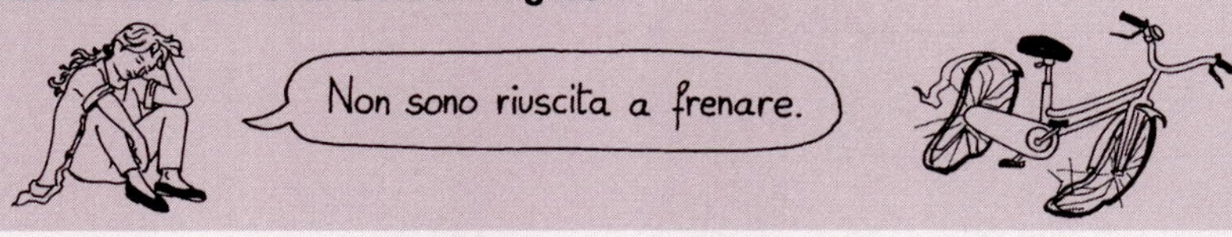

Non **riesco** ad aprire la finestra. — *Ich kann nicht ...*
Ci riesci tu per caso? — *(= es gelingt mir nicht/ ich schaffe es nicht)*

Riuscite a fare la traduzione?
Certo che **ci riusciamo**.

Wie lauten die 3. Person Singular und Plural? Worauf bezieht sich ***ci****?*

riuscire a – potere – sapere

Non **riesco** a trovare la chiave.	*Ich kann den Schlüssel nicht finden.*
Non **posso** venire domani.	*Ich kann morgen nicht kommen.*
Non **so** guidare.	*Ich kann nicht Auto fahren.*
Non ____ / ____ dormire.	*Ich kann nicht schlafen.*

Worin liegt der Bedeutungsunterschied zwischen den drei Verben? Ergänzen Sie den letzten Satz.

2.6 DAS TRAPASSATO PROSSIMO / DAS PIUCCHEPERFETTO § 8

Maria era stanca perché **aveva dormito** male. — *... geschlafen hatte*
era andata a letto tardi. — *... gegangen war*
____

Ergänzen Sie mit einem eigenen Beispiel.

Das Trapassato prossimo ist eine Zeitform der Vergangenheit und entspricht dem deutschen Plusquamperfekt. Es wird gebildet mit dem Imperfetto von **avere/essere** und dem Partizip Perfekt.

Luca stava male perché aveva mangiato troppo.
Quando siamo arrivati, il film era già cominciato.
Rita era appena rientrata, quando squillò il telefono.

Unterstreichen Sie bei den Beispielsätzen jeweils den Teil, der zeitlich vor dem anderen liegt.

Hinweis:
Neben dem Trapassato prossimo gibt es noch das Trapassato remoto, das mit dem Passato remoto von **avere/essere** und dem Partizip Perfekt gebildet wird:
Dopo che ebbe detto ciò, se ne andò.
Das Trapassato remoto wird selten verwendet.

LEZIONE 3

3.1 TE NE RENDI CONTO? § 1

rendersi conto di qualcosa	rendersene conto
– Io dico che nessuno si rende conto del vero significato di questa pubblicità.	– Beh, io **me ne** rendo conto benissimo. – Anche tu _____ rendi conto, no?
rendersi conto che …	
– Ma vi rendete conto che vogliono solo far soldi?	– Certo che **ce ne** rendiamo conto. – Anche voi dovreste render**vene** conto. – Sì, ______ rendono conto tutti.

Studieren Sie die Beispielsätze und tragen Sie dann die fehlenden Formen ein.

… me / te / se / ce / ve / se (ne) …

- Bei einer Reihe von Verben und Ausdrücken, z. B. **rendersi conto di qc** kann die Ergänzung mit **di** durch das Pronomen **ne** ersetzt werden; **ne** ersetzt auch einen Nebensatz mit **che**.
- Wenn die Pronomen **mi, ti, si** usw. mit **ne** zusammenkommen, wird *i* zu *e*:
  Non **mi** sono reso conto che …
  Non **me ne** sono reso conto.
  Für die Stellung dieser doppelten Pronomen gelten dieselben Regeln wie für die einfachen Pronomen.

Ebenso:

Bilden Sie selbst Beispielsätze.

accorgersi di qc accorgersene *(be)merken*	– Non ti sei neanche accorto che ho una nuova pettinatura … *Du hast nicht einmal gemerkt, daß ich eine neue Frisur habe.* – Ma sì che me ne sono accorto.
ricordarsi di qc ricordarsene *sich erinnern*	________________
andarsene *weggehen*	Me ne sono andato.

3.2 DER CONGIUNTIVO (1) § 10

Feststellung/ Tatsache	Indicativo Tua madre **ha** ragione. Gianni **è** in vacanza.
 Subjektive Meinung/Annahme	Congiuntivo Penso che tua madre **abbia** ragione. Credo che Gianni **sia** in vacanza. ______ __________________ __________________

Der Congiuntivo dient dazu, eine Aussage als subjektiv hinzustellen.

Der Congiuntivo steht vor allem im Nebensatz mit **che** und wird von bestimmten Verben und Ausdrücken des Hauptsatzes ausgelöst. Dazu gehören:

Verben des Meinens/Glaubens	(non) credo/penso/trovo/ritengo che mi sembra/pare che *mir scheint* immagino che *ich kann mir vorstellen/wahrscheinlich* sono del parere/dell'opinione che ho l'impressione che *ich habe den Eindruck*

Hinweis:
In der Umgangssprache wird nach **credere, pensare** usw. auch der Indikativ verwendet.

- Beachten Sie:
  Der Indikativ steht
  - nach **secondo me / per me** *meiner Ansicht nach:*
    Secondo me tua madre **ha** ragione.
  - in der indirekten Rede:

Dice che sua moglie **è** malata.	Indikativ im Italienischen
Er sagt, seine Frau sei krank.	Konjunktiv im Deutschen

Vergleichen Sie die Sätze im Indikativ und im Congiuntivo und tragen Sie in die Leerzeile noch einen Beispielsatz aus T3 ein.

Formen des Congiuntivo presente §§ 19–24

Luisa pensa che …

	essere		avere	
io / tu / lui/lei/Lei	sia	a casa.	abbia	da fare.
(noi)	siamo		abbiamo	
(voi)	siate		abbiate	
(loro)	siano		abbiano	

Wie würden Sie den folgenden Satz ergänzen?
Luisa pensa che

_______ sia a casa.

	–are	–ere	–ire	
	parlare	vedere	partire	finire
io / tu / lui/lei/Lei	parli	veda	parta	finisca
(noi)	parliamo	vediamo	partiamo	finiamo
(voi)	parliate	vediate	partiate	finiate
(loro)	parlino	vedano	partano	finiscano

Welche Unterschiede und Gemeinsamkeiten können Sie hier feststellen? (Markieren Sie diese mit verschiedenen Farben.)

Verben auf –care/–gare:	cerchi	cerchiamo	cerchiate	cerchino
Verben auf –ciare/–giare:	cominci	cominciamo	cominciate	comincino

Unregelmäßige Verben § 25
Die Formen werden von der 1. Person Singular und Plural des Präsens Indikativ abgeleitet.

andare (vado):	vada	andiamo	andiate	vadano
uscire (esco):	esca	usciamo	usciate	escano
venire (vengo):	venga	veniamo	veniate	vengano
tenere (tengo):	tenga	teniamo	teniate	tengano
rimanere (rimango):	rimanga	rimaniamo	rimaniate	rimangano
dire (dico):	dica	diciamo	diciate	dicano
fare (faccio):	faccia	facciamo	facciate	facciano
volere (voglio):	voglia	vogliamo	vogliate	vogliano
potere (posso):	possa	possiamo	possiate	possano

Welche "Regelmäßigkeiten" sind hier festzustellen?

Sie kennen die Singularform des Congiuntivo bereits als Imperativ der Höflichkeitsform:
Venga pure. *Kommen Sie nur!*

Sonderfälle:
dovere: debba, dobbiamo, dobbiate, debbano
sapere: sappia, sappiamo …
dare: dia …
stare: stia …

3.3 CREDO CHE ... / CREDO DI ... § 10

Non credo **che lui abbia** pregiudizi. *Ich glaube nicht, daß er Vorurteile hat.* Pensate che Luigi possa venire? *Meint ihr, daß Luigi kommen kann?* ________________	Non credo **di aver** pregiudizi. *Ich glaube nicht, daß ich Vorurteile habe.* Pensate di poter venire? *Meint ihr, daß ihr kommen könnt?* ________________
che + Congiuntivo wenn Haupt- und Nebensatz verschiedene Subjekte haben.	**di** + Infinitiv wenn Haupt- und Nebensatz dasselbe Subjekt haben.

◉ *Übersetzen Sie die folgenden Sätze und tragen Sie sie in das Schema ein:*
Glaubst du, daß du es schaffst?
Glaubst du, daß Maria es schafft?

3.4 "FARE" ODER "RENDERE"?

Questa musica ...
mi **fa diventare** scema.
mi **fa impazzire.**

Questa musica ...
mi **rende nervosa.**
mi **rende triste.**

macht mich noch wahnsinnig
macht mich verrückt

macht mich nervös
macht mich traurig

fare + Verb im Infinitiv	rendere + Adjektiv

◉ *Vergleichen Sie die Beispiele. Was ist hier anders als im Deutschen?*

- Beachten Sie:
  In Verbindung mit den Verben **rendere** und **diventare** richtet sich das Adjektiv (wie bei **essere**) nach dem Subjekt:
  mi fa diventare scemo/scema
  mi rende nervoso/nervosa

Hinweis:
Es gibt viele Ausdrücke vom Typ "fare + Infinitiv", z. B.
far ridere *zum Lachen bringen:* Non farmi ridere! *Daß ich nicht lache!*
far arrabbiare: Non farmi arrabbiare! *Ärgere mich nicht!*
far venir sonno: La grammatica mi fa venir sonno. *Bei Grammatik schlafe ich ein.*
far morire: Questo caldo mi fa morire! *Diese Hitze bringt mich um!*
far pensare: Questa foto mi fa pensare alle vacanze. *... erinnert mich an ...*

3.5 WEITERE CONGIUNTIVO-AUSLÖSER § 10

Wille/Hoffnung/Wunsch

Mia madre non vuole che io **torni** tardi la sera.

Speriamo che tutto **vada** bene.

____

(non) voglio che, non permetto che, aspetto che,
preferisco che, desidero che, spero che,
mi auguro che *ich wünsche/hoffe*
non vedo l'ora che *ich kann es kaum erwarten*

Gefühl/Gemütslage

Sono contento che tu **possa** venire.

Ho paura che mi **veda** e che lo **venga** a sapere.

____

sono contento/felice/triste/sorpreso che,
non sopporto che, temo che *ich (be)fürchte,*
ho paura che, mi dà fastidio che, mi fa piacere che,
(non) mi piace che, mi dispiace che, peccato che

Unsicherheit/Zweifel

Non so se **dipenda** dalla loro educazione.

Dubito che **sia** vero.

____

non so se, dubito che *ich bezweifle/bin im Zweifel,*
non sono sicuro che, sei sicuro che ...?
(s. a. S. 130)

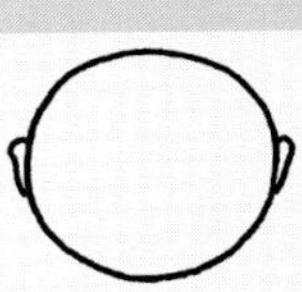

unpersönliche Ausdrücke

Bisogna che ci **sia** più comunicazione.

Non è giusto che ci **considerino** ancora dei bambini.

____

bisogna che, basta che, mi sembra strano che,
è giusto/bene/meglio/necessario/possibile/incredibile/strano/assurdo che, è una vergogna che *Schande,*
può darsi che *es kann sein,* non è detto che (s. a. S. 130)

Befassen Sie sich zunächst mit den Beispielen in den vier verschiedenen Rubriken und bilden Sie dann eigene Beispielsätze mit einigen der angegebenen Congiuntivo-Auslöser.

- Beachten Sie:
  - Es gibt Fälle, bei denen sowohl Congiuntivo als auch Indikativ verwendet werden kann, z. B.
    Non so se venga/viene.
    Non capisco come tu fai/faccia a sopportarlo.
  - Nach Verben und Ausdrücken, die Sicherheit bzw. Gewißheit wiedergeben, z. B. so che, sono sicuro che, è sicuro/vero/chiaro che, si sa che, steht für gewöhnlich der Indikativ:
    Sono sicuro che viene.
    Werden diese Ausdrücke jedoch fragend oder verneint verwendet, überwiegt der Gebrauch des Congiuntivo:
    Sei sicuro che venga? – Non sono sicuro che venga.
- Zur Erinnerung:

Ho paura **che** Paolo non ce la faccia.	(verschiedene Subjekte)
Ho paura **di non farcela.**	(gleiches Subjekt)

3.6 DAS RELATIVPRONOMEN "CUI" § 2

Das Relativpronomen **che** ist Ihnen schon bekannt; es wird als Subjekt und als direktes Objekt verwendet. Nach Präpositionen steht hingegen das Relativpronomen **cui.**
Che und **cui** werden für Personen und Sachen verwendet.

È un attore **che** piace molto.	*..., der sehr gefällt.*
che tutti conoscono.	*..., den alle kennen.*
________________________	

È una persona **con cui** si parla volentieri.	*..., mit der ...*
di cui si parla molto.	*..., von der ...*
a cui tutti vogliono bene.	*..., die alle mögen.*

____

Bilden Sie selbst je einen Beispielsatz.

Hinweise:
- Die Präposition **a** kann vor **cui** entfallen:
  Qual è la signora (a) cui mi devo rivolgere?
- Anstelle von **cui** kann vor allem in der geschriebenen Sprache auch **il/la quale, i/le quali** stehen:
  Ecco il giornale dal quale ho preso l'articolo.
  I problemi ai quali si riferisce il direttore ...

LEZIONE 5

5.1 DOPPELPRONOMEN § 1

Was bedeutet "glielo" in diesem Zusammenhang?

~ Guarda che bello zainetto!
Me lo compri? Dai, compra**melo**!
≈ Va bene, **te lo** compro.
≃ Ma perché **glielo** vuoi comprare? Ne ha già uno.

- Wenn zwei unbetonte Objektpronomen zusammentreffen, steht das indirekte Objekt (**mi, ti, si** usw.) vor dem direkten Objekt und verändert dabei seine Form: **mi + lo → me lo**
- Für die Stellung der Doppelpronomen beim Verb gelten dieselben Regeln wie für die einfachen Pronomen.

Kombinationsmöglichkeiten:

Tragen Sie einige weitere Formen in die Tabelle ein.

mi	*mir*				**me lo**, me la, me li, me le, me ne
ti	*dir*		lo, la		**te lo**, te la, te li, …
ci	*uns*	+	li, le	→	**ce lo**, …
vi	*euch*		ne		**ve lo**, …
si	*sich*				**se lo**, …
gli	*ihm* / *ihnen*		lo, la		
le	*ihr*	+	li, le	→	**glielo**, gliela, glieli, gliele, gliene
Le	*Ihnen*		ne		

- Beachten Sie noch folgende Fälle:
  - **C'è** ancora del vino? – Sì, **ce n'è** una bottiglia.
    Ci sono ancora biglietti per …? – No, non **ce ne** sono più.
  - **Si** parla molto dell'ultimo film di N.
    Se ne parla molto. *Man spricht viel davon/darüber.*
    Das unpersönliche **si** *man* wird nur vor **ne** zu **se**.
    (Ansonsten bleibt es unverändert und steht direkt vor dem Verb:
    Lo si compra volentieri.)

Parcours mit Pronomen

Perché non **te la** compri?	Was könnte hier "la" bedeuten?
Chi **te l'**ha detto?	Wofür steht "l'"?
Glieli hai spediti?	Von wem/was könnte hier die Rede sein? Warum endet das Partizip auf -i?
Bisogna dir**glielo**.	Warum sind die Pronomen angehängt?
Per favore, **me le** spedisca a casa.	Wie lautet der Satz in der Du-Form?
Fammelo vedere. *Zeig es mir.*	Und wie lautet dieser Satz in der Sie-Form?

- Beachten Sie:
  In der gesprochenen Sprache werden Objekte oft doppelt ausgedrückt:
  Tu te **lo** compreresti **il computer**? *Würdest du dir einen Computer kaufen?*
  Tu **glie**lo compreresti **a tuo figlio**? *Würdest du deinem Sohn einen kaufen?*

Sie können die italienischen Sätze nur als Beispiele zur Kenntnis nehmen und eventuell übersetzen. Sie können aber auch in einem zweiten Durchgang versuchen, die Fragen zu beantworten.

5.2 DAS GERUNDIUM § 17

Das Gerundium kann für Nebensätze der verschiedensten Art stehen.
Die Funktion ergibt sich aus dem Zusammenhang.

Viaggiando in treno incontro sempre gente simpatica. = Quando/Mentre viaggio in treno …	*Beim Zugfahren / Wenn **ich** Zug fahre, treffe **ich** immer nette Leute.*
Lavorando sodo ce la puoi fare. = Se lavori sodo …	*Wenn **du** hart arbeitest, kannst **du** es schaffen.*

Das Gerundium hat gewöhnlich das gleiche Subjekt wie der Hauptsatz.

"L'ho visto uscendo dalla banca."
Wer kam aus der Bank? Ich oder er?

Lavorando il tempo passa in fretta. = Se si lavora/Se uno lavora …	*Wenn **man** arbeitet,* *vergeht **die Zeit** im Nu.*
Essendo tardi abbiamo preso un taxi. = Siccome/Poiché era tardi …	*Da **es** spät war,* *haben **wir** ein Taxi genommen.*

Das Gerundium kann auch ein eigenes, unpersönliches Subjekt ("man", "es") haben.

- Beachten Sie:
  Pronomen werden an das Gerundium angehängt:
  Guardando**li** bene, si vede che sono fratelli.
  Pensando**ci** bene, preferisco non andarci.
  Wenn ich es mir recht überlege …

Ergänzende Hinweise:

- Das Gerundium wird in der geschriebenen Sprache gelegentlich auch mit einem eigenen persönlichen Subjekt verwendet:
  Non essendoci nessuno tornai a casa. *Da niemand da war, ging ich …*
- Das Gerundium hat auch eine Vergangenheitsform, die mit dem Gerundium von **avere/essere** und dem Partizip Perfekt gebildet wird:
  Avendolo saputo prima, sarei venuto.
  Wenn ich es früher/vorher erfahren hätte, wäre ich gekommen.

Weitere Anwendungsbeispiele:

Glielo dico **sperando** che lo faccia.	*… und hoffe / in der Hoffnung, daß …*
Sbagliando s'impara.	*… indem man Fehler macht / durch Fehler*
Volendo, si può fare anche così.	*Wenn man will …*
Si è rotto una gamba **sciando**.	*Er hat sich beim Skifahren ein Bein gebrochen.*
Ieri, **tornando** a casa, ho visto tua madre.	*… als ich nach Hause ging …*
Pur essendo un bravo tennista ha perso la partita.	*Obwohl er ein guter Tennisspieler ist, …*

Unterscheiden Sie:

È tornata a casa **piangendo**.	*Sie kam weinend nach Hause.*
C'era un bambino **che piangeva**.	*… ein weinendes Kind.*

L'appetito vien mangiando.
Wie würden Sie diese Redensart übersetzen bzw. auf italienisch umschreiben?

5.3 PENSO CHE SIA STATA ... § 13

Gegenwart		Vergangenheit	
Penso	che quella	**sia stata**	
Non sono sicuro	che tu	**abbia preso**	la decisione giusta.
Non so	se voi	______	

Ergänzen Sie den dritten Beispielsatz.

Folgt auf einen Congiuntivo-Auslöser eine Aussage, die sich auf die Vergangenheit bezieht, steht das Verb im Congiuntivo passato.
Der Congiuntivo passato wird mit dem Congiuntivo presente von **avere/essere** und dem Partizip Perfekt gebildet.

- Zur Erinnerung:
  - Nach Verben und Ausdrücken, die Gewißheit ausdrücken, steht in der Regel der Indikativ:
    Sono sicuro che quella **è stata** la decisione giusta.
  - Wenn Haupt- und Nebensatz das gleiche Subjekt haben, wird anstelle eines **che**-Satzes in der Regel ein Infinitivsatz verwendet:
    Temo che tu abbia preso una decisione sbagliata.
    Temo **di aver preso** una decisione sbagliata.
    ***Ich** fürchte, **ich** habe eine falsche Entscheidung getroffen.*

5.4 VERBEN IM BLICKPUNKT § 1

Non **ce la sentivamo** di fargli perdere un'occasione unica.

sentirsela *sich imstande fühlen* *Lust haben*	Luca non se la sente di uscire. Io non me la sentirei di fare tutto da sola. *Ich würde es mir nicht zutrauen/Ich hätte keine Lust ...*
prendersela *sich aufregen/ärgern*	Non prendertela! *Reg dich nicht auf!* Se l'è presa con me. *Jetzt ist er sauer auf mich.*
cavarsela *zurechtkommen*	Parli bene lo spagnolo? – Eh, me la cavo. Com'è andata? – Mah, me la sono cavata. / Sono riuscito a cavarmela.

*Können Sie sich erklären, warum bei diesen Verben das Passato prossimo mit **essere** gebildet wird?*

Das Partizip Perfekt dieser Verben endet immer auf **-a**.

5.5 PENSO CHE DIVENTERÀ ... § 13

Gegenwart	Zukunft	
Penso che N. in breve tempo Sono sicuro che N. in breve tempo	**diventerà** **avrà**	famoso. un grande successo.
Penso che Sono sicuro che	venga/verrà viene/verrà	anche lui stasera.

Bezieht sich die Aussage des Nebensatzes auf die Zukunft, steht das Verb im Futur – wenn die zeitliche Distanz zur Gegenwart unterstrichen werden soll. Ansonsten verwendet man oft das Präsens.

◉ *Ergänzen Sie die folgenden Sätze:*
- Spero che __________ contenti adesso.
- Spero che __________ contenti quando riceveranno il regalo.

5.6 DIE ZEITENFOLGE (1) La successione dei tempi § 13

	Vergangenheit = vorzeitig	Gegenwart = gleichzeitig	Zukunft = nachzeitig
In Sätzen mit Congiuntivo	**sia stato** un modello per i nostri genitori.	(Penso che N. ...) **sia** un modello anche per noi.	**sarà** un modello anche in futuro. **venga/verrà** stasera.
In Sätzen mit Indikativ	**è stato** da Luigi stamattina.	(Sono sicuro che ...) **è** in ufficio a quest'ora.	**viene/verrà** stasera.
In der indirekten Rede	**ha trovato** degli amici.	(Dice/Scrive che ...) **è** contento.	**tornerà** fra un mese.

Es gibt auch folgende Möglichkeiten:
- Sono sicuro che quella sera **portava** una giacca blu. (Imperfetto)
- Penso/Sono sicuro/Dice che **verrebbe** volentieri. (Condizionale)

LEZIONE 6

6.1 DAS CONDIZIONALE PASSATO § 11

Ma tu al mio posto ...	
che cosa **avresti fatto**?	*... was hättest du gemacht?*
ci **saresti andato**?	*... wärst du hingegangen?*
____________________	____________________
____________________	____________________
Perché non sei venuto ieri sera?	
Il film ti **sarebbe piaciuto**.	*... hätte dir gefallen.*
Lo so che **avrei potuto fare** meglio.	____________________
Avresti dovuto consultare un avvocato.	____________________

◉ *Wie das Condizionale passato gebildet wird, ist aus den Beispielen ersichtlich.*
Beantworten Sie die Fragen nach Belieben und übersetzen Sie dann die beiden letzten Sätze.

6.2 MI SENTO INSICURA

In Verbindung mit dem Verb **essere** richten sich Adjektive und Partizipien nach der Person/Sache, auf die sie sich beziehen. Ebenso verhält es sich bei einigen anderen Verben, z. B.

sentirsi: Carla si sente insicura/sola.
rimanere: Carla è rimasta scioccata. *... war schockiert.*
Siamo rimasti bloccati nell'ascensore.
Wir sind im Aufzug steckengeblieben.
stare: Stia tranquilla, signora. *Machen Sie sich keine Gedanken/Sorgen.*
(State) zitti! *Seid ruhig!*
diventare: Carla è diventata vecchia.

6.3 DER BEDINGUNGSSATZ (1) Il periodo ipotetico § 12

Bedingung/Hypothese	Folge/Konsequenz
Se **posso** *Wenn ich kann,*	ti **vengo/verrò** a trovare. *besuche ich dich.*

Realisierung: im Bereich des Möglichen

Bedingung/Hypothese	Folge/Konsequenz
Se **avessi** tempo *Wenn ich Zeit hätte,*	ti **verrei** a trovare. *würde ich dich besuchen.*
Se **fossi** un mago *Wenn ich ein Zauberer wäre / zaubern könnte,*	______________________
Se lui non mi **amasse** più *Wenn er mich nicht mehr liebte,*	______________________
Congiuntivo imperfetto	Condizionale presente

Realisierung: unmöglich bzw. reine Annahme, auf die Gegenwart/Zukunft bezogen

Ergänzen Sie die Beispielsätze nach Belieben.

6.4 FORMEN DES CONGIUNTIVO IMPERFETTO §§ 19–24

	-are	-ere	-ire	Sonderfall
	guardare	conoscere	capire	essere
(io) (tu)	guardassi	conoscessi	capissi	fossi
(lui/lei/Lei)	guardasse	conoscesse	capisse	fosse
(noi)	guardassimo	conoscessimo	capissimo	fossimo
(voi)	guardaste	conosceste	capiste	foste
(loro)	guardassero	conoscessero	capissero	fossero

fare: facessi, facesse …
dire: dicessi, dicesse …
dare: dessi, desse …
stare: stessi, stesse …

Tutto sarebbe più facile se ______________________ .

Wie würden Sie diesen Satz zu Ende führen?

Hinweis:
Der Congiuntivo imperfetto wird auch gebraucht
- um Vorschläge zu machen:
  E se gli regalassimo un orologio?
  Und wenn wir ihm eine Uhr schenkten? / Wie wäre es, wenn …?
- in Wunschsätzen wie
  Ah, se fosse qui con me! *Ach, wäre er doch jetzt bei mir!*

6.5 DER BEDINGUNGSSATZ (2) § 12

Bedingung/Hypothese	Folge/Konsequenz
	in der Gegenwart:
Se non **avessi mangiato** tanto *Wenn ich nicht soviel gegessen hätte,*	non **mi sentirei** così male. *wäre es mir (jetzt) nicht so schlecht.*
	Condizionale presente
	in der Vergangenheit:
Se **avessi avuto** tempo *Wenn ich Zeit gehabt hätte,*	**sarei venuto** a trovarti. *hätte ich dich (damals) besucht.*
Se **fossi rimasta** a casa *Wenn ich zu Hause geblieben wäre,*	non **mi sarei annoiata** tanto. *hätte ich mich nicht so gelangweilt.*
Se l'**avessi saputo** *Wenn ich es gewußt hätte,*	te l'**avrei detto**. *hätte ich es dir gesagt.*
Congiuntivo trapassato	Condizionale passato

Der Congiuntivo trapassato wird mit dem Congiuntivo imperfetto von **avere/ essere** und dem Partizip Perfekt gebildet.

Die Stellung der Satzglieder ist variabel:

Tutto **sarebbe stato** più facile se ________________________________.

________________________ ci **saremmo andati** anche noi.

◎ *Wie würden Sie diese Sätze ergänzen?*

● Beachten Sie:

Se l'avessi saputo prima sarei venuto./ Se lo **sapevo** prima **venivo**.	*Wenn ich es früher/vorher erfahren hätte, wäre ich gekommen.*

In der Umgangssprache werden Congiuntivo trapassato und Condizionale passato oft durch das Imperfetto ersetzt.

6.6 SÄTZE MIT UNBESTIMMTEM SUBJEKT ("MAN ") § 15

Wie würde der Satz in der Ich-Form lauten?

Qui **si sta** tranquill**i**.
Hier ist man ungestört./
Hier hat man seine Ruhe.

Adjektive und Substantive, die sich auf das unbestimmte Subjekt **si** *man* beziehen, stehen im Plural (-i): Quando si è student**i** si è costrett**i** a risparmiare.

Ebenso bei unpersönlichen Ausdrücken:
Bisogna stare attent**i** / essere prudent**i**.
Man muß aufpassen / vorsichtig sein.

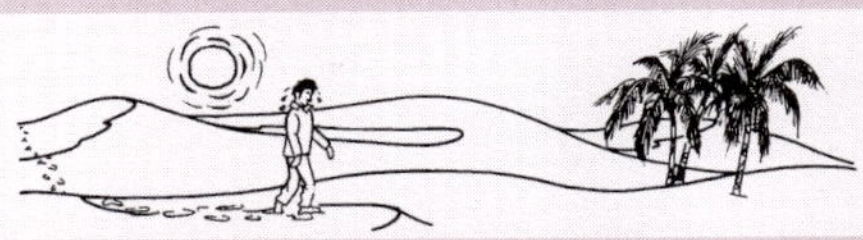

Qui **ci si sente** un po' isolat**i**.
Hier fühlt man sich etwas isoliert.

Bei reflexiven Verben (**sentirsi, incontrarsi** usw.) wird das unbestimmte Subjekt durch **ci si** + Verb in der 3. Person Singular ausgedrückt.

Ergänzen Sie nach Belieben.

Con queste pillole si diventa ______________

_____ sente ______________

Beachten Sie:

1. Es gibt außer der si-Konstruktion noch andere Möglichkeiten, "man" auszudrücken:

Quando si lavora Quando **uno** lavora	il tempo passa in fretta.	uno
Per fare una fotocopia si deve fare la fila. Per fare una fotocopia **devi** fare la fila.		Du-Form

   In bestimmten Fällen wird auch die 3. Person Plural verwendet:
   L'hanno licenziato. *Man hat ihn entlassen.*
   Dicono/Si dice che sia negli USA. *Man sagt/Es heißt/Er soll ...*
   Che film danno al Capitol? *Was für ein Film läuft im Capitol?*
   Hanno bussato/suonato. *Es hat geklopft/geklingelt.*

2. Die si-Konstruktion wird auch als Wir-Form verwendet:
   Allora, che cosa si fa stasera? *Was machen wir ...?*

6.7 VERBEN IM BLICKPUNKT

"fare" oder "lasciare"?

fare	Mi **faccio** riparare la moto. Mi **fai** guidare la tua moto?	*"veranlassen"* *"zulassen/erlauben"*
lasciare	Mi **lasci** guidare la tua moto?	*"zulassen/erlauben"*

◉ "Laß mich schlafen." *Wie würden Sie das auf italienisch sagen?*

"Lassen + Infinitiv" entspricht im Italienischen gewöhnlich **fare** + Infinitiv.
In der Bedeutung "zulassen/erlauben" wird in bestimmten Fällen
- auch **lasciare** verwendet, z. B.
  Fammi/Lasciami passare, per favore. *Laß mich bitte vorbei/durch.*
- nur **lasciare** verwendet, z. B.
  Lascia stare/perdere. *Laß es (bleiben).*
  Lascialo stare. *Laß ihn (in Ruhe).*

fare + Infinitiv

◉ *Was ist hier anders als im Deutschen?*

far fare qc	Gli scarponi li faccio aggiustare. *Die Stiefel lasse ich reparieren.*
farsi fare qc	[Mi] faccio aggiustare [gli scarponi.] [Me li] faccio aggiustare.
far fare qc a qu	Faccio sentire [la cassetta] [a Mario.] [Gliela] faccio sentire. – Uffa, non si apre. – **Fammi** provare (ad aprire)./ **Fai** provare **a me**.

● Einige Wendungen mit **fare**:

far aspettare qu	*jdn warten lassen*
farsi vedere	*sich blicken lassen*
farsi fare un vestito	*sich ein Kleid/einen Anzug machen lassen*
farsi prestare qc	*sich etw (aus)leihen*
far vedere qc a qu	*sehen lassen, zeigen*
far sapere qc a qu	*wissen lassen, Bescheid geben*

LEZIONE 7

7.1 WIEDERGABE VON "MÜSSEN" (1)

C'è da fare ...

Che cosa **c'è da fare** oggi ? *Was ist heute zu tun ? / Was muß heute gemacht werden ?*	=	Che cosa bisogna / si deve | fare oggi ? *Was muß man heute erledigen ?*
C'è da fare pulizia. *Es muß geputzt werden.*		Bisogna / Si deve | fare pulizia.
Ci sono dei lavoretti **da fare.** / Ci sono da fare dei lavoretti. *Es müssen verschiedene kleine Arbeiten erledigt werden.*		Bisogna / Si devono | fare dei lavoretti.
______________________		______________________

Ho da fare ...

Oggi **ho** diverse cose **da fare.** / Oggi ho da fare diverse cose. *Heute habe ich einiges zu erledigen.*	=	Oggi devo fare diverse cose.
Ho un sacco di biancheria **da stirare.** *Ich habe eine Menge/einen Haufen Bügelwäsche./ Ich muß ... bügeln.*		

____

Weitere Infinitivsätze mit **da**:

– Ho (molto) da fare.	*Ich habe (viel) zu tun.*
Oggi non ho niente da fare.	*Heute habe ich nichts zu tun.*
– Questa è tutta roba da buttare via.	*Das ist alles zum Wegwerfen.*
Non c'è tempo da perdere.	*Wir dürfen keine Zeit verlieren.*
Che hai da guardare?	*Was guckst du denn so?*
– Mi viene da ridere/piangere.	*Da muß ich lachen/weinen.*
C'è da impazzire.	*Es ist zum Verrücktwerden!*

◉ *Bilden Sie selbst Beispielsätze, z. B. mit* fare la spesa lavare le tende

◉ *Welche Arbeit wartet auf Sie? Bilden Sie selbst einen Beispielsatz.*

7.2 WIEDERGABE VON "MÜSSEN" (2)

Le sta benissimo questo tailleur! **Vanno** solo **accorciate** le maniche e la gonna **va** un po' **ristretta,** ma per il resto è perfetto.

La gonna **va ristretta.**	*Der Rock muß enger gemacht werden.*
Le maniche **vanno accorciate.**	*Die Ärmel müssen gekürzt werden.*

Die Struktur **va/vanno + Partizip Perfekt** wird meist nur in den einfachen Zeiten verwendet: Che cosa va/andava/andrebbe fatto?

◎ *Was müßte man mit diesen Schuhen machen?*

____

____

____

7.3 MITTEL DER HERVORHEBUNG

Diese Mittel sind Ihnen bereits in früheren Lektionen begegnet:

Ho sempre trattato bene la mia macchina.

[Io] [la mia macchina l'] ho sempre trattata bene.

Ich habe mein Auto immer pfleglich behandelt.

- Hervorhebung des Subjekts: durch Verwendung betonter Personalpronomen.
- Hervorhebung des Objekts: durch Voranstellung und zusätzliche Verwendung des entsprechenden Objektpronomens.

Quando è stata controllata l'ultima volta? [Quand'è] [che è stata controllata] l'ultima volta? *Wann ist es denn das letzte Mal durchgesehen worden? / Wann war denn die letzte Inspektion?*	che-Satz ("daß")

Weitere Beispiele:
È da qualche giorno che sento un rumore strano.
Non è che per caso è andato su qualche strada bianca?
È da qui che parte l'autobus per Fiesole?

Diese Mittel der Hervorhebung sind Ihnen in T4 erstmals begegnet:

L'olio va cambiato C'è l'olio / che va cambiato. ***Das Öl** muß gewechselt werden.*	Relativsatz ("das/welches")

Weitere Beispiele aus T4:
Forse sono le candele che vanno sostituite.
Cos'è che non va? *Was ist denn nicht in Ordnung?*

(Lei) ha fatto il controllo un anno fa. È stato Lei / a fare il controllo. È stato Lei / che ha fatto il controllo. ***Sie** haben die Inspektion gemacht.*	Infinitivsatz mit **a** Relativsatz

Weitere Beispiele:
È stata Maria a dirmelo. / È stata Maria che me l'ha detto. /
Me l'ha detto Maria. ***Maria** hat es mir gesagt.*

7.4 ZEITENFOLGE IN SÄTZEN MIT CONGIUNTIVO (2) § 13

Pensavo che ...

vorzeitig	gleichzeitig	nachzeitig
tu **avessi preso** la chiave.	tu **avessi** la chiave.	tu **avresti restituito** la chiave il giorno dopo.
Lisa **fosse** già **arrivata.**	Lisa **fosse** da voi.	Lisa **sarebbe arrivata** più tardi.
______________	______________	______________

◎ *Ergänzen Sie mit Beispielsätzen aus T5.*

Steht im Hauptsatz ein Congiuntivo-Auslöser in einer Zeitform der Vergangenheit, so steht im Nebensatz
- bei Vorzeitigkeit: Congiuntivo trapassato
- bei Gleichzeitigkeit: Congiuntivo imperfetto
- bei Nachzeitigkeit: Condizionale passato

- Beachten Sie:
  - Es gibt auch folgende Möglichkeiten:
    Mi pare che **fossero** le tre quando è squillato il telefono ...
    Ich glaube, es war gegen drei, als ...
    Non sapevo che da bambina tu **passassi** le vacanze in Italia.
    Ich wußte nicht, daß du als Kind die Ferien (immer) in Italien verbrachtest.
    Pensavo che tu **venissi domani** / che tu saresti venuto domani.
    (In der Umgangssprache wird oft Congiuntivo imperfetto statt Condizionale passato verwendet.)
  - Bei Subjektgleichheit wird gewöhnlich ein Infinitivsatz verwendet:
    Pensavo **di aver trovato** la soluzione giusta.

7.5 WIEDERGABE VON "OBWOHL ... / TROTZ ..." § 4

Obwohl ...

Anche se *auch wenn* *obwohl*	**ero** stanco non sono andato a letto. **aveva** ragione ha perso il processo. ________________________	+ Indikativ

Tragen Sie Sätze aus T6 oder eigene Beispielsätze ein. (Verwenden Sie dabei verschiedene Zeiten.)

In etwas formellerer Sprache, im besonderen in der geschriebenen Sprache, gibt es darüber hinaus noch folgende Möglichkeiten:

Sebbene **Benché** **Nonostante** **Malgrado** *obwohl*	**avesse** ragione ha perso il processo. ________________________ ________________________	+ Congiuntivo

Pur avendo ragione ha perso il processo. *Obwohl er recht hatte, ...*	pur + Gerundium

Trotz ...

Malgrado la nebbia siamo arrivati in tempo. = Anche se c'era la nebbia ...	*Trotz des Nebels ...*

Nonostante le mie proteste si sono rifiutati di pagare.

7.6 EINIGE RELATIVSÄTZE   Frasi relative   § 2

La ditta	**per la quale**	lavora la signora T., aveva prenotato …
	per cui	

Das Relativpronomen **il/la quale** (Plural: **i/le quali**) kann sich auf Personen und Sachen beziehen. Es steht meist in Verbindung mit Präpositionen und wird vorwiegend in der geschriebenen Sprache verwendet.

Desidero avere da Voi alcuni chiarimenti riguardo a

un episodio	**accaduto** all'aeroporto di Linate.
	che è accaduto all'aeroporto di Linate.

Verkürzte Relativsätze dieser Art kommen vorwiegend in der geschriebenen Sprache vor.

Guarda, io non sono il solo	**a lamentarmi.**
	che si lamenta.

Erinnern Sie sich an ein weiteres Beispiel aus § 7.3?

Diese Konstruktion wird häufig in Verbindung mit Ausdrücken wie *il solo, l'unico, il primo* verwendet.

Chi non ha prenotato deve mettersi in lista di attesa. *Warteliste*
Wer nicht gebucht hat, …
Per chi non ha prenotato, non c'è nessuna possibilità.
Für diejenigen, die …
C'è chi ha sempre sfortuna.
Es gibt Leute, die immer Pech haben. / Manche haben immer Pech.

Weitere Beispiele:

Dallo **a chi** vuoi.	*Gib es, wem du willst.*
Esco **con chi** mi pare.	*Ich gehe aus, mit wem ich will!*
Si salvi **chi** può!	*Rette sich, wer kann!*

LEZIONE 9

9.1 SI-KONSTRUKTION IM PASSATO PROSSIMO § 15

Dalle nostre parti non **si sono** mai **usati** prodotti chimici. — *... hat man nie ... verwendet.*

Quest'anno **si è registrato** un aumento nella produzione del vino, ma **si è avuto** un calo nelle vendite.

A causa del maltempo **si sono avute** molte difficoltà.

____

____

Wie das Passato prossimo bei der si-Konstruktion gebildet wird, ersehen Sie aus den Beispielsätzen. Formulieren Sie die Regel selbst.

9.2 VERBEN IM BLICKPUNKT

togliere *PP* tolto

-gl- / -lg-

to**lg**o	togli	toglie	togliamo	togliete	to**lg**ono

Ebenso: cogliere *pflücken/erfassen*, raccogliere *aufheben/ernten*, accogliere *aufnehmen*, scegliere *wählen*, sciogliere *lösen/losmachen*

tenere *s. auch § 1.3*

-e- / -ie-

tengo	t**ie**ni	t**ie**ne	teniamo	tenete	tengono

Ebenso: appartenere *gehören*, contenere *enthalten*, ottenere *erhalten*, ritenere *halten für*

sedersi *sich setzen*

mi s**ie**do	ti s**ie**di	si s**ie**de	ci sediamo	vi sedete	si s**ie**dono

Ebenso: possedere *besitzen*

Übersetzen Sie:
- Hier (, nehmen Sie)!
- Setzen Sie sich.
- Legen Sie doch den Mantel ab.

9.3 WEITERE CONGIUNTIVO-AUSLÖSER § 10

◉ *Tragen Sie ein weiteres Beispiel aus T3/E8 ein.*

Non è che io non **faccia** niente. — *Es ist nicht so / Das heißt nicht, daß …*

____

Lo faccio **non perché** mi **piaccia,** ma perché è necessario.

Der Congiuntivo steht in der Regel nach verneinten Ausdrücken wie
Non è che (mi dia fastidio, ma …)
Non dico che (tu abbia torto *unrecht*).
Ciò non toglie che (lui abbia ragione). *Trotzdem …*

In qualunque modo si **comporti,** fa arrabbiare tutti. — *Wie auch immer … / Egal, wie er sich verhält, …*

Der Congiuntivo steht
- nach verallgemeinernden Ausdrücken wie **qualunque cosa** *was auch immer,* **qualsiasi cosa** *was auch immer,* **chiunque** *wer auch immer,* **dovunque** *wo(hin) auch immer:* Chiunque venga, non ci sono per nessuno.
- in verschiedenen anderen Wendungen, z. B.
  Così stanno le cose, che ti piaccia o no. *… ob es dir paßt oder nicht.*
  È già tornato? – Che io sappia, no. *Soviel ich weiß, nicht.*

9.4 BESONDERE STEIGERUNGSFORMEN

massimo – minimo
il massimo *das Höchste, das Maximum*
il minimo *das Mindeste, das Minimum*
al massimo *höchstens*
al minimo rumore *beim geringsten Geräusch*
la temperatura massima *die Höchsttemperatur*

maggiore – minore
la maggior parte *der größere/größte Teil*
nella maggior parte dei casi *meist*
il mio fratello maggiore
mein älterer/ältester Bruder
la mia sorella minore
meine jüngere/jüngste Schwester
Vietato ai minori di 16 anni. *Jugendliche unter 16 Jahren haben keinen Zutritt.*

peggio
Si è temuto il peggio.
Man hat das Schlimmste befürchtet.
Il peggio deve ancora venire.
Das Schlimmste steht noch bevor.
Le cose vanno di male in peggio. *Es wird immer schlimmer.*

superiore – inferiore
il piano superiore/inferiore
das obere/untere Stockwerk
le scuole superiori
höhere Schulen

9.5 DAS PASSIV (1) Il passivo § 16

	Subjekt	Verb	dir. Objekt	
Aktiv:	Il Comune	finanzia	il progetto	
Passiv:	Il progetto	**viene finanziato** **è finanziato**		dal Comune
	Das Projekt	*wird finanziert*		*von der Stadt*

____

Vergleichen Sie die beiden Sätze. Was hat sich im Passivsatz verändert?

Tragen Sie noch einen Passivsatz aus T5 ein.

Das Passiv kann nur bei Verben mit direktem Objekt gebildet werden.
Der Urheber der Handlung wird mit der Präposition **da** angeschlossen.

So wird das Passiv in den einfachen Zeiten gebildet:

Il progetto	è	finanziato / viene finanziato	dal Comune
	fu	finanziato / venne finanziato	
	sarà	finanziato / verrà finanziato	

"Gli straordinari non vengono retribuiti."
Überstunden werden nicht bezahlt.
Wie lautet der Satz im Futur?

____

____

____

Modalverb + Infinitiv:

Il progetto | dev'essere / deve venire finanziato dal Comune.
potrebbe essere / potrebbe venire finanziato dal Comune.
könnte … finanziert werden

Non vogliamo essere disturbati. *Wir wollen nicht gestört werden.*

Das Passiv wird mit **essere** + Partizip oder mit **venire** + Partizip gebildet.
Das Partizip richtet sich in Geschlecht und Zahl nach dem Subjekt.

Wenn **essere** + Partizip einen Zustand ausdrückt, kann für das Passiv nur **venire** + Partizip verwendet werden. Vergleichen Sie:

Il ristorante **è chiuso.**	*… ist geschlossen.*	*(Zustand)*
Il ristorante **viene chiuso.**	*… wird geschlossen.*	*(Vorgang)*

Beachten Sie:
Wenn der Urheber der Handlung nicht genannt wird, verwendet man anstelle des Passivs auch die si-Konstruktion oder auch die 3. Person Plural:
Qui non si retribuiscono gli straordinari. *Überstunden werden hier nicht*
Qui non retribuiscono/pagano gli straordinari. *bezahlt.*

9.6 VERBEN IM BLICKPUNKT § 25

porre *PP* posto

pongo	poni	pone	poniamo	ponete	pongono

Imperfetto: ponevo; Passato remoto: posi; Gerundium: ponendo

Ebenso: sottoporre *unterwerfen/aussetzen,* imporre *auferlegen/aufzwingen,* esporre *ausstellen,* proporre *vorschlagen* u. a.

tradurre *PP* tradotto

traduco	traduci	traduce	traduciamo	traducete	traducono

Imperfetto: traducevo; Passato remoto: tradussi; Gerundium: traducendo

Ebenso: produrre, introdurre *einführen,* condurre *führen,* ridurre *reduzieren* u. a.

9.7 DAS PASSIV (2) § 16

Un treno **è stato sorpreso** dal blackout in un tunnel.

L'interruzione **è stata provocata** da una serie di guasti ...

____

In den zusammengesetzten Zeiten wird das Passiv immer mit **essere** gebildet.

200 treni	**fermati** in corsa sono stati fermati in corsa

Verkürzte Passivsätze dieser Art sind typisch für Zeitungsmeldungen.

◉ "Die Geschäfte wurden geschlossen." *Wie lautet der Satz auf italienisch? Tragen Sie ihn in das Schema ein.*

◉ *Kennen Sie ein weiteres Beispiel aus T5?*

9.8 ZAHLWÖRTER

decine di ospedali
zahlreiche Krankenhäuser

centinaia di telefonate
Hunderte von Anrufen

una decina	*etwa 10*	un centinaio	*etwa 100*
decine di …	*eine größere Anzahl von …*	centinaia *(f)*	*Hunderte*
una ventina	*etwa 20*		
una trentina	*etwa 30*		
…	…	un migliaio	*etwa 1000*
una dozzina	*ein Dutzend*	migliaia *(f)*	*Tausende*
dozzine	*Dutzende*		

1/2	mezzo; metà *Hälfte*	1 %	l'uno per cento
1/3	un terzo	30 %	il trenta per cento
1/4	un quarto		
3/4	tre quarti		
1/100	un centesimo ______	85 %	______

- Brüche werden mit Ordungszahlen gebildet (außer bei 1/2):
  il quinto *der fünfte* → un quinto *ein Fünftel*
- Prozentzahlen werden mit dem bestimmten Artikel verwendet:
  il 65 % della popolazione
  65 % der Bevölkerung

Wendungen:

Sono venuti a centinaia/a migliaia.	*… zu Hunderten/Tausenden*
centinaia di migliaia	*Hunderttausende*
al cento per cento	*hundertprozentig*

◉ "Mi fermo una quindicina di giorni."
Wie würden Sie diesen Satz übersetzen?

◉ *Ergänzen Sie.*

LEZIONE 10

10.1 DIE JAHRHUNDERTE I secoli

Con quale episodio ricorda ...

il Novecento = ______________________ ?

il '900 ______________________

Nel Novecento la tecnologia ha fatto progressi enormi. — *Im 20. Jahrhundert ...*

Giotto è uno dei più grandi pittori **del Trecento.** — *Giotto ist einer der bedeutendsten Maler des ______________*

Aus T2 kennen Sie verschiedene Bezeichnungen/Schreibweisen für "das 20. Jahrhundert". Tragen Sie die hier noch fehlenden Bezeichnungen ein.

Ergänzen Sie den deutschen Satz.

il Novecento / il '900 = 1900 – 1999
l'Ottocento / l '800 = 1800 – 1899
il Settecento / il '700 = 1700 – 1799
...
il Duecento / il '200 = 1200 – 1299

Neben den Bezeichnungen **Novecento, Ottocento** usw. gibt es die Bezeichnung der Jahrhunderte mit Ordnungszahlen. Für die Jahrhunderte vor dem Jahr 1200 ist sie die einzig mögliche Bezeichnung:
il XX secolo (il ventesimo secolo)
il VII secolo a. C. (il settimo secolo avanti Cristo)

10.2 IL/LA CUI ... § 2

Il libro raccoglie le voci di 106 protagonisti del secolo __________ data di nascita non va oltre il 1920.

Ergänzen Sie diesen Satz aus T2 und übersetzen Sie ihn.

N. è uno scienziato/ una scienziata	il cui nome	è sulla bocca di tutti.
	la cui integrità	è fuori dubbio.
	i cui meriti	sono incontestabili.
	le cui scoperte	hanno cambiato il mondo.
	delle cui scoperte	si parlerà anche in futuro.

dessen/deren ...

È la regista ______________ film si è tanto parlato a Cannes.

Ergänzen Sie auch noch diesen Satz.

10.3 ZEITENFOLGE IN DER INDIREKTEN REDE (2) § 13

Il discorso indiretto

Im Italienischen wird in der indirekten Rede der Indikativ verwendet.

Vergangenheit = vorzeitig	Gegenwart = gleichzeitig	Zukunft = nachzeitig
	Sai chi ha telefonato? Mario!	
	Ha detto che ...	
ha fatto carriera.	**è** l'assistente di Marello.	**si metterà** in lista.
________________	________________	________________

Ergänzen Sie die Tabelle mit eigenen Beispielen.

Vgl. dazu § 5.6.

In dieser Situation (Mario hat gerade/vor kurzem angerufen) hat der Hauptsatz "Ha detto ..." einen Bezug zur Gegenwart. Deshalb steht im Nebensatz
- bei Vorzeitigkeit: Passato prossimo
- bei Gleichzeitigkeit: Präsens
- bei Nachzeitigkeit: Futur

- Beachten Sie:
  - Es gibt auch folgende Möglichkeiten:
    Ieri, quando ha telefonato, ha detto che **stava** male. (Zustand: Imperfetto)
    Ha detto che gli **piacerebbe** andare a Bruxelles. (Condizionale)
  - Die indirekte Rede kann auch von anderen Verben eingeleitet werden, z. B. scrivere, raccontare, rispondere, ricordare, aggiungere *hinzufügen*, promettere *versprechen*:
    Ha scritto che tornerà a Natale.

- Vergleichen Sie:

Direkte Rede	Indirekte Rede
Antonio dice/ha detto: "Mi metterò in lista." "Mia moglie ed io ci siamo conosciuti al mare."	Antonio dice/ha detto ... – che si metterà in lista. – che lui e sua moglie si sono conosciuti al mare.

Welche Unterschiede können Sie hier feststellen?

10.4 DER IMPERATIV IN DER INDIREKTEN REDE § 14

Mi ha detto Gli ho detto	**di venire** subito.	*Er hat gesagt, ich soll … kommen.* *Ich habe ihm gesagt, er soll …*
______________________		______________________

Bilden Sie selbst ein Beispiel.

Aufforderungen, Empfehlungen, Vorschläge und Verbote werden in der indirekten Rede gewöhnlich durch den Infinitiv mit **di** ausgedrückt.
Außer **dire** können auch andere Verben einen Imperativ in der indirekten Rede einleiten, z. B.
chiedere *verlangen/bitten:* Ti ha chiesto di votarlo?
raccomandare *empfehlen,* consigliare, proibire *verbieten,* pregare *bitten*

Eine Aufforderung an Dritte wird gewöhnlich durch einen Infinitivsatz mit **di** ausgedrückt.
Daneben gibt es noch folgende Möglichkeiten:
Digli che mi deve telefonare stasera. (**che**-Satz mit **dovere**)
Digli che mi telefoni stasera. (**che**-Satz mit Congiuntivo)

10.5 TUTTO + ADJEKTIV

Bilden Sie das dritte Beispiel selbst.

Adesso Antonio
è tutt**o** pelat**o**.
völlig/ganz kahl

Carla è tornata
tutt**a** bagnat**a.**
ganz naß

____

____

Tutto ist auch in Verbindung mit einem Adjektiv veränderlich. Es richtet sich nach der Person/Sache, auf die sich das Adjektiv bezieht.

Hinweis:
"Ganz + Adjektiv" kann in bestimmten Fällen durch Wiederholen des Adjektivs ausgedrückt werden:
Ha i capelli corti corti. *… ganz kurze Haare.*

10.6 ZEITENFOLGE IN DER INDIREKTEN REDE (3) § 13

Studieren Sie die zeitlichen Beziehungen und füllen Sie dann die Leerzeilen mit eigenen Beispielen.

Dissero che ... Dicevano che ...

Hanno detto che ...

vorzeitig	gleichzeitig	nachzeitig
ero sempre **stato** un po' strano.	**ero** pazzo.	mi **sarei pentito.**
non li **avevo** mai **ascoltati.**	**facevo** uno sbaglio.	**avrei avuto** una vita difficile.
______________	______________	______________
______________	______________	______________
______________	______________	______________

Steht das Verb des Hauptsatzes in einer Zeitform der Vergangenheit, steht im Nebensatz
- bei Vorzeitigkeit: Trapassato prossimo
- bei Gleichzeitigkeit: Imperfetto
- bei Nachzeitigkeit: Condizionale passato

Es gibt auch noch folgende Möglichkeiten:
- Mi raccontò che quando **era** piccolo **aveva** un pony. (Zustand: Imperfetto)
- Ha detto che **veniva** a trovarmi/sarebbe venuto a trovarmi. (In der Umgangssprache: Imperfetto statt Condizionale passato)

Beachten Sie:

- Das Passato prossimo kann Bezug zur Gegenwart und zur Vergangenheit haben:

Stamattina mi **ha detto** che non **vuole** continuare gli studi.

Un anno fa mi disse/**ha detto** che non **voleva** continuare gli studi.

– Nach Verben wie **chiedere, domandare** (sie leiten eine indirekte Frage ein) wird in einem gehobeneren Sprachstil oft der Congiuntivo verwendet:

vorzeitig:	Mi chiese che cosa **avessi fatto**/avevo fatto.
gleichzeitig:	Gli domandai se gli **piacesse**/piaceva Roma.
nachzeitig:	Le chiesi quando sarebbe ritornata.

Vergleichen Sie:

Welche Unterschiede sind hier festzustellen? (Unterstreichen Sie die betreffenden Wörter.)

Direkte Rede	Indirekte Rede
"**Questo** libro è una rarità."	Disse che quel libro era una rarità.
"**Qui** da noi fa caldo."	Mi scrisse che lì da loro faceva caldo.
"**Oggi** ho molto da fare."	Disse che quel giorno aveva molto da fare.
"Carlo è arrivato **ieri**."	Disse che Carlo era arrivato il giorno prima.
"**Domani** non ci sono."	Disse che il giorno dopo non ci sarebbe stato.
"È successo **poco fa.**"	Disse che era successo poco prima.
"**Adesso** non ho tempo."	Disse che allora non aveva tempo.
"**Stasera** vado a teatro."	Disse ________________________

Ergänzen Sie.

Piccolo test:

Ergänzen Sie mit den passenden Verbformen.

Mi sono sposato abbastanza tardi, cioè a 40 anni. Quando dissi ai miei che l'anno dopo (sposarmi) ____________________ , mia madre esclamò che (essere) ____________ ora, che certamente (io, prendere) ____________________ la decisione giusta e che con quella notizia la (rendere) ____________ felice. Mio padre rimase molto meravigliato, chiese chi (essere) ____________ la sua futura nuora e volle sapere perché (aspettare) ____________ tanto ad informarli.

10.7 EINIGE TEMPORALSÄTZE

Nachdem ...

Bei Subjektgleichheit

Dopo aver finito il lavoro mi mettevo i jeans e via.
Finito il lavoro mi mettevo i jeans e via.
Nachdem ich mit der Arbeit fertig war, zog ich meine Jeans an ...

Dopo esser tornata dal cinema, sono andata subito a letto.
Tornata dal cinema, sono andata subito a letto.

____

Bei verschiedenen Subjekten

Dopo che ci siamo separati sono ritornata dai miei.
Nachdem wir uns getrennt hatten, ging ich ...

Lesen Sie die Beispielsätze und übersetzen Sie den letzten Satz.

Deutschen Nebensätzen, die mit "nachdem, als, sobald" beginnen, kann entsprechen:
- **dopo** + Infinitiv Perfekt, wenn Haupt- und Nebensatz das gleiche Subjekt haben;
- **dopo che** + Passato prossimo bzw. Trapassato prossimo, wenn Haupt- und Nebensatz verschiedene Subjekte haben;
- eine Partizipialkonstruktion wie **"Finito il lavoro ..."**; dabei richtet sich das Partizip nach dem Subjekt bzw. nach seinem Beziehungswort:
  Finit**e** le prove siamo andati a bere qualcosa. *Nach den Proben ...*

Erinnern Sie sich an ähnliche Konstruktionen in Lektion 7 und 9?

Wendungen:

dopo mangiato = dopo pranzo/cena	*nach dem Essen*
fatta la spesa	*nach dem Einkaufen*
Appena fatti i compiti, vado da Mario.	*Sobald/Gleich wenn ...*

Bevor ...

Bei Subjektgleichheit	prima di + Infinitiv
(Poco) **prima di uscire** ho ricevuto il telegramma.	
Bei verschiedenen Subjekten	prima che + Congiuntivo
(Poco) **prima che uscissi** è arrivato il telegramma.	

LEZIONE 11

11.1 WEITERE FUNKTIONEN DES CONDIZIONALE

Sarebbero fuggiti in Brasile ... § 11

Gli evasi ... *Die Ausbrecher ...*

sarebbero ancora nei dintorni. *sollen sich noch in der Umgebung aufhalten.*	**sarebbero fuggiti** in Brasile. *sollen nach Brasilien geflohen sein.*
avrebbero dei complici nella zona. *sollen Helfer ... haben.*	**sarebbero stati visti** a Rio. ____________________

◉ *Übersetzen Sie den letzten Beispielsatz.*

Das Condizionale drückt hier aus, daß für den Wahrheitsgehalt dieser Meldungen keine Garantie übernommen wird. Diese distanzierte Berichterstattung wird vor allem in Pressemeldungen und Nachrichtensendungen verwendet.

In der Alltagssprache gibt es andere Möglichkeiten, z. B.

Ho sentito dire che i Rossi hanno intenzione di vendere la loro casa.
Pare che abbiano dei grossi problemi finanziari.
Si dice che stiano per trasferirsi alla periferia di Roma.

Ho letto sul giornale Il giornale dice Alla TV hanno detto	che a partire da domani aumenterà la benzina. *daß ab morgen das Benzin teurer wird.*

Questo che cosa sarebbe?

Che cosa **sarebbe** questo?
Was soll denn das sein?

E a che cosa **servirebbe**?
Und wozu soll das gut sein?

È una cyclette.
Serve ad attivare la circolazione.

Das Condizionale dient auch dazu, eine gewisse Skepsis anklingen zu lassen.

Weiteres Beispiel: **Sarebbe** a dire? *Wie meinen Sie das?/Worauf wollen Sie hinaus?*

11.2 DAS FUTUR II Il futuro anteriore § 9

1. Quando **avrò finito** l'Università, **andrò** negli Stati Uniti.
   Wenn/Sobald ich mit der Uni fertig bin, gehe ich …
   Studierò lo svedes appena **mi sarò trasferita** a Stoccolma.

2. Guarda la faccia di Gino; **sarà andato** a letto tardissimo.
   … bei dem ist es gestern abend wohl sehr spät geworden.

Das Futur II wird mit den Futur-I-Formen von **avere** bzw. **essere** und dem Partizip Perfekt gebildet. Es dient
1. zur Bezeichnung eines Vorgangs, der zeitlich vor einem anderen zukünftigen Vorgang liegt;
2. zum Ausdruck von Vermutungen, die die Vergangenheit betreffen.

Dasselbe Zeitverhältnis kann man auch anders ausdrücken:
- Appena finirò l'Università, andrò negli Stati Uniti.
  Appena finisco l'Università, vado negli Stati Uniti.
- (Una volta) finita l'Università, vado/andrò negli Stati Uniti.
  Dopo l'Università vado/andrò …

Können Sie weitere Beispiele aus T3 anführen?

11.3 WEITERE CONGIUNTIVO-AUSLÖSER (Konjunktionen) §§ 4, 10

Te lo dico	**affinché** **perché** *damit…*	tu **possa** decidere con calma.

Vengo	**a condizione che** **a patto che** *unter der Bedingung, daß …/nur wenn …*	non ci **sia** lui.

Vengo **purché** non ci **sia** troppa gente. *nur wenn …*
Te lo compro **basta che** non **sia** troppo caro. *vorausgesetzt, daß …*

Mi aiuta volentieri	**a meno che non** **basta che non** *es sei denn, daß …/außer wenn …*	si **tratti** di stirare.

Studieren Sie die Beispiele und listen Sie dann hier weitere Konjunktionen auf, die den Congiuntivo verlangen (s. §§ 7.5 und 10.7).

____

____

____

Nel caso che venga/venisse, fammelo sapere.	*falls*
Caso mai venisse, fammelo sapere.	*falls/sollte er ...*
Si era licenziato **senza che** noi lo **sapessimo.** Er hatte gekündigt ...	*ohne daß*
Mi guarda **come se** ce l'avesse con me.	*als ob*

11.4 VORREI CHE ... § 10

◉ *Formulieren Sie einen eigenen Wunsch.*

Vorrei che la mia città **diventasse** più umana.
Ich möchte, daß meine Stadt menschlicher wird.
Mi piacerebbe che ci **fossero** meno macchine.

____

Wunschsätze mit einem Congiuntivo-Auslöser im Condizionale haben im Nebensatz den Congiuntivo imperfetto.

Ebenso nach: preferirei/mi farebbe piacere/sarebbe bene

- Weitere Möglichkeiten, Wünsche auszudrücken:
  (Ah,) se avessi la lampada di Aladino!
  Magari avessi la lampada di Aladino!
  Sarebbe bello se il tempo si fermasse.
  Sarei contento se venissero.

11.5 CONGIUNTIVO IM RELATIVSATZ § 10

1. È **la** ragazza **più straordinaria** che **abbia** mai conosciuto.
   Non c'è **nessuno** che mi **possa** aiutare.
   Marco era **l'unico** con cui **riuscissi** a parlare.

2. Ci vuole una persona che **si presenti** bene.
   Cerco un lavoro che mi **permetta** di viaggiare.

Im Relativsatz steht für gewöhnlich der Congiuntivo,
1. wenn der Hauptsatz eine Aussage mit Ausschließlichkeitscharakter enthält, z. B. einen Superlativ, **non ... niente/nessuno** oder Ausdrücke wie **l'unico, l'ultimo, il primo**;
2. wenn mit dem Relativsatz etwas gewünscht/erwartet/gefordert wird.

ITALIENISCH-DEUTSCHES GLOSSAR PRO LEKTION

Anmerkung

Alle durch **Fettdruck** hervorgehobenen Wörter gehören zum verbindlichen Lernwortschatz. Sie werden in den folgenden Lektionen als bekannt vorausgesetzt.
Bei Lektionsteilen, die speziell dem Hör- bzw. Leseverstehen dienen (nicht abgedruckte Hörtexte, C-Texte), werden nur wenige bzw. gar keine Worterklärungen gegeben.
Die **Betonung** liegt im Italienischen in der Regel auf der vorletzten Silbe. Im Vokabular wird die Betonung in Sonderfällen mit einem Punkt unter dem betonten Vokal gekennzeichnet: svịzzero

Abkürzungen

cong	= congiuntivo
etw	etwas
f	feminin/weiblich
Inf	Infinitiv/Grundform
irr	= irregolare: unregelmäßig
jdm	jemandem
jdn	jemanden
m	maskulin/männlich
Plur	Plural/Mehrzahl
PP	Partizip Perfekt
qc	= qualcosa: etwas
qu	= qualcuno: jemand
unv	= unveränderlich

Amici di Corso Italia

arricchire (arricchisco)	bereichern; *hier:* erweitern
conoscenza	Kenntnis
essere presente	anwesend/vertreten sein, vorkommen
non solo ..., ma anche ...	nicht nur ..., sondern auch ...
autore *m*, **autrice** *f*	Autor, Autorin
protagonista *m/f*	*hier:* (Haupt-)Person
allegare	beilegen; vorlegen
presentazione *f*	Vorstellung
augurare qc a qu	jdm etw wünschen
intanto	einstweilen; *hier:* dabei
Candida:	
Lecce	*Stadt in Apulien*
tuttavịa	dennoch, trotzdem
sono contenta di poter trascọrrere alcuni mesi l'anno in Italia	ich bin froh, daß ich einige Monate im Jahr in Italien verbringen kann
trascọrrere (*PP* trascorso)	verbringen
ọpera	Oper
pittura	Malerei
Fabrizio De André	*italienischer Liedermacher aus Genua*
contraddizione *f*	Widerspruch
umore *m*	Laune, Stimmung
facilmente	leicht
in gẹnere	im allgemeinen, normalerweise
sociẹvole	umgänglich, gesellig
Reiner:	
fin da bambino	schon als Kind
attualmente	zur Zeit
vi = ci	dort
affascinare	faszinieren
fantascienza	Science-fiction
tranquillità	Ruhe
lato	Seite
buffo/a	komisch
pẹrdere la pazienza	die Geduld verlieren
a causa della mia distrazione	weil ich sehr zerstreut bin
a causa di	wegen
distrazione *f*	Zerstreutheit
Beatrice:	
stare	*hier:* leben, wohnen
ecco una domanda che spesso mi rivolge la gente (*Inf* rivọlgere)	diese Frage wird mir oft gestellt
certo che mi piace	natürlich gefällt es mir
penso che starei altrettanto volentieri in Francia	ich glaube, ich würde ebenso gern in Frankreich leben
altrettanto	ebenso

c'è chi mi dirà che ...	der eine oder der andere wird sagen, daß ...
radice *f*	Wurzel
essendo nata in Italia ... e abitando in Germania ...	da ich in Italien geboren bin ... und in Deutschland lebe
assimilare	*hier:* annehmen
caratteristica	Eigenheit, Eigenschaft
ognuno/a	jede/r
vivere qc come mancanza	etw als Mangel empfinden
mancanza	Fehlen; Mangel
anzi	*hier:* im Gegenteil, sogar
mi considero fortunata a sentirmi a mio agio nel paese in cui vivo e lavoro	ich betrachte es als Glück, daß ich mich in dem Land, wo ich lebe und arbeite, wohl fühle
considerare	halten (für), betrachten (als)
fortunato/a	glücklich
contare	*hier:* zählen
oggigiorno	heutzutage

Maria:

a metà strada fra ... e ...	auf halbem Wege zwischen ... und ...
metà	Hälfte
mi sposto spesso	*hier:* ich reise viel
spostarsi	sich (weg)bewegen; (weg)rücken
quindi	*hier:* daher, deshalb
verso il Sud/Nord	nach Süden/Norden
faticoso/a	anstrengend

Francesco:

i miei	meine Familie/ Verwandten
quanto stavo bene in Germania	wie schön war's doch in Deutschland!

LEZIONE 1

T1

conversazione *f*	Unterhaltung, Gespräch
parolaccia (*Plur* -cce)	Schimpfwort
risata	Gelächter, Lachen
abbraccio	Umarmung
scherzo	Scherz
rimprovero	Vorwurf
carezza	Liebkosung, Streicheln
sorriso	Lächeln
litigio	Streit
telegramma *m* (*Plur* -i)	Telegramm
quali parole riuscite a scoprire ...?	welche Wörter können Sie ... entdecken?
spirale *f*	Spirale
forma	Form
comunicazione *f*	Kommunikation, Verständigung
frequentemente	häufig

T2

chi è che ...?	wer (ist derjenige, der) ...?
abbinare	zuordnen
mentre aspettavo l'autobus	während/als ich auf den Bus wartete
allora mi sono detto/a: ora o mai più	da habe ich mir gesagt: jetzt oder nie
dare uno sguardo al giornale	einen Blick in die Zeitung werfen
notare	bemerken
niente male	nicht übel
avvicinarsi (a)	sich nähern, auf jdn/ etw zugehen

ESERCIZI 1–2

immaginare	sich vorstellen
sviluppo	Entwicklung, (weiterer) Verlauf
assumete il ruolo dei personaggi	übernehmen Sie die Rolle der Personen
differenza	Unterschied
uso	Gebrauch

GRAMMATICA 1.1

stavamo per andare a letto quando è squillato il telefono	wir wollten gerade schlafen gehen, als das Telefon klingelte
squillare (è/ha squillato)	(*Telefon/Wecker*) klingeln, läuten
pranzare	zu Mittag essen

ESERCIZIO 3

registrazione *f*	(Ton-)Aufnahme
scrivere a macchina	auf der Maschine schreiben, tippen
mettersi a ...	anfangen zu ...
fare la doccia	duschen
fischiare	pfeifen

suonare (alla porta)	(an der Tür) läuten
passare l'aspirapolvere	staubsaugen
aspirapolvere *m*	Staubsauger
sgridare qu	jdn ausschimpfen, mit jdm schimpfen
fisarmonica	Ziehharmonika
basta!	*hier:* Schluß! Aufhören!

T3

ma veramente, noi pensavamo di ...	also, eigentlich wollten wir ...
darsi appuntamento	sich verabreden
stavamo andando a fare una passeggiata	wir wollten gerade einen Spaziergang machen
vengo anch'io	ich komme (auch) mit
vi tengo un po' di compagnia (*Inf* tenere)	ich leiste euch ein bißchen Gesellschaft
io devo fare anche delle spese	ich muß auch einiges besorgen
prendere	*hier:* kaufen, besorgen
ma guarda che sono dei libri per la scuola, eh!	ach, weißt du, ich brauche eigentlich nur Schulbücher
fare in fretta	sich beeilen
fretta	Eile
fra un po'	bald; *hier:* gleich
dai, andiamo, così non si fa tardi	also, gehen wir, sonst wird es zu spät
far tardi	sich verspäten
ma non dovevi andare in palestra?	wolltest du nicht zur Gymnastik gehen?
far presto	schnell machen, sich beeilen
ce la faccio	ich schaffe es
farcela	es schaffen

SERCIZI 5-6

rasi dette da sa e Daniele	die Sätze, die Elisa und Daniele gesagt haben
plare *m*	Einzelheit
	Unbehagen, Verlegenheit
compare più (*Inf* comparire)	im Text kommt mehrmals ... vor
	sich beziehen (auf)
	in diesem Fall
	Handlung

-3

	hier: also, eigentlich
cosa	ich muß/wollte dich etwas fragen
richiamare	noch einmal/wieder anrufen
avercela (con qu)	beleidigt/gekränkt sein, "sauer" auf jdn sein
mettercela tutta	alles versuchen/daransetzen
tenga il resto	behalten Sie den Rest
togliere *irr*	wegnehmen, abnehmen, ausziehen
porre *irr*	setzen, legen, stellen
proporre *irr*	vorschlagen
vado in libreria	ich gehe in die Buchhandlung
venire a trovare qu	jdn besuchen (kommen)
venire a prendere qu/qc	jdn/etw abholen

ESERCIZIO 7

insistere (per)	bestehen, beharren (auf)
un amico che ha bisogno di sfogarsi	ein Freund, der sein Herz ausschütten will
capufficio	(Büro-)Chef
un vostro/una vostra ex	Ihr/e Exfreund/in
... cercando di non essere scortesi	... und versuchen Sie dabei, nicht unhöflich zu sein
scortese	unhöflich
in tempo	rechtzeitig

T4

scontro	Zusammenstoß; Streit, Konflikt
svolgersi (*PP* svolto)	sich abspielen
ma non l'ha vista la freccia?	haben Sie nicht den Blinker gesehen?!
ma che freccia e freccia, deficiente!	*etwa:* kommen Sie mir doch nicht mit Ihrem (blöden) Blinker, Sie Idiot!
freccia	Pfeil; (*Auto*) Blinker
deficiente *m/f*	schwachsinnig; Idiot
ma tu guarda un po' ...	*hier:* das ist ja nicht zu fassen! /so eine Unverschämtheit!
aspettare il turno	warten, bis man an der Reihe ist
ma ho il treno che mi parte proprio adesso	aber mein Zug fährt gleich ab!
ma questi sono affari Suoi!	das ist Ihre Sache/ Ihr Problem

affare *m*	Geschäft, Angelegenheit, Sache
e finitela una buona volta!	hört endlich auf damit!
finirla	(mit etw) Schluß machen, aufhören
una buona volta	endlich (einmal)
vi dispiacerebbe abbassare il volume?	würde es euch/ Ihnen etwas ausmachen, das Radio leiser zu stellen?
volume *m*	Lautstärke
ma che vuoi?!	was willst du eigentlich?! was soll das?
mica è tua la spiaggia!	der Strand gehört doch nicht dir!
(non) ... mica	(doch) nicht
roba da matti!	*hier:* das ist doch unglaublich!
roba	Sachen, Zeug
matto/a	verrückt
che razza di maleducato!	so ein Flegel!
razza	Rasse; Art, Sorte
maleducato/a	ungezogen; Flegel
di chi è questo cane?	wem gehört denn der Hund?
è mio	der gehört mir
cartello	Schild
ha ragione	Sie haben recht
non ci ho fatto proprio caso	ich habe es gar nicht bemerkt

ESERCIZI 8-10

fumetto	(Sprech-)Blase
interlocutore	Gesprächspartner
in tono educato	in höflichem Ton
educato/a	gut erzogen; höflich
... scegliendo le espressioni adeguate	... und wählen Sie dabei die passenden Ausdrücke

GRAMMATICA 1.4

questi sono affari miei!	das ist meine Sache!
non è mica colpa nostra!	das ist doch nicht unsere Schuld!
salutala da parte mia	grüß sie von mir
la macchina è a Sua disposizione	das Auto steht zu Ihrer Verfügung/Ihnen zur Verfügung

C1

mezzo di comunicazione	Kommunikationsmittel
dici sul serio?	meinst du das ernst?
faxamelo	fax es mir
faxare	faxen
microscopio	Mikroskop
telescopio	Fernrohr
offuscare	trüben
limpido/a	klar, durchsichtig
buonsenso	gesunder Menschenverstand
teleschermo	Bildschirm

ESERCIZI 11–13

colpire (colpisce)	*hier:* auffallen, beeindrucken
vignetta	Cartoon
quale vi diverte di più?	welche finden Sie am witzigsten?
condividere	teilen
punto di vista	Gesichtspunkt, Standpunkt
disegnatore	Zeichner
telefono cellulare	Mobiltelefon, Handy
videotel	Bildschirmtext
sono entrati a far parte della nostra vita quotidiana	sie sind ein Teil unseres Lebens geworden
poter fare a meno di qc	etw entbehren/auf etw verzichten können
rinunciare (a)	verzichten (auf)

T5

spedire (spedisco)	senden, schicken
diapositiva	Dia
chiedere qc a qu	jdn um etw bitten
te le mando	ich schicke sie dir
mandare	schicken
lo stesso	trotzdem
poi vedi tu ...	schau mal, was du damit anfangen kannst
non risponde mai nessuno	es meldet sich nie jemand
rispondere (al telefono)	sich (am Telefon) melden, abnehmen
ma dove vai tutto il santo giorno?	wo steckst du denn den lieben langen Tag?
santo/a	heilig
sai che ti dico?	weißt du was?
hai proprio bisogno di una segreteria telefonica	du brauchst wirklich einen Anrufbeantworter
in ogni caso	auf jeden Fall
se ti serve altro materiale	wenn du noch weiteres Material brauchst
servire a qu	(jdm) nützen; brauchen
materiale *m*	Material, Stoff
dammi un colpo di telefono	ruf mich einfach kurz an

pacco	Paket
... che ti farà pensare alle vacanze	... das dich auf den Urlaub einstimmt
altezza	Höhe
sentiero	Pfad, Weg
a propọsito	übrigens
tanti auguri	herzlichen Glückwunsch!

T6

A

seguire	(ver)folgen
qual è il mezzo più veloce?	wie geht es am schnellsten?
mezzo	Mittel
la CAI Post (= Corriere Accelerato Internazionale)	*Kurierdienst der Post*
appena esce, a destra	wenn Sie hinausgehen, gleich rechts
quanto tempo ci vuole per Berlino?	wie lange dauert es / wie lange braucht man bis Berlin?
ci vọgliono 24 ore	man braucht/es dauert 24 Stunden
volerci	erforderlich sein, brauchen
ci vuole ...	es ist ... erforderlich, man braucht ...
ci vọgliono ...	es sind ... erforderlich, man braucht ...
almeno	*hier:* zumindest, jedenfalls
comunque	jedenfalls
roba	Sachen
busta	Umschlag, Kuvert
imbottito/a	*hier:* wattiert
visto che	da
frạgile	zerbrechlich
incartare	*hier:* (in Packpapier) verpacken

B

sportello	Schalter
fare la fila	Schlange stehen
finalmente arriva il suo turno	endlich ist er an der Reihe
EMS (= Express Mail Service)	*Kurierdienst*
Servizi Postacẹlere	*Schnellpostdienst*
tirare	ziehen
quanto tempo ci mette?	wie lange braucht/dauert es?
mẹtterci	(*Zeit*) brauchen
impiega due, al mạssimo tre giorni	es dauert zwei, höchstens drei Tage
impiegare	(*Zeit*) brauchen
al mạssimo	höchstens
in tabaccherịa	im Tabakladen
mẹttere	*hier:* schreiben, angeben
destinatario	Empfänger
compilare	ausfüllen
mọdulo	Formular
riga	Zeile
contenuto	Inhalt
firma	Unterschrift

GRAMMATICA 1.6

visto	Visum
ci voleva anche questa!	das hat gerade noch gefehlt!

ESERCIZIO 19

spostare	(*Möbelstück*) wegrücken
francobollo	Briefmarke
raccomandata	Einschreiben
pisolino	Schläfchen, Nickerchen

ESERCIZIO 20

ecco alcuni itinerari proposti dalla guida	hier sind einige der vom Reiseführer vorgeschlagenen Routen
itinerario	Reiseweg, Route
guida	*hier:* Reiseführer
prepararsi (a)	sich vorbereiten (auf)
escursione *f*	Ausflug; *hier:* Bergtour
tutto ciò che ci vuole	alles, was man braucht
sacco a pelo	Schlafsack
pila	Taschenlampe
binọcolo	Fernglas
Traversata Alta	*hier:* Höhenwanderung
piano	Ebene
escursionista *m/f*	Wanderer
allenato/a	trainiert
spezzare	*hier:* aufteilen
... passando la notte al rifugio Brioschi	... wenn man die Nacht in der Berghütte Brioschi verbringt
meridionale	südlich
settentrionale	nördlich
dislivello	Höhenunterschied
in salita	beim Aufstieg

in discesa	beim Abstieg
itinerario segnato	markierter Weg
ginestra	Ginster
abbazịa	Abtei
cistercense	Zisterzienser-
Ticino	Tessin
accessịbile (a)	zugänglich; *hier:* machbar
di notẹvole interesse ambientale	landschaftlich sehr interessant
carta	*hier:* Karte
IGM (= Istituto Geografico Militare)	*staatliches Institut, das u.a. für Kartographie zuständig ist*

C2

venire in mente	einfallen, in den Sinn kommen
formulare delle ipọtesi	Vermutungen aufstellen

ESERCIZI 21–23

iniziale	anfänglich
sono state confermate	(sie) sind bestätigt worden
capoverso	Absatz
indicare qc	auf etw hinweisen
cambiamento	Veränderung
sogno	Traum
realtà	Wirklichkeit

LEZIONE 2

T1

chiacchierando sulla Senna	*hier:* Unterhaltung auf der Seine
la prima volta che sono venuto/a a Parigi	als ich das erste Mal nach Paris kam

T2

quando le cose raccontano	wenn Dinge/Gegenstände von sich erzählen
uno	*hier:* man
se l'allontạnano dalla sua famiglia	wenn man von seiner Familie getrennt wird
allontanare (da)	entfernen (von)
è proprio quello che è successo a me	genau das ist mir passiert
un giorno	eines Tages
aprirsi	sich öffnen, aufgehen
il sollievo è durato poco	die Erleichterung war von kurzer Dauer
durare	dauern
leccare	ablecken
che schifo!	scheußlich! ekelhaft!
ritrovarsi	kommen, geraten, sich finden
incollato/a	aufgeklebt
schiena	Rücken; *hier:* Rückseite
una specie di ...	eine Art von ...
riprẹndersi (da)	sich erholen (von)
choc *m*	Schock
che	*hier:* als
buttare	werfen
cassa	*hier:* Kiste, Kasten
per un po'	eine Weile
ci hanno sbattuti da un posto all'altro	man hat uns hin und her geworfen
sbạttere	schlagen
lamentarsi	sich beklagen
il colmo è stato quando ...	*hier:* am schlimmsten war es, als ...
colmo	Gipfel; Höhe
mạcchina	*hier:* Maschine
diabọlico (*Plur* -ci)	teuflisch, Teufels-
mi ha dato un colpo tale che ...	sie hat mir einen derartigen Schlag versetzt, daß ...
tale *m/f*	solch, so ein/e; ein/e derartige/r
segno	Zeichen; *hier:* Spur
questa non è più vita!	so kann man nicht weiterleben!
ho deciso di andạrmene (*Inf* andạrsene)	ich beschloß wegzugehen
separarsi (da)	sich trennen (von)

GRAMMATICA 2.1

digli di passare alle 6	sag ihm, er soll um 6 Uhr vorbeikommen
caos *m*	Chaos, Durcheinander

ESERCIZI 3–4

sparire (sparisco)	verschwinden
pallone *m*	(Fuß-)Ball
toccare	berühren
passare davanti a qc	an etw vorbeigehen/vorübergehen
impazzire (impazzisco)	verrückt werden
sveglia	Wecker

faccia	Gesicht
addormentato/a	eingeschlafen; *hier:* verschlafen
appartenere a qu *irr*	jdm gehören
anello	Ring
sofà *m*	Sofa

T3

intẹndersi (*PP* inteso)	sich verstehen
proprio/a	eigene/r
in cima a ...	oben auf ...
cima	Gipfel
venne (*Inf* venire)	er/sie kam
disse (*Inf* dire)	er/sie sagte
né ... né ...	weder ... noch ...
corona	Krone
bastone *m*	Stock; *hier:* (Befehls-)Stab
rise (*Inf* rịdere)	er/sie lachte
qua = qui	da, *hier*
frugò (*Inf* frugare)	er/sie (durch)suchte
in lungo e in largo	*hier:* überall
vide (*Inf* vedere)	er/sie sah
gridò (*Inf* gridare)	er/sie rief
trionfante	triumphierend
furbo/a	schlau
dalle lunghe orecchie	mit den langen Ohren
corse (*Inf* cọrrere)	er/sie rannte
cantando e ridendo	singend und lachend
incontrò (*Inf* incontrare)	er/sie begegnete
stụpido/a	dumm
tenere tra le braccia	in den Armen halten
luce *f*	Licht
luna	Mond
errore *m*	Fehler, Irrtum
se ne andò (*Inf* andạrsene)	er/sie ging weg
triste come chi ...	traurig wie einer/jemand, der ...

ESERCIZIO 5

fantạstico (*Plur* -ci)	Phantasie-; phantastisch
sostituire (sostituisco)	ersetzen

GRAMMATICA 2.3

cinquecento *f*	Fiat 500
essere stufo di qc	etw satt haben
all'aperto	im Freien
marciapiede *m*	Gehweg
rimase incantato/a (*Inf* rimanere)	er/sie war wie verzaubert
silenzio	Stille, Ruhe
pulito/a	sauber
prato	Wiese
sassoso/a	steinig
fino a che sentì ...	bis es ... spürte
stanchezza	Müdigkeit
pubblicare	veröffentlichen
novella	Novelle
il suo romanzo "Ạnime oneste" la rese nota nel mondo letterario	ihr Roman "Ehrliche Seelen" machte sie in der literarischen Welt bekannt
rẹndere noto (*PP* reso)	bekannt machen
stabilirsi	sich niederlassen; *hier:* leben
arrestare	festnehmen, verhaften
portiere	(Hotel-)Portier
incassare	kassieren
tangente *f*	Schmiergeld
ministro	Minister
compagno di scuola	Schulkamerad
innamorarsi (di qu)	sich (in jdn) verlieben
vicissitụdini *f Plur*	Wechselfälle
rincontrarsi	sich wieder begegnen
per caso	zufällig
tutti/e e due	(alle) beide
assopirsi (assopisco)	*hier:* sich legen
cuore *m*	Herz
riesplọdere (*PP* riesploso)	*hier:* wieder aufflammen

ESERCIZIO 7

inserire (inserisco)	einfügen
baciare	küssen
scivolare	(aus)rutschen
seguire qu	jdm folgen
portare	*hier:* tragen
pose (*Inf* porre)	er/sie legte
fiume *m*	Fluß
stella	Stern
ricordo (di)	Erinnerung (an)
sogno	Traum
re *m unv*	König
scorta	Gefolge
mantello	Mantel, Umhang
tu lo seguisti senza una ragione	*etwa:* du gingst einfach mit
ragione *f*	Grund
aquilone *m*	Drachen
labbro (*Plur* le labbra)	Lippe
fianco	Hüfte
fiordaliso	Kornblume
frẹmere	beben
dicono ...	man sagt/erzählt sich ...
crẹdere morto qu	jdn für tot halten

cielo	Himmel
rosa	Rose

C1

cantastorie *m/f unv*	Bänkelsänger/in
decennio	Jahrzehnt
girare le piazze	von Platz zu Platz ziehen
fiera	(Jahr-)Markt; Messe
fatto	Ereignis; *hier:* Geschichte
storie ispirate ad episodi di crọnaca e di attualità	Geschichten, die an Ereignisse anknüpften, die gerade in aller Munde waren
episodio	Episode, Ereignis
crọnaca	(Lokal-) Nachrichten, Tagesereignisse
attualità	Aktualität; aktuelle Themen
illustrare	*hier:* verdeutlichen
servirsi (di)	verwenden
foglio	Blatt, Bogen
colorato/a	bunt
funzione *f*	Funktion

ESERCIZI 8–9

familiari *m Plur*	(Familien-)Angehörige
cambiare opinione	seine Meinung/Ansicht ändern
la bambina gettata nel pozzo	das Mädchen, das in den Brunnen geworfen wurde
gettare	werfen

T4

santo cielo!	du lieber Himmel!
ma ti rendi conto che ...?	ist dir eigentlich klar, daß ...?
rẹndersi conto che ...	sich darüber im klaren sein, daß ...
è quasi un'ora che t'aspetto	seit fast einer Stunde warte ich auf dich
aspetta un ạttimo che ọrdino qualcosa da bere	wart mal, ich bestelle erst was zu trinken
spiegare	erklären; *hier:* erzählen
hai presente ...?	*hier:* kennst du ...?
aver presente qc	sich an etw erinnern; etw präsent haben
tagliare la strada a qu	jdm den Weg abschneiden; *hier:* die Vorfahrt nehmen
sono ancora riuscita a frenare	ich konnte gerade noch bremsen
riuscire (a fare qc) *irr*	es schaffen, imstande sein; gelingen; können
pẹrdere l'equilibrio	das Gleichgewicht verlieren
che rabbia!	*hier:* habe ich eine Wut gehabt!
spaventarsi	(sich) erschrecken
fasciare	(*Wunde*) verbinden

ESERCIZI 11–13

arrivare in ritardo	zu spät kommen
sono le 4 del mattino	es ist 4 Uhr morgens
c'è stato un imprevisto	es ist etwas (Unvorhergesehenes) dazwischengekommen

GRAMMATICA 2.4

coprirsi	sich bedecken; *hier:* sich etwas überziehen
che bello!	wie schön!
che rịdere!	ich lach mich tot!/was haben wir da gelacht!

T5

sai niente di Marina?	hast du was von Marina gehört?
l'ụltima volta che l'ho vista era arrabbiatịssima	als ich sie das letze Mal gesehen habe, war sie außer sich vor Wut
arrabbiato/a	wütend
aveva litigato con Leo	sie hatte mit Leo gestritten

GRAMMATICA 2.6

Luca stava male	Luca war schlecht/ging es nicht gut
il film era già incominciato	der Film hatte schon angefangen
Rita era appena rientrata quando ...	Rita war gerade nach Hause gekommen, als ...
rientrare	zurückkommen, heimkommen

ESERCIZIO 14

quella sera	an dem Abend
a pois [pwa]	getüpfelt
in quel momento	in dem Moment
all'improvviso	plötzlich
subito dopo	gleich danach
ad un tratto	auf einmal
a quell'ora	um die Zeit
in sẹguito	danach

C2

impressioni *f Plur*	Eindrücke, Impressionen
brano	Ausschnitt
narratore *m*, narratrice *f*	Erzähler/in
tracciare	*hier:* zeichnen
percorso	Strecke; Route

ESERCIZIO 16

immaginazione *f*	Phantasie, Vorstellungskraft

LEZIONE 3

T1

contrasto	Gegensatz, Kontrast
terra	Erde; *hier:* Land
misura	Maß
confọndere (*PP* confuso)	verwechseln
partenza	*hier:* Aufbruch
diritto	Recht
favore *m*	*hier:* Gefallen, Gefälligkeit
innocente *m/f*	unschuldig; Unschuldige/r
criminale *m/f*	kriminell; Verbrecher/in
inferno	Hölle
adelante! (*spanisch*)	vorwärts!
verso	Vers
un mondo in cui convịvono realtà opposte	eine Welt voller Gegensätze
mondo	Welt
convịvere	zusammenleben
realtà	Wirklichkeit, Realität
opposto/a	gegensätzlich, entgegengesetzt
riscontrare	feststellen

T2

redazione *f*	Redaktion
immạgine *f*	Bild
pubblicitario/a	Werbe-, Reklame-
in basso	unten
reazione *f*	Reaktion
contrastante	gegensätzlich, unterschiedlich
queste foto mi hanno seccato	ich habe diese Bilder einfach satt, ich kann diese Bilder nicht mehr sehen
seccare	*hier:* langweilen, auf die Nerven gehen
se devo essere sincero	ehrlich gesagt
sincero/a	aufrichtig, ehrlich
provocatorio/a	provokativ
ma in fondo perché no?	aber warum eigentlich nicht?
in fondo	im Grunde
io sono nettamente contrario	ich bin absolut/entschieden dagegen
essere contrario a qc	gegen etw sein, etw ablehnen
per me è di cattivo gusto e basta	ich finde es einfach geschmacklos
geniale	genial
precisamente	genau

ESERCIZIO 1

opinione *f*	Meinung
condivịdere	teilen

ESERCIZIO 2

argomento	Argument
pro e contro	(da)für und (da)gegen
prẹndere nota	aufschreiben, sich Notizen machen
affermazione *f*	Aussage

speculare (su)	spekulieren (auf); *hier:* ausnutzen
fatto	Ereignis
drammạtico (*Plur* -ci)	dramatisch
forse la gente non se ne rende conto	wahrscheinlich ist es vielen nicht klar
rẹndersi conto di qc (*PP* reso)	sich etw bewußt machen; sich über etw im klaren sein
rẹndersene conto	sich (darüber) im klaren sein
infatti	eben; tatsächlich
mi piace il fatto che ...	es gefällt mir, daß ...
marchietto, marchio	*hier:* Markenname, Logo
unire (unisco)	verbinden
cioè	und zwar; das heißt
concetto	Begriff, Vorstellung
morte *f*	Tod
far soldi	Geld verdienen
scopo	Zweck
attrarre *irr*	anziehen
fare colpo	Eindruck machen

attrarre l'attenzione	die Aufmerksamkeit auf sich ziehen
attenzione *f*	Aufmerksamkeit
originale	originell
il fatto che tutti ne discutiamo così vuol dire che ...	daß wir alle so darüber reden, ist ein Zeichen dafür, daß ...
discụtere (*PP* discusso)	diskutieren
colpire nel segno	ins Schwarze treffen
colpire (colpisco)	*hier:* treffen
per me sarebbe addirittura il caso di non discuterne proprio	meiner Meinung nach sollte man darüber kein Wort verlieren
essere il caso	angebracht sein
addirittura	sogar; geradezu
perlomeno	zumindest; wenigstens
lịmite *m*	Grenze
dovuto a ...	*hier:* im Hinblick auf ...
sensibilità	Sensibilität
in realtà	*hier:* eigentlich
quello che poi produce la foto	was das Bild tatsächlich erzeugt
produrre *irr*	erzeugen, herstellen
... che fa sempre bene	... was immer gut ist
raggiụngere (*PP* raggiunto)	erreichen
un pụbblico molto vasto	ein sehr breites Publikum
artịcolo	Artikel
rivista	Zeitschrift
è sotto gli occhi di tutti	sie ist einfach nicht zu übersehen
maggioranza	Mehrheit
vịncere (*PP* vinto)	gewinnen
mẹttere qc ai voti	über etw abstimmen (lassen)
voto	(*Wahl*) Stimme
censura	Zensur
sistema *m*	System
democrạtico (*Plur* -ci)	demokratisch
per alzata di mano	durch Handaufheben
chi è pro?	wer ist dafür?

ESERCIZIO 3

riprẹndere (*PP* ripreso)	entnehmen
prevalere *irr*	vorherrschen

GRAMMATICA 3.1

significato	Bedeutung
accọrgersi di qc (*PP* accorto)	etw (be)merken
accọrgersene	es (be)merken
andạrsene	weggehen

ESERCIZIO 4

foto di copertina	Titelfoto
copertina	Einband, Umschlag
servizio fotogrạfico (*Plur* -ci)	Bildbericht
colpire (colpisce)	*hier:* beeindrucken
mi sembra originale/ kitsch	ich finde es originell/ kitschig

T3

punto di vista	Gesichtspunkt, Standpunkt
Corriere della Sera	*italienische Tageszeitung*
bello, onesto, stessa razza cẹrcasi	*etwa:* gutaussehender, ehrlicher Mann (kein Ausländer) gesucht
onesto/a	ehrlich; anständig
razza	Rasse; Art, Sorte
felicemente sposato	glücklich verheiratet
felice	glücklich
matrimonio	*hier:* Ehe
cattọlico (*Plur* -ci)	katholisch
musulmano/a	Muslim; muslimisch
Le posso assicurare ...	ich kann Ihnen versichern, ich kann mit Sicherheit sagen ...
assicurare	versichern
né più né meno come ...	nicht anders als ...
è la sua qualità che conta, non l'appartenenza ad una religione	sein Charakter zählt, und nicht die Religions-zugehörigkeit
appartenenza (a)	Zugehörigkeit (zu)
quanto a ...	was ... angeht/anbelangt
poligamịa	Polygamie, Vielehe
essa è soltanto tollerata dal Corano per ...	sie wird vom Koran nur deshalb toleriert ...
esso, essa (*Plur* essi, esse)	er, sie
tollerare	tolerieren, dulden
sollevare	*hier:* lindern
mịsero/a	elend
sorte *f*	Schicksal, Los
numeroso/a	zahlreich
vẹdovo, vẹdova	Witwer, Witwe
del tempo del Profeta	zur Zeit des Propheten
lettore *m*, **lettrice** *f*	Leser, Leserin
parere *m*	Ansicht, Meinung
matrimonio misto	Mischehe
misto/a	gemischt
banale	banal, abgedroschen
nella risposta a cui Lei si riferisce	in der Antwort, auf die Sie sich beziehen
affermare	behaupten

a rischio	Risiko-, mit Risiken verbunden
non credo che questo sia ịndice di pregiudizio (*Inf* essere)	ich glaube nicht, daß das ein Vorurteil ist
ịndice *m*	(An-)Zeichen
naturalmente	natürlich, selbstverständlich
coppia	(Ehe-)Paar
mi sembra che la religione musulmana ... non **tenga** (*Inf* tenere) le donne in grande considerazione o comunque **assegni** (*Inf* assegnare) all'uomo un ruolo predominante	mir scheint, daß die muslimische Religion ... Frauen keine große Achtung entgegenbringt oder zumindest dem Mann eine dominierende Rolle zuweist
teorịa	Theorie
prạtica	Praxis
tenere qu in grande considerazione	jdn hochachten
assegnare	zuweisen
ruolo	Rolle
predominante	vorherrschend, dominierend
del resto	im übrigen, außerdem
tagliare	*hier:* kürzen
sentirsi in dovere (di)	sich verpflichtet fühlen (zu)
dovere *m*	Pflicht
una serie di ...	eine Reihe von ...
eventuale	*hier:* etwaige/r
ritengo che siano ... (*Inf* essere)	ich bin der Ansicht, sie sind ...
ritenere *irr*	meinen; halten (für)
suggerimento	Empfehlung
sacrosanto/a	*hier:* richtig, unbestreitbar
seguire	*hier:* befolgen
entrambi i ..., entrambe le ...	beide
cọniuge *m/f*	Gatte, Gattin

GRAMMATICA 3.2

s. Liste auf Seite 126

ESERCIZIO 5

rispettare	respektieren
non credo di avere pregiudizi	ich glaube nicht, daß ich Vorurteile habe
problemạtico (*Plur* -ci)	problematisch
vạlido/a	gültig; *hier:* wirksam

ESERCIZIO 8

funzionare	funktionieren
il confronto tra due culture	das Zusammenkommen von zwei Kulturen
stịmolo	Anregung
in più	*hier:* zusätzlich
religioso/a	Religions-, religiös
influire su qc (influisco)	auf etw einwirken, etw beeinflussen

ESERCIZIO 10

annotare	notieren, aufschreiben
cọgliere *irr*	*hier:* erfassen
quali difficoltà ha incontrato ...?	auf welche Schwierigkeiten ist sie gestoßen ...?
difficoltà	Schwierigkeit
sia in senso positivo che in senso negativo	sowohl im positiven als auch im negativen Sinne
sia ... che ...	sowohl ... als auch ...

C1

muro	Mauer
fuggire	fliehen, flüchten
avvistare	sichten
rimorchiare	abschleppen
ospitalità	Gastfreundschaft

T4

A

quello della porta accanto	der von nebenan
russare	schnarchen
abbaiare	bellen
stare zitto	still sein
vicino di casa	Nachbar
in qualunque modo si comporti	egal, wie er sich verhält
in qualunque modo (+ *cong*)	wie auch immer
comportarsi	sich verhalten; sich benehmen
far arrabbiare qu	jdn ärgern
viceversa	umgekehrt
fioriscono liti senza fine	es kommt zu endlosen Streitereien
fiorire (fiorisce)	blühen; *hier:* aufkommen
lite *f*	Streit

B

no, anzi si	nein ..., eigentlich schon
alto/a	*hier:* laut
non riesco a chiụdere occhio (*Inf* riuscire)	ich kann kein Auge zutun

così non si può andare avanti	so kann es nicht weitergehen
rivọlgersi a qu (*PP* rivolto)	sich an jdn wenden
amministratore *m*	Hausverwalter
non è proprio il caso	das ist überhaupt nicht nötig
cerchiamo di ragionare	versuchen wir, vernünftig miteinander zu reden
non sono il solo a lamentarmi	ich bin nicht der einzige, der sich beschwert
beh, se la mettiamo così ...	also, wenn das so ist ...
rẹndere nervoso	nervös machen
che cosa c'entra il cane?	was hat der Hund damit zu tun?
per ogni mịnimo rumore	beim kleinsten Geräusch
mịnimo/a	kleinste/r, geringste/r
lamentarsi	*hier:* heulen
in continuazione	dauernd, ununterbrochen
mi fa proprio diventare scemo	der macht mich noch wahnsinnig
scemo/a	dumm, blöd
è chiaro che ...	es ist (doch) klar, daß ...
alzare il volume	(*Radio, TV*) lauter stellen
abbia pazienza (*Inf* avere)	entschuldigen Sie
innervosirsi (innervosisco)	nervös werden
come si chiama lui ...	wie er auch immer heißt
ululare	(*Wolf/Hund*) heulen

ESERCIZIO 15

inquilino	Mieter; Hausbewohner
protestare	protestieren
lamentela	Beschwerde
protesta	Protest

T5

generazione *f*	Generation
la I A (prima A) del liceo Palmieri	die Klasse I A des Palmieri-Gymnasiums
svọlgere un tema	einen Aufsatz schreiben
tema *m*	Thema; *hier:* Schulaufsatz
adulto/a	erwachsen; Erwachsene/r
adolescente *m/f*	Jugendliche/r
migliorare	verbessern
stralcio	Auszug
l'ụnica persona con cui riesco a comunicare	die einzige Person, mit der ich reden kann
confidarsi con qu	sich jdm anvertrauen
a seconda dei casi	je nachdem
tutto ciò con mia madre non avviene	all dies ist bei meiner Mutter nicht der Fall
avvenire *irr*	passieren, geschehen
assalire *irr*	angreifen, anfallen
non vuole che io torni tardi la sera	sie will nicht, daß ich abends spät heimkomme
ho sempre paura che mi veda o che lo venga a sapere	ich habe immer Angst, daß sie mich sieht oder daß sie es erfährt
venire a sapere qc	etwas erfahren
non è giusto che ... ci consịderino ancora dei bambini	es ist nicht richtig, daß ... sie uns noch als Kinder betrachten
considerare	betrachten (als), halten (für)
ad esempio	zum Beispiel
tẹndono a nascọndere i discorsi sul sesso	sie versuchen, Gespräche über Sex(ualität) zu vermeiden
tẹndere a (*PP* teso)	neigen zu
nascọndere (*PP* nascosto)	verstecken; verheimlichen
discorso	*hier:* Gespräch
sesso	Sex, Sexualität
... alimentando in noi paure che non dovrebbero esịstere	... dabei nähren sie in uns Ängste, die es überhaupt nicht geben sollte
esịstere (*PP* esistito)	geben, existieren
non so se questo dipenda dalla loro educazione	ich weiß nicht ob es an ihrer Erziehung liegt
dipẹndere (da)	abhängen (von)
intravedere	(flüchtig) sehen
hanno i nervi tesi	sie sind nervös
nervo	Nerv
teso/a	gespannt
azzittire (azzittisco)	zum Schweigen bringen
zitto tu che devi ancora nạscere!	*etwa:* sei still, du Grünschnabel!
le soluzioni possono essere molte	es gibt bestimmt verschiedene Lösungen
soluzione *f*	Lösung
spazio	(Lebens-)Raum
aiuto	Hilfe
comprensione *f*	Verständnis
da parte di ...	von seiten ..., seitens ...
centro comunale	*etwa:* Jugendhaus
quindi	*hier:* also
bisogna che ci sia più comunicazione ...	man braucht mehr Kommunikation ...
bisogna che ...	es ist notwendig, daß ...

GRAMMATICA 3.5

s. Seiten 129/130

ESERCIZIO 20

affrontare un problema	sich mit einem Problem auseinandersetzen
risọlvere (*PP* risolto)	lösen
timore *m*	Befürchtung
speranza	Hoffnung

C2

ladro	Dieb
sịntesi *f*	(kurze) Zusammenfassung
orfanotrofio	Waisenhaus
costrịngere (*PP* costretto)	zwingen
diffidente	mißtrauisch
piano piano	allmählich
collegio	Internat
così come gli era stato ordinato	so wie es ihm befohlen worden war
rimproverare qc a qu	jdm etw vorwerfen
maresciallo	Polizeimeister
difẹndersi (*PP* difeso)	sich verteidigen
questura	Polizeipräsidium
incartamento	Akte

ESERCIZI 22–23

giudicare	beurteilen
comportamento	Verhalten
ciak! si gira!	Achtung! Aufnahme!
girare	*hier:* (einen Film) drehen
sul set del film	im Filmstudio
regista *m/f*	Regisseur/in
assistente *m/f* alla regịa	Regieassistent/in
interpretare	*hier:* spielen
istruzione *f*	Anweisung

LEZIONE 4

1.

ricette da inventare	finden Sie Ihr eigenes Rezept!
inventare	erfinden
ingredienti *m Plur*	Zutaten
lezione *f*	*hier:* Unterrichtsstunde
effervescente	prickelnd; *hier:* lebendig
palloso/a	fad, langweilig
una classe che meglio non si può	die beste Klasse/Kursgruppe, die man sich vorstellen kann
quanto basta	je nach Bedarf
un pịzzico di ...	*hier:* eine Prise ...
quintale *m*	Doppelzentner

2.

quel "qualcosina in più"	das "kleine bißchen mehr"
ero lì che aspettavo da un'ora	ich war da und wartete seit einer Stunde
capire male	falsch verstehen
mi aveva raccomandato di arrivare puntuale	er hatte extra noch gesagt, ich sollte pünktlich sein
raccomandare	ermahnen, empfehlen
quello stronzo!	der Scheißkerl!
presentarsi	*hier:* erscheinen
rilassato/a	entspannt
di buon umore	gutgelaunt
dentista	Zahnarzt
eppure	und doch
anzi	*hier:* mehr noch, sogar
effetto	Wirkung
utilizzare	verwenden
per quanto vi è possịbile	soviel wie möglich
individuare	*hier:* finden

3.

verità	Wahrheit
squadra	Mannschaft
membro	Mitglied
un fatto realmente accaduto	eine Geschichte, die tatsächlich passiert ist
strịngere la mano a qu (*PP* stretto)	jdm die Hand schütteln
Luciano Pavarotti	*italienischer Opernsänger*
riferire (riferisco)	berichten
avversario	Gegner
come se fosse successo a lui	(so) als ob ihm das selber passiert wäre
fare una domanda	eine Frage stellen
mentire	lügen
ciascun giocatore	jeder Spieler
sulla base delle informazioni raccolte	aufgrund der gesammelten Informationen
consultarsi	sich beraten
tentativo	Versuch
guadagnare un punto	einen Punkt erhalten
il gioco passa agli avversari	jetzt sind die Gegner an der Reihe
la squadra che per prima totalizza quattro punti	die Mannschaft, die als erste insgesamt vier Punkte erzielt
per primo/a	als erste/r
essere composto (da)	bestehen (aus)

svolgimento	Ablauf
fuori dal comune	außergewöhnlich

4.

miniera	*hier:* Fundgrube
di sicuro	bestimmt
mẹttere a frutto	*hier:* anwenden
canale *m*	Kanal
qui sotto ve ne vẹngono suggerite solo alcune	hier unten finden Sie nur einige Möglichkeiten
suggerire	*hier:* vorschlagen
lasciatevi guidare dalla curiosità	lassen Sie sich von Ihrer Neugierde leiten
scambiare	austauschen
cartellone *m*	Plakat; *hier: Art Pinnwand*
sịmile (a)	ähnlich
aggiornare	auf den neuesten Stand bringen

LEZIONE 5

T1

ecco cosa scelgo io ...	ich wähle/ich entscheide mich für ...
scẹgliere *irr*	wählen, aussuchen
vuoto/a	leer
venire in mente	in den Sinn kommen, einfallen
cercate di scoprire se le vostre scelte sono condivise	versuchen Sie herauszufinden, ob andere dasselbe wie Sie gewählt haben
scelta	(Aus-)Wahl
componente *m/f*	Mitglied
fare una crocetta	ankreuzen
crocetta	Kreuzchen
quadratino	*hier:* Kästchen, Feld
coincịdere (*PP* coinciso)	zusammentreffen, übereinstimmen

T2

per strada	auf der Straße
o meglio ancora	oder eher noch
prima o poi	früher oder später
richiesta	Bitte, Verlangen
dai, cọmpramelo!	kauf es mir doch!
portafoglio	Brieftasche; *hier:* Geldbeutel
consentire	erlauben
eppure	und doch
provare	*hier:* fühlen, empfinden
imbarazzo	Verlegenheit, Unbehagen
nervosismo	Nervosität

ESERCIZI 2–3

essere riferito a ...	sich beziehen auf ...
tradurre *irr*	übersetzen

ESERCIZIO 4

supẹrfluo/a	überflüssig
osservare	betrachten, anschauen
scambiarsi dei pareri	Meinungen austauschen
non ... affatto	überhaupt nicht
motivare	begründen
(telẹfono) cellulare	Mobiltelefon, Handy
trạpano (elẹttrico)	Bohrmaschine
cyclette [si'klɛt] *f*	Heimtrainer
enciclopedịa	Enzyklopädie, Lexikon
oggetti a vo'stra scelta	Gegenstände Ihrer Wahl

T3

i piaceri della tạvola	Tafelfreuden
tạvola	Tafel, Tisch
pasta e fagioli con le cozze	Nudeln mit Bohnen und dazu Miesmuscheln
ma che fai, ci metti le cozze in barạttolo?	was soll denn das, Muscheln aus der Dose?
mẹtterci	*hier:* (in die Soße) tun
il sugo viene molto più buono	die Soße wird dann viel besser
mò	(*regional*) jetzt
faccio subito	das geht ganz schnell
anche se devo pẹrdere un po' di tempo	auch wenn es mich etwas Zeit kostet
spẹndere qualcosa in più	etwas mehr ausgeben
non mi importa	das macht mir nichts aus/ist mir egal
e poi ci vuole un'ora del giorno dove ti metti lì, prepari, ...	man braucht eine Stunde am Tag, wo man sich die Zeit nimmt, kocht, ...
e se no che fai?	wie willst du es denn sonst machen?
te ne vai sempre di corsa?	willst du immer hetzen?

ma se ti metti lì ad andare al mercato, a cucinare per ore ...	aber wenn du erst einmal anfängst, auf den Markt zu gehen, stundenlang zu kochen ...
se ne va tutto il tempo libero	dann ist die ganze Freizeit dahin
e che fai, casa, lavoro e ... mercato?	was bleibt dir dann noch außer Haushalt, Beruf und Einkaufengehen?
ma chi te l'ha detto?	wer sagt denn das?/das stimmt doch gar nicht!
e come non lo conosco?	aber natürlich kenne ich ihn!
te l'ho presentato io!	ich habe ihn dir selbst vorgestellt!
embè	*hier:* also
è capace di andare avanti a panini per settimane	er kann wochenlang mit belegten Brötchen auskommen
essere capace (di)	imstande/fähig sein
il mạssimo che si fa sono gli spaghetti con il sugo in scatola	er macht sich höchstens Spaghetti mit einer Fertigsoße aus der Dose
non gliene importa niente	es ist ihm völlig egal
pesce spada	Schwertfisch
dovevi vedere come mangiava!	du hättest sehen sollen, wie der zugelangt hat/wie es dem geschmeckt hat!
se ne fece due porzioni	er hat zwei Portionen vertilgt
sta' attento!	paß auf!
bollire	kochen, sieden

ESERCIZI 5–6

apprezzare	schätzen
abitụdini alimentari *f Plur*	Eßgewohnheiten
alimentare	Lebensmittel-
sapreste spiegarne il significato?	können Sie ihre Bedeutung erklären?

ESERCIZIO 7

che importanza hanno per voi ...?	wie wichtig sind für Sie ...?
avere importanza (per)	wichtig/von Bedeutung sein (für)
la buona tạvola	das gute Essen
cibo	Nahrung, Kost; Essen
genuinità	Echtheit, Unverfälschtheit
alimento	Lebensmittel
dare molto peso a qc	auf etw viel/großen Wert legen
peso	Gewicht
mi preọccupo soprattutto di ...	ich achte vor allem auf ...
riuscire a fare a meno di qc	ohne ewas auskommen/auf etw verzichten können
tengo moltissimo a ...	mir liegt sehr viel daran, daß ...
tenere a qc	auf etw Wert legen

T4

parole rubate	*hier etwa:* was man alles so aufschnappt
rubare	stehlen
a chi non è capitato di ...?	wem ist es nicht schon passiert, daß ...?
viaggiando in treno	beim Zugfahren
brandelli di conversazione	Gesprächsfetzen
anche volendo	selbst wenn man will
non se ne può fare a meno	*hier:* es läßt sich nicht vermeiden

posto	*hier:* Stelle, Arbeitsplatz
quando cạpita	gelegentlich
capitare	(zufällig) kommen, passieren
o ... o ...	entweder ... oder ...
dipende dalle circostanze	es kommt auf die Umstände an, je nachdem
ci organizziamo	wir versuchen, es einzurichten
organizzarsi	sich organisieren
un legame così, ... che senso ha?	hat so eine Beziehung überhaupt einen Sinn?
lavorando il tempo passa in fretta	wenn man arbeitet, vergeht die Zeit im Nu
passare	(*Zeit*) vergehen
ritrovarsi	sich wiedersehen
tutto questo viene a mancare	das alles fällt dann weg
Alessandria	*Stadt in Piemont*
tra un'oretta	in einer knappen Stunde
alla svelta	rasch, schnell
chiacchierando il tempo passa	wenn man sich unterhält, vergeht die Zeit schnell

ESERCIZI 8-10

ricavare	herausholen, gewinnen
conflitto	Konflikt
introduzione *f*	Einführung
altrimenti	*hier:* anders

GRAMMATICA 5.2

lavorare sodo	hart arbeiten
poiché	da, weil
pensạndoci bene ...	wenn ich es mir recht überlege ...
sbagliare	(sich) irren, Fehler machen
si è rotto una gamba	er hat sich ein Bein gebrochen
rọmpere	(zer)brechen; kaputtmachen
pur essendo un bravo tennista ...	obwohl er ein guter Tennisspieler ist ...

ESERCIZI 11–12

di rado	selten
mi accorgo di aver sbagliato	ich merke, daß ich einen Fehler gemacht habe
durare più a lungo	länger (an)halten
novità *f Plur*	Neuigkeiten
prẹndere una decisione	eine Entscheidung treffen
recentemente	vor kurzem, neulich
motivazione *f*	*hier:* Beweggrund
ristabilire (ristabilisco)	wiederaufnehmen
lavoro part-time	Teilzeitarbeit

C1

a piacer mio	wie es mir gefällt
sondaggio	Umfrage
rivelare	*hier:* verraten, zeigen
piacẹvole	angenehm
distensivo/a	entspannend
indạgine *f*	Untersuchung
il 36 per cento	36 Prozent

ESERCIZI 13–14

i dati riportati nelle liste	die in den Listen enthaltenen Daten/Angaben
sorprẹndere (*PP* sorpreso)	überraschen
attendịbile	glaubwürdig, zuverlässig

T5

un'opportunità da non pẹrdere	eine Gelegenheit, die man nicht verpassen darf
lẹttere al direttore	Leserbriefe, Briefe an die Redaktion
un ragazzo di quattọrdici anni	ein vierzehnjähriger Junge
fino ad ora	bis jetzt
ci ha dato molte soddisfazioni	er hat uns viel Freude bereitet
soddisfazione *f*	Befriedigung, Zufriedenheit
sveglio/a	wach; *hier:* aufgeweckt
sociẹvole	umgänglich, gesellig
a scuola è sempre andato benịssimo	in der Schule war er immer sehr gut
passione *f*	Leidenschaft
fin da pịccolo	schon als Kind
è stato notato da un osservatore della Juventus	er wurde bemerkt von .../ er fiel einem Talentsucher des Juventus auf
Juventus *f*	*Fußballmannschaft der Stadt Turin*
ci ha proposto di farlo entrare nel loro vivaio	er schlug uns vor, ihn in ihre Nachwuchsmannschaft aufzunehmen
proporre *irr*	vorschlagen
vivaio	Baumschule; *hier:* Trainingszentrum für Nachwuchsspieler
non Le dico i dubbi miei e di mio marito	ich kann Ihnen gar nicht sagen, welche Zweifel mein Mann und ich hatten
dubbio	Zweifel
accettare	annehmen, akzeptieren; *hier:* zusagen
ha insistito molto	er hat uns keine Ruhe gelassen
insịstere (su)	bestehen (auf); dringen (auf)
non ce la sentivamo di fargli perdere un'occasione forse unica	wir haben es nicht übers Herz gebracht, ihn diese vielleicht einmalige Gelegenheit verpassen zu lassen
sentịrsela (di)	sich imstande fühlen; Lust haben
ụnico/a	*hier:* einmalig
non siamo più tanto sicuri che sia stata una decisione giusta	nun sind wir aber nicht mehr so sicher, ob unsere Entscheidung richtig war
in un certo senso	in gewissem Sinne
ci manca molto	wir vermissen ihn sehr
interrọmpere gli studi (*PP* interrotto)	die Schule/das Studium unterbrechen
sfondare	*hier:* sich durchsetzen, Erfolg haben
pensa che il nostro sia stato un errore?	glauben Sie, daß wir einen Fehler gemacht haben?

Sezze Romano (LT)	*kleine Stadt in der Provinz Latina, Latium*

GRAMMATICA 5. 3–4

sbagliato/a	falsch
prẹndersela (con qu)	sich aufregen/ärgern (über)
cavạrsela	zurechtkommen

ESERCIZI 17–18

commẹttere (*PP* commesso)	(*Fehler*) machen; (*Verbrechen*) begehen
fare bene a ...	*hier:* gut daran tun, richtig handeln
fare male a ...	*hier:* nicht richtig reagieren, einen Fehler machen
coltivare	*hier:* pflegen, betreiben
da tempo	(schon) seit langem

T6

modello	*hier:* Vorbild
eroe *m*, eroina *f*	Held/in
influenzare	beeinflussen
più profondamente	*hier:* am meisten/stärksten
comportamento	Verhalten
contemporaneo/a	zeitgenössisch; Zeitgenosse
quali di essi contịnuano ad essere un modello ancora oggi?	welche von ihnen sind auch heute noch ein Vorbild?
sconosciuto/a	unbekannt; Unbekannte/r
futuro/a	zukünftig
personaggio	Person, Persönlichkeit
col passar del tempo	im Laufe der Zeit, mit der Zeit
essere convinto	überzeugt sein
la penso anch'io così	ich bin derselben Meinung

C2

miliardario	Milliardär; *hier:* Millionär
verosịmile	wahrscheinlich
credịbile	glaubhaft, glaubwürdig
allievo/a	Schüler/in

ESERCIZI 20–22

marinare la scuola	die Schule schwänzen
valore *m*	Wert

LEZIONE 6

T1

su un'ịsola deserta	auf einer einsamen Insel
deserto/a	unbewohnt, menschenleer
appartenente (a)	gehörend (zu)
portare con sé	mitnehmen
contributo	Beitrag
ciascuno, ciascuna	jede/r einzelne
essere legato a qc/qu	an etw/jdm hängen
assolutamente	unbedingt

T2

emozione *f*	Gefühl; Erregung, Aufregung

A

non ce la faccio più	*hier:* ich kann nicht mehr, ich halte es nicht mehr aus
sto così male che mi sembra di impazzire	mir geht's so schlecht, ich glaube, ich drehe noch durch
ma dai, coraggio, non fare così	komm jetzt, laß dich nicht unterkriegen
coraggio	Mut
stato	Zustand, Verfassung
al posto mio	an meiner Stelle
che cosa avresti fatto?	was hättest du gemacht?
io l'avrei mandata al diạvolo	ich hätte sie zum Teufel geschickt
su dai, non pensarci più	ach komm, denk nicht mehr darüber nach

GRAMMATICA 6. 1

consultare	zu Rate ziehen
avvocato	Rechtsanwalt

ESERCIZIO 2

al momento di pagare il conto	als ich bezahlen wollte
conto	Rechnung
mi sono accorto di aver dimenticato il portafoglio	da merkte ich, daß ich meine Brieftasche vergessen hatte
ombra	Schatten; *hier:* (dunkle) Gestalt
essere fuori di sé (da)	außer sich sein (vor)
disoccupato/a	arbeitslos
elefante *m*	Elefant

T2

B

successivo/a	(nach)folgende/r

sì, sì, ci vediamo!	bis bald ... von wegen!
la prossima volta che lo vedo cambio strada	wenn ich ihn das nächste Mal sehe, gehe ich ihm aus dem Weg
cambiare strada	einen anderen Weg einschlagen
quanto mi è antipatico!	so was von unsympathisch!
che pallone gonfiato!	der aufgeblasene Kerl!
e tutti a stargli dietro, dottore di qua, dottore di là ...	und alle laufen ihm nach: Herr Doktor hier, Herr Doktor da ...
e quello si dà ancora più arie	und der spielt sich immer mehr auf
darsi delle arie	sich wichtig machen, sich aufspielen
verità	Wahrheit
commissione *f*	*hier:* Prüfungsausschuß
come paralizzato dalla paura	wie gelähmt vor Angst
tremare	zittern
voce *f*	Stimme
stia tranquillo!	machen Sie sich keine Gedanken/Sorgen!
giocare un brutto scherzo a qu	jdm einen bösen Streich spielen
scherzo	Scherz, Spaß
si calmi	beruhigen Sie sich
calmarsi	sich beruhigen
è una parola	das ist leicht gesagt
lo so che avrei potuto fare meglio	ich weiß, ich hätte es besser machen können
ma no, che dice ...	aber nein, was sagen Sie denn da ...
abbia fiducia!	haben Sie doch Vertrauen!
direttore *m*, **direttrice** *f*	Leiter/in
reparto vendite	Verkaufsabteilung
vendita	Verkauf
caspita!	Donnerwetter!
promozione *f*	*hier:* Beförderung; Aufstieg
non ci posso ancora credere	ich kann es noch gar nicht glauben
mi viene come una stretta allo stomaco a parlarne	ich bekomme Magenkrämpfe, wenn ich darüber rede
stretta	Druck; *hier:* Beklemmung
stomaco	Magen
a dir la verità, ho paura	ehrlich gesagt, ich habe Angst
non so come dire	ich weiß nicht, wie ich sagen soll
sentirsi sotto pressione *f*	sich unter Druck fühlen
ne sono sicuro	da bin ich sicher

ESERCIZIO 3

infastidito/a (da)	genervt (von)
sentirsi giù	niedergeschlagen sein
incoraggiare	ermutigen
insicuro/a	unsicher
trovandovi nei panni di queste persone, voi che cosa direste?	was würden Sie sagen, wenn Sie in der Haut dieser Personen stecken würden?
panno	Tuch, Lappen; *Plur* Wäsche, Kleider
a terra	am Boden; *hier:* fix und fertig, erledigt

GRAMMATICA 6.2

rimanere scioccato	schockiert sein
rimanere bloccato	steckenbleiben
stare tranquillo	ruhig bleiben, sich nicht aufregen

ESERCIZIO 4

programmare	planen
avventuroso/a	abenteuerlich
incertezza	Unsicherheit
tranquillizzare	beruhigen
lasciare	*hier:* verlassen
essere in crisi	sich in einer Krise befinden
crisi *f unv*	Krise
essere abituato (a)	gewöhnt sein (an)
disponibilità (a)	Bereitschaft (zu)

T3

se non mi amassi più	wenn du mich nicht mehr liebtest
interpretata da ...	*hier:* gesungen von ...
se una mattina mi accorgessi che ...	wenn ich eines Morgen merken würde/merkte, daß ...
con l'alba	im Morgengrauen
riempirei di meraviglie la città	*etwa:* ich würde die Stadt in Erstaunen versetzen
riempire (di)	füllen (mit)
meraviglia	Wunder
prendere a fare qc	anfangen, etw zu tun

esistenza	Existenz, Leben
convincersi che ...	*hier:* zu der Überzeugung gelangen, daß ...
posso fare senza (di lui)	es geht auch ohne (ihn)
curiosità	Neugier
bruciare	verbrennen
con nuove convinzioni mi condizionerei	ich würde mir neue Anschauungen zulegen
condizionare	*hier:* beeinflussen
convinzione *f*	Überzeugung
ringiovanire	jünger werden
e comunque ne uscirei	ich würde es jedenfalls schaffen, da herauszukommen
se io capissi che ...	wenn mir klar würde, daß ...
se io ti guardassi ...	wenn ich dich ansehen würde/ansähe ...
dipingere (*PP* dipinto)	(be)malen
di colori	mit Farben
muro	*hier:* Wand
soffitto	(Zimmer-)Decke
quotidianità	Alltag
parlare piano	leise reden
timore *m*	Furcht, Befürchtung
prova	Beweis

ESERCIZI 5–6

ipotesi *f unv*	Annahme, Hypothese
rapporto sentimentale	*hier:* Liebesbeziehung
schema *m*	Schema
precedente	vorige/r
conseguenza	Folge(rung), Konsequenz

ESERCIZIO 8

avere nostalgia di qu	sich nach jdm sehnen
nostalgia	Sehnsucht; Heimweh
abbracciare	umarmen
pazzo/a (di)	verrückt (nach)
ti penso	ich denke an dich
ti amo alla follia	ich liebe dich bis zum Wahnsinn
ti voglio tanto bene	ich habe dich so lieb; ich mag dich so
voler bene a qu	jdn gern haben/mögen/lieben
essere innamorato di qu	in jdn verliebt sein

T4

una serata particolare	ein besonderer Abend
se non avessi mangiato tanto ...	wenn ich nicht so viel gegessen hätte ...
se fossi rimasta a casa non mi sarei annoiata così	wenn ich zu Hause geblieben wäre, hätte ich mich nicht so gelangweilt

ESERCIZI 9–10

senz'altro si aspettavano una serata diversa	sie hatten sich den Abend sicher ganz anders vorgestellt
senz'altro	sicher, bestimmt
aspettarsi	erwarten, sich vorstellen
salvare	retten
pensiero	Gedanken

GRAMMATICA 6.5

mi sento male	mir wird/ist schlecht

C1

brano	Auschnitt
animale domestico	Haustier

ESERCIZI 12–14

attribuire (attribuisco)	zuschreiben
umano/a	menschlich
pesce rosso	Goldfisch
topolino	(kleine) Maus
pappagallo	Papagei
serpente *m*	Schlange
coniglio	Kaninchen
porcellino d'India	Meerschweinchen
cane lupo	Schäferhund
lupo	Wolf
tartaruga	Schildkröte

T5

come ti trovi qui?	wie geht's dir hier?
ehi!	hallo; *hier:* du!
sede *f*	(Firmen-)Sitz, Niederlassung
se lo sapevo prima quasi quasi mi facevo trasferire anch'io	hätte ich das vorher gewußt, hätte ich mich vielleicht auch versetzen lassen
quasi quasi	vielleicht (doch)
farsi trasferire	sich versetzen lassen

è bello quando non si è costretti a dividere una stanza con qu	es ist schön, wenn man nicht gezwungen ist, mit jdm ein Zimmer zu teilen
costringere (*PP* costretto)	zwingen
dividere (*PP* diviso)	teilen
oltretutto	außerdem, auch noch
fumare	rauchen
qui si sta più tranquilli	hier ist man ungestörter, hier hat man mehr Ruhe
sparito!	verschwunden!, wie weggeblasen!
aria condizionata	Klimaanlage
quelle finestre che non si aprono	die Fenster, die nicht aufgehen/die man nicht aufmachen kann
aprirsi	sich öffnen, aufgehen
qui ci si sente un po' isolati	hier fühlt man sich etwas isoliert
isolato/a	isoliert
ci si incontra dappertutto	man trifft sich überall/ständig
per forza	notgedrungen, ist ja klar
quando devi fare una fotocopia	jedesmal, wenn man eine Fotokopie machen muß
stare in fila	Schlange stehen

ESERCIZIO 15

rispetto a	gegenüber, im Vergleich zu

GRAMMATICA 6.6

bisogna stare attenti	man muß aufpassen
bisogna essere prudenti	man muß vorsichtig sein
prudente	vorsichtig
pillola	Tablette, Pille
licenziare	entlassen
dicono/si dice che sia ...	man sagt/es heißt, er soll ...
che film danno al Capitol?	was für ein Film läuft im Capitol?
hanno suonato/bussato	es hat geläutet/geklopft

ESERCIZIO 17

impersonale	unpersönlich
stabilimento	Werk, Fabrik, Betrieb
sentire la mancanza di qu	jdn vermissen
locale *m*	*hier:* Raum
sentirsi a proprio agio	sich wohl fühlen
riguardo a ...	was ... betrifft
orario di lavoro	Arbeitszeit
essere tenuto a ...	verpflichtet sein, müssen
osservare strettamente le regole	die Regeln/Vorschriften streng einhalten

T6

a queste cose ci tengo (*Inf* tenere)	an diesen Sachen hänge ich
conservare	aufheben
fare ordine *f*	Ordnung schaffen

aspetta, fai provare a me	warte, laß mich mal probieren
trucco	Trick
buttare (via)	wegwerfen
scarponi *m Plur*	Wanderschuhe, Bergstiefel; Skistiefel
quelli mi servono per quando vado in montagna	die brauche ich, wenn ich in die Berge gehe
ma se sono rotti, scusa?!	die sind doch kaputt!
rotto/a	kaputt
me li faccio aggiustare	ich lasse sie (mir) reparieren/richten
che ce ne facciamo?	was machen wir damit?
disco	Schallplatte
eh, scherziamo ...	ist das dein Ernst ...?
scherzare	scherzen
ma chi li butta!	nur keine Angst, ich werde sie schon nicht wegwerfen!
bambola	Puppe
quelle le voglio tenere	die will ich behalten
ci sono affezionata	ich hänge an ihnen
essere affezionato a qc	an etw hängen
rovinare	ruinieren, kaputtmachen
accendino	Feuerzeug
deve valere molto	es muß sehr wertvoll sein
valere *irr*	wert sein; gültig sein
in argento	aus Silber
bottone *m*	Knopf
lascia, possono sempre servire	laß, die kann man vielleicht noch brauchen
collana	Halskette
corallo	Koralle
mi ricorda una gita ...	sie erinnert mich an einen Ausflug ...
ricordare qc a qu	jdn an etw erinnern
chiusura	Verschluß
difettoso/a	defekt
fammi vedere	laß mich mal sehen, zeig mal
lascia stare, magari si rompe del tutto	laß es (bleiben), sonst geht sie vielleicht noch ganz kaputt
rompersi (*PP* rotto)	kaputtgehen

orẹfice *m/f*	Goldschmied; Juwelier
elenco telefọnico	Telefonverzeichnis, Telefonbuch
manịa (di)	Manie
edizione *f*	Ausgabe
Divina Commedia	Göttliche Komödie (von Dante Alighieri)
racconto	Erzählung
prestare qc a qu	jdm etw leihen

ESERCIZIO 19

baule *m*	(Übersee-)Koffer; Truhe
pạttino	Schlittschuh
sapone *m*	Seife
profumato/a	duftend, parfümiert
mạcchina fotogrạfica	Fotoapparat
asciugamano	Handtuch
ricamato/a	bestickt
costume *m* **da bagno**	Badeanzug, Badehose
moneta	Münze

GRAMMATICA 6.7

riparare	reparieren
fare/lasciar passare qu	jdn vorbei-, durchlassen
lasciar stare/pẹrdere	(es) sein lassen, bleibenlassen; sich nicht mehr darum kümmern
far aspettare qu	jdn warten lassen
farsi vedere	sich blicken lassen
farsi fare un vestito	sich ein Kleid/einen Anzug machen lassen
farsi prestare qc	sich etw (aus)leihen
far vedere qc a qu	sehen lassen, zeigen
far sapere qc a qu	wissen lassen, Bescheid geben

C2

traversata	Überfahrt
equipaggio	Besatzung
tempesta	Sturm
scialuppa di salvataggio	Rettungsboot
nave *f*	Schiff
terrore *m*	Entsetzen
rotta	Kurs
abbaglio	*hier:* Irrtum, Täuschung

ESERCIZI 23–24

meta	Ziel
sognare qc	von etw träumen, etw erträumen
paesaggio	Landschaft

LEZIONE 7

mille faccende da sbrigare	(es sind) tausend Sachen zu erledigen
faccenda	Angelegenheit
sbrigare	erledigen, besorgen

T1

non mi devo dimenticare di ...	ich darf nicht vergessen, ...
dimenticarsi di qc	etw vergessen
idrạulico	Flaschner
passare in lavanderịa	in die Reinigung gehen
prelevare i soldi	Geld abheben
accertamento di infrazione	Feststellung einer Ordnungswidrigkeit
con allegato c/c postale	mit beigefügtem Zahlschein (*zum Einzahlen auf der Post*)
c/c = conto corrente	Girokonto
polizịa	Polizei
lavasecco	(chemische) Reinigung
ecolọgico/a (*Plur* -ci)	umweltfreundlich
pesare	wiegen; *hier:* lästig sein

T2

Rivalta	*Industrieort bei Turin*
ripartire	*hier:* sich (wieder) auf den Weg machen
girare	herumgehen, herumlaufen
isolato	Häuserblock
pizzicạgnolo	*(veraltet/regional) Wurstwaren-/* Lebensmittelhändler
tabaccaio	Tabakwarenverkäufer; Tabakwarengeschäft
meccạnico	(Auto-)Mechaniker; Werkstatt
elettrạuto	Autoelektriker; Elektrodienst für Fahrzeuge
gommista *m*	Reifenhändler; Reifendienst
recarsi	sich begeben, gehen
le poste	*hier:* Postamt
Porta	*hier:* (Stadt-)Tor
bolletta del gas	Gasrechnung
bolletta della luce	Stromrechnung
ufficio delle imposte	Finanzamt
imposta	Steuer, Abgabe
contributo	Beitrag; *hier:* Abgabe, Gebühr

carabinieri *m Plur*	*Polizei, die zur Armee gehört*
vịgile *m*	Verkehrspolizist
prefettura	Präfektur (*städtische Behörde, die für die öffentliche Ordnung zuständig ist und u.a. Führerscheine ausstellt*)
questura	Polizeipräsidium (*Behörde, die u.a. auch Reisepässe ausstellt*)
anạgrafe *f*	Einwohnermeldeamt
è costretto a perdere mezza giornata	er muß einen halben Tag opfern
fare lunghissime code	endlos anstehen
fare la coda	Schlange stehen, anstehen
dato che	da, weil
mercerịa	Kurzwarengeschäft
calzini	Socken
filo	(Näh-)Faden
cartolerịa	Schreibwarengeschäft
giornalaio	Zeitungsverkäufer; (Zeitungs-)Kiosk
lattaio	Milchhändler; Milchgeschäft
pescivẹndolo	Fischverkäufer; Fischhalle
fruttivẹndolo	Obsthändler; Obst- und Gemüsegeschäft
dentista *m/f*	Zahnarzt
internista *m/f*	Internist
oculista *m/f*	Augenarzt
tubista *m*	Installateur
cardiọlogo	Kardiologe
dermatọlogo	Hautarzt
otoiatra *m/f*	Ohrenarzt
neurọlogo	Neurologe
fare le pulizịe	sauber machen, putzen
farsi la barba	sich rasieren
essere in ritardo	(zu) spät dran sein
ciabattino	*(veraltet/regional)* Schuster
calzolerịa	Schuhgeschäft
pettinarsi	sich kämmen
oltre a dover essere obbedienti, brillanti e ottimisti, bisogna anche essere belli	da muß man nicht nur gefügig, brillant und optimistisch, sondern auch noch schön sein
oltre a	außer, neben; darüber hinaus
obbediente	gehorsam
brillante	brillant
ottimista *m/f*	optimistisch; Optimist

ESERCIZI 1–4

provenire *irr* (da)	(her)kommen, stammen (aus)
raccọgliere *irr*	*hier:* einordnen
voce *f*	*hier:* Stichwort
negozio di alimentari	Lebensmittelgeschäft
sanità	Gesundheit(swesen)
automobilista *m/f*	Autofahrer/in
necessariamente	unbedingt, notgedrungen
a scadenze fisse	zu festen Terminen
scadenza	Fälligkeitsdatum; Termin
fisso/a	fest
quando ce n'è effettivamente bisogno	wenn es tatsächlich notwendig ist
regolarsi	sich verhalten

T3

Tore	*Abkürzung des Names Salvatore*
fa l'ingegnere	er ist Ingenieur
insegnare	lehren, unterrichten
matemạtica	Mathematik
istituto tẹcnico	*Oberschule, ab der 9. Klasse, mit verschiedenen Berufszielen*
studio	*hier:* Büro
c'è ancora qualcosa da sbrigare	es gibt immer noch etwas zu erledigen

risọlvere (*PP* risolto)	*hier:* bewältigen
i problemi domẹstici	Probleme/Arbeiten, die im Haus(halt) anfallen
domẹstico/a	Haus–, häuslich
organizzazione *f*	Organisation
si vede ciò che c'è da fare	man sieht, was zu tun ist
non ci sono orari ben precisi	es gibt keine festen Zeiten
orario	(Uhr-)Zeit
questo o quell'altro	dies oder jenes
a meno che non si tratti (*cong*) di cucinare	sofern es sich nicht ums Kochen handelt / es sei denn, es handelt sich ums Kochen
trattarsi (di)	sich handeln (um)
nelle ore dei pasti	zu den Essenszeiten
pasto	Mahlzeit
c'è da fare pulizịa	man muß putzen
sufficientemente	genügend
sporco/a	schmutzig, dreckig
qualunque ora sia (*cong*)	egal, um welche Zeit

ci sono dei lavoretti da fare	man muß verschiedene Kleinigkeiten im Haushalt erledigen
cosa ne so ...	was weiß ich ...
sistemare	in Ordnung bringen
il rubinetto che perde	der undichte/tropfende Wasserhahn
non c'è problema	kein Problem!
prestabilito/a	(vorher) festgesetzt
calendario	Kalender; *hier:* Plan
si cerca di evitare che i lavori si accumulino (*cong*)	man versucht zu vermeiden, daß sich die Hausarbeit anhäuft
accumularsi	sich anhäufen
mole *f*	Umfang; *hier:* Menge
... perché hai da lavorare fuori, insomma	... weil man schließlich auch noch außer Haus arbeiten muß
dividersi i compiti	die Aufgaben untereinander aufteilen
compito	Aufgabe
esattamente!	genau!
divisione *f*	Aufteilung
riuscire male (a qu)	mißlingen
intossicazione *f*	Vergiftung
l'uovo fritto	Spiegelei
faccende burocratiche	Angelegenheiten, die man auf Ämtern/Behörden erledigen muß
burocratico/a (*Plur* –ci)	bürokratisch
fare quattro chiacchiere	sich unterhalten
nell'attesa	beim Warten
e così via	und so weiter

ESERCIZIO 5

termine *m*	*hier:* Wort, Bezeichnung
definire (definisco)	beschreiben, definieren
definizione *f*	*hier:* Bezeichnung
... basandovi sulle sue affermazioni	... aufgrund seiner Aussagen
casalingo/a	häuslich
indaffarato/a	vielbeschäftigt
abitudinario/a	Gewohnheitsmensch
pigro/a	faul
autonomo/a	selbständig, unabhängig
disorganizzato/a	chaotisch
efficiente	tüchtig

GRAMMATICA 7.1

un sacco di biancheria	ein Haufen/eine Menge Wäsche
stirare	bügeln

ESERCIZIO 7

nella maggior parte dei casi	meistens
la maggior parte	der größte Teil
maggiore	größer

T4

in officina	in der Werkstatt
con questo caldo preferirei essere al mare	bei dieser Hitze wäre ich lieber am Meer
altro che mare ...!	von wegen Meer ...!
ahiahiahi!	oje! oje!
dipende	das kommt darauf an
cos'è che non va?	was ist denn nicht in Ordnung?
intanto c'è l'olio che va cambiato	da muß zunächst einmal das Öl gewechselt werden
io continuo a rimandare	ich verschiebe es ständig
è ora (di)	es ist Zeit
come se qui sotto sbattesse qualcosa	*etwa:* als ob sich hier unten etwas gelöst hätte
come se (*+ cong imperfetto*)	als ob
sbattere	schlagen
la macchina ha preso qualche colpo?	hat das Auto etwa ein paar Stöße abbekommen?
dove vuole che abbia preso colpi?	wo soll es denn Stöße abbekommen haben?
non è che per caso ...?	kann es sein, daß .../sind Sie vielleicht ...?
strada bianca	*Straße, die nicht asphaltiert ist*
chi ce l'ha il tempo di ...?	wer hat denn schon die Zeit ...?
avanti e indietro	*hier:* hin und zurück
tutto lì	das ist alles
Lei lo sa che io la mia macchina l'ho sempre trattata bene	Sie wissen genau, daß ich mein Auto immer gut behandelt habe
trattare	behandeln
quand'è che è stata controllata l'ultima volta?	wann ist es denn zum letzen Mal durchgesehen worden?
controllare	überprüfen, kontrollieren
è scritto da qualche parte qui ...	es steht hier irgendwo (geschrieben)
da qualche parte	irgendwo
di sicuro	bestimmt
qui la data è stata scritta proprio da Lei	das Datum haben Sie selber eingetragen

è stato Lei a fare il controllo	Sie (*betont*) haben die Inspektion gemacht
grossi problemi	große Probleme/ Schwierigkeiten
grosso/a	groß, gewaltig
forse sono le candele che vanno sostituite	vielleicht müssen die Zündkerzen ersetzt werden
candela	(Zünd-)Kerze
sostituire (sostituisco)	ersetzen
il fatto è che ...	*hier:* das Problem ist, daß ...
andare in ferie	in Urlaub fahren
se Lei riuscisse a farmi una bella messa a punto	wenn Sie alles gründlich durchsehen könnten
messa a punto	Einstellung, Regulieren
un pochino	ein bißchen
me la lascia subito ...?	lassen Sie es mir gleich da ...?
riportare	(wieder) bringen

ESERCIZI 8–9

diretto/a	direkt
lẹggere fra le righe	zwischen den Zeilen lesen
atteggiamento	Verhalten, Einstellung
con alcuni esempi tratti dal testo	mit Beispielen aus dem Text

GRAMMATICA 7. 2

tailleur [ta'jœ:r] *m*	Kostüm
le mạniche vanno accorciate	die Ärmel müssen gekürzt werden
mạnica	Ärmel
accorciare	kürzen
la gonna va ristretta (*Inf* restrịngere)	der Rock muß enger gemacht werden
per il resto	*hier:* sonst

ESERCIZI 11–12

gomma	Gummi; *hier:* Reifen
che cos'altro va fatto?	was muß sonst noch gemacht werden?
fanalino	Rücklicht
portiera	Autotür
parabrezza *m*	Windschutzscheibe
tergicristalli *m Plur*	Scheibenwischer
motore *m*	Motor
paraurti *m*	Stoßstange
intervento	Eingriff, Eingreifen; *hier:* Hilfe
urgente	dringend
artigiano	Handwerker
elettricista *m*	Elektriker
esponete il vostro problema (*Inf* esporre)	schildern Sie Ihr Problem

C1

servirsi di strumenti tecnolọgici	technische Geräte benutzen
obbedire (obbedisco)	gehorchen
comando	Befehl
talvolta	ab und zu
operazioni consentite	*etwa:* zulässige/mögliche (Geschäfts-)Vorgänge
saldo	Kontostand
prelievo	Abhebung
lista movimenti	Kontobewegungen; Kontoauszug
nụmero di cọdice *m*	Geheimzahl
ritirare	*hier:* abheben
tẹssera	Ausweis; *hier:* (Bancomat-)Karte
inserire (inserisco)	hineinstecken; (*Karte*) eingeben
componga questo numero (*Inf* comporre)	geben Sie diese Nummer ein

ESERCIZI 13–15

aspettarsi qc da qu	etw von jdm erwarten
ottenere *irr*	erhalten
farsi un'idea di qc/qu	sich eine Vorstellung von etw/jdm machen
tịpico/a (*Plur* -ci)	typisch
linguaggio	(Fach-)Sprache
bancario/a	Bank-
precise operazioni	bestimmte (Bank-)Geschäfte
individuare	erkennen

T5

quando si dice "l'organizzazione" ...	*etwa:* "Organisation ist alles!"
La chiave? Io pensavo che l'avessi presa tu l'ultima volta!	Den Schlüssel? Ich dachte, du hättest ihn letztes Mal mitgenommen!
Il caffè non l'ho comprato. Credevo che ce ne fossero ancora due pacchetti.	Kaffee habe ich nicht gekauft. Ich dachte, es wären noch zwei Packungen hier.
pacchetto	*hier:* Packung
domattina	morgen früh
accidenti!	verflixt!
quaderno	Heft

Non eravamo d'accordo che stavolta alle tue cose ci avresti pensato tu?	Hatten wir nicht ausgemacht, daß du dich diesmal selbst um deine Sachen kümmern würdest?
stavolta	diesmal

GRAMMATICA 7.4

restituire (restituisco)	zurückgeben

ESERCIZIO 19

in sospeso ...	in der Schwebe; *hier:* angefangen (und nicht zu Ende geführt)
durante il viaggio di andata	bei der Hinfahrt
corrente *f*	Strom
staccare	ausschalten, abstellen
pentola	Topf
minestrone *m*	Gemüsesuppe
pronto per partire	reisefertig
Insomma, aspetta! Abbi un po' di pazienza!	Nun warte doch mal! Sei nicht so ungeduldig!
tentare (di)	versuchen
sollevare	aufheben
zaino	Rucksack
pesante	schwer

T6

scontento/a	unzufrieden
Trezzo sull'Adda (Mi)	*kleine Stadt in der Nähe von Mailand*
direzione generale *f*	Generaldirektion, Geschäftsleitung
compagnia	*hier:* (Flug-)Gesellschaft
Egregi Signori ...	Sehr geehrte Damen und Herren ...
da Voi	von Ihnen
chiarimento	Erklärung
un episodio accaduto all'aereoporto di ...	ein Vorfall, der sich am Flughafen ... ereignet hat
Linate	*Mailänder Flughafen für In- und Auslandflüge (Europa)*
in data 18 giugno 1994	am 18. Juni 1994
la ditta per la quale lavoro ...	die Firma, bei der ich arbeite ...
prenotare	*hier:* buchen
con più di un mese di anticipo	mehr als einen Monat im voraus
presentarsi	*hier:* erscheinen
ritirare il biglietto	das Ticket abholen
prepagato/a	(bereits) bezahlt
sebbene mancasse ancora un'ora e mezzo al momento dell'imbarco	obwohl es noch anderthalb Stunden waren, bis es Zeit war, an Bord zu gehen
imbarco	Einschiffung; (*Flugzeug*) an Bord gehen
mi sono sentita dire che il volo era ormai completo ...	ich mußte hören, daß der Flug schon ausgebucht war
sentirsi dire	hören müssen
ormai	*hier:* schon, bereits
completo/a	*hier:* ausgebucht
... e che sarei potuta partire per Bruxelles solo con il volo delle 8.35	... und daß ich erst mit der Maschine um 8.35 nach Brüssel fliegen könnte
solo	*hier:* erst
l'indomani	der darauffolgende Tag, am darauffolgenden Tag
arrivo	Ankunft
nonostante io abbia fatto presente che ...	obwohl ich darauf hingewiesen hatte, daß ...
far presente qc	auf etw hinweisen
inderogabile	unumgänglich, unaufschiebbar
... che sarei dovuta arrivare entro le 9.00 dell'indomani	... daß ich am darauffolgenden Tag bis spätestens um 9.00 Uhr ankommen müßte
entro	bis (spätestens)
limitarsi (a)	sich beschränken (auf)
una soluzione alternativa	Alternative
alternativo/a	alternativ
pronto/a (a)	bereit (zu)
risarcire (risarcisco)	entschädigen
subito	*PP von* subire
subire (subisco)	(*Schaden*) erleiden
le condizioni che mi venivano imposte	die Bedingungen, die mir auferlegt wurden
condizione *f*	Bedingung
imporre *irr*	auferlegen
scusa	Entschuldigung
risarcimento	Entschädigung
finanziario/a	finanziell
ora però sarei lieta di avere da Voi ...	*etwa:* ich wäre Ihnen nun allerdings dankbar, wenn ich von Ihnen ... bekäme

LEZIONE 7

lieto/a	erfreut, froh
spiegazione *f*	Erklärung
nonostante la regolare prenotazione	trotz der regulären Buchung
presso una Vostra agenzịa	bei einer Ihrer Verkaufsstellen
risultare	sich erweisen (als)
disponịbile	verfügbar, frei
al momento della partenza	zum Zeitpunkt des Abflugs
questo rientra nella normalità?	ist das der Normalfall?
rientrare	*hier:* hinein-/dazugehören
rapidamente	schnell
rạpido/a	schnell
in orario	planmäßig, pünktlich
rinunciare (a)	verzichten (auf)
con largo antịcipo	schon lange vorher
gradẹvole	angenehm
capire male	mißverstehen, falsch verstehen
una Vostra risposta	eine Antwort von Ihnen
Vi porgo distinti saluti	*hier:* Hochachtungsvoll
pọrgere	reichen; bieten

ESERCIZIO 22

dirigente *m/f*	leitende/r Angestellte/r
accaduto	Vorfall

GRAMMATICA 7.5–6

benché avesse ragione ha perso il processo	obwohl er im Recht war, verlor er den Prozeß
malgrado avesse ragione	obwohl er im Recht war
pur avendo ragione	obwohl er im Recht war
malgrado la nebbia	trotz des Nebels
nonostante le mie proteste	trotz meines Protestes/ obwohl ich mich beschwerte
rifiutarsi (di)	sich weigern
lista d'attesa	Warteliste
sfortuna	Pech; Unglück
esco con chi mi pare	ich gehe aus, mit wem ich will
salvarsi	sich retten

ESERCIZI 24–25

raccomandare	*hier:* empfehlen
lamentela	Beschwerde
utente *m/f*	Benutzer
puntuale	pünktlich
lasciare a desiderare	zu wünschen übriglassen
tọgliersi *irr* **la cravatta**	die Krawatte ablegen
tentativo	Versuch
mancato/a	fehlgeschlagen, nicht erfolgt
lẹttera di protesta	Beschwerdebrief

C2

darsi da fare	sich bemühen
aspettativa	Erwartung
affrontare un problema	ein Problem in Angriff nehmen
condivisione *f*	*hier:* Mitwohngelegenheit
tutto incluso	alles inklusive; *hier:* (*Miete*) warm
monolocale *m*	Einzimmerwohnung
immondizia	Müll
accasato/a	verheiratet
affittare	vermieten
al Goethe	am Goethe-Institut
essere referenziato/a	Referenzen vorweisen können

ESERCIZIO 27

estraneo/a	fremd

LEZIONE 8

fatica	Anstrengung, Mühe
riprendere fiato	aufatmen
fiato	Atem
riflessione *f*	Überlegung, Nachdenken

1.

a pensarci bene ...	*etwa:* wenn man es sich genau überlegt ...
far parlare	zum Sprechen bringen
una struttura grammaticale da ripẹtere	eine grammatikalische Struktur, die man wiederholen muß

2.

cattivo/a	schlecht; böse
casetta	Häuschen
suffisso	Suffix, Nachsilbe
rendere l'idẹa di ...	die Vorstellung von ... wiedergeben/ausdrücken
scatolone *m*	große Schachtel, Karton
giaccone *m*	dicke Jacke

foglietto	Zettel
ragazzino	kleiner Junge
giornataccia	schlechter Tag
tempaccio	schlechtes Wetter
trappola	Falle
torrone *m*	*weißer Nougat mit Mandeln*
torre *f*	Turm
pallone *m*	*hier:* Luftballon
magazzino	Lager
portone *m*	Tür *(am Haupteingang eines größeren Gebäudes)*
finestrino	(Auto-)Fenster
(un) pezzettino	(ein) kleines bißchen
gabinetto	Kabinett; Toilette
figuraccia	Blamage
uccellino	Vögelchen
uccello	Vogel
postino	Briefträger
borsetta	kleine (Hand-)Tasche
lavoraccio	harte Arbeit, Knochenarbeit
pedone *m*	Fußgänger
fazzoletto	Taschentuch
nuvolone *m*	dicke Wolke
orecchini *m Plur*	Ohrringe
ombrellone *m*	Sonnenschirm
nuvolaccia	dunkle Wolke, Regenwolke
periodaccio	schwierige Zeit
leggermente	leicht
rotondetto/a	rundlich
magrolino/a	ziemlich dünn
giallino/a	gelblich
indovina indovinello	*etwa:* rate mal!
indovinello	Rätsel
nominare	nennen

3.

animale *m*	Tier
pittogramma *m*	Piktogramm
illustrare	*hier:* erläutern
argomento	*hier:* Thema
una qualsiasi risposta	irgendeine Antwort
in modo appropriato	passend, richtig
dopo tocca all'altro gruppo	dann ist die andere Gruppe an der Reihe
i temi rimasti	die übriggebliebenen/restlichen Themen

4.

in cerca d'autore	auf der Suche nach einem Autor *(Anspielung auf Pirandellos Stück "Sei personaggi in cerca d'autore")*
essere coinvolto	miteinbezogen/beteiligt sein
scrittura	Schreiben
storia	Geschichte
letteratura	Literatur
raccogliere	*hier:* (ein)sammeln
dopo che sono stati corretti (*Inf* correggere)	nachdem sie korrigiert worden sind
fotocopiare	fotokopieren
rilegare	*(Buch)* binden
scrittore *m*, scrittrice *f*	Schriftsteller/in
torinese	aus Turin
bambinaccia	böses Mädchen
in modo insolito	in ungewöhnlicher Weise
celebre	berühmt
risultare	*hier:* wirken
a corte	am Hofe
pretendere	verlangen
unguento	parfümierte Salbe
profumo	Parfüm
di ogni sorta	aller Art
ritinto/a	gefärbt; *hier:* angemalt
pozione colorante	Färbemittel
pozione *f*	Heiltrank; Zaubertrank
mummificatore *m*	Einbalsamierer
scommettere (*PP* scommesso)	wetten
soldo	Pfennig, Heller, Groschen
veleno	Gift
nutrice	Amme
i romani	die Römer
incantare	bezaubern
provinciale	provinziell; Provinzler
sarebbe finita ai coccodrilli	sie hätte bei den Krokodilen geendet
dalle nostre parti	(hier) bei uns
letterario/a	literarisch
se non pretendete troppo da voi	wenn Sie nicht zuviel von sich verlangen

LEZIONE 9

ritmi di vita Lebensrhythmen
ritmo Rhythmus

T1

ciclo Zyklus, Kreislauf
stagione *f* Jahreszeit
incidere (su) (*PP* inciso) sich auswirken (auf)

T2

raccogliere *irr* (*PP* raccolto) (*Obst*) pflücken; ernten; sammeln
mandarino Mandarine
che spettacolo! was für ein Anblick! ist das schön!
varietà *hier:* Sorte, Art
chimico/a (*Plur* –ci) chemisch
da noi non si sono mai usati prodotti chimici bei uns hat man nie chemische Mittel verwendet
antiparassitari *m Plur* Schädlingsbekämpfungsmittel, Pflanzenschutzmittel
tieni, assaggiane uno hier (nimm), probier mal eine
assaggiare kosten, probieren
certo che siete fortunati ihr könnt von Glück sagen!
essere fortunato/a Glück haben
praticamente praktisch
in questo periodo in dieser (Jahres-)Zeit
non cresce un bel niente da wächst gar nichts
lavoraccio Heidenarbeit, Knochenarbeit
finché si sono potati gli alberi ... bis man die Bäume geschnitten hat ...
finché bis
potare schneiden, stutzen
albero Baum
finché si sono tolte le erbacce ... bis man das Unkraut gejätet hat ...
togliere *irr* (*PP* tolto) wegnehmen, abnehmen, entfernen
erba Kraut; Gras
seminare säen
pianta Pflanze
concimare düngen
non c'è nessuno che lo aiuti? gibt es niemand, der ihm hilft?
giardiniere *m* Gärtner
occuparsi (di) *hier:* sich kümmern (um)
fiorire (fiorisce) blühen

ESERCIZIO 1

regione *f* Region
meravigliarsi (di) sich wundern, erstaunt sein (über)

ESERCIZI 2–3

orto Gemüsegarten
frutteto Obstgarten
magnolia Magnolie
oleandro Oleander
ortensia Hortensie
geranio Geranie
margherita Margerite
siepe *f* Hecke
cespuglio Busch
prato Wiese; *hier:* Rasen
pergolato Pergola; Laube
albero da frutta Obstbaum
melo Apfelbaum
ciliegio Kirschbaum
ramo Zweig
foglie secche dürres Laub
foglia Blatt
secco/a trocken; *hier:* dürr
inserire (inserisco) einsetzen
dalle nostre parti (hier) bei uns, in unserer Gegend

GRAMMATICA 9.1–2

registrare verzeichnen; *hier:* feststellen
aumento Zunahme; Erhöhung
produzione *f* Erzeugung, Produktion
calo Rückgang, Abnahme
maltempo Unwetter
cogliere *irr* pflücken; erfassen
accogliere *irr* aufnehmen, empfangen
sciogliere *irr* lösen, losmachen
contenere *irr* enthalten
ottenere *irr* erhalten, bekommen
sedersi *irr* sich (hin)setzen
possedere *irr* besitzen

ESERCIZIO 4

passato/a vergangen, vorig
attuale derzeitig, jetzig
frutti *m Plur* Früchte; Obst

quali piante sono fiorite?	welche Pflanzen haben geblüht?
essere in fiore	blühen

C1

deserto	Wüste
climatico/a (*Plur* -ci)	klimatisch, Klima-
estremo/a	extrem
richiedere	erfordern, verlangen
notevole	beträchtlich
capacità	Fähigkeit
adattamento	Anpassung
popolo	Volk
nomade	nomadisch, Nomaden-
migrare	wandern, (umher)ziehen
oasi *f*	Oase
attraversare	durchqueren
carovana	Karawane

ESERCIZI 5–6

Quali fattori naturali condizionano la vita dei Tuareg?	Welche natürlichen Faktoren bestimmen das Leben der Tuareg?
spostamento	(Fort-) Bewegung; *hier etwa:* Wanderung
provare l'esperienza di ...	die Erfahrung machen ...

T3

in 5 minuti sono a casa, al massimo 10 quando c'è traffico	ich bin in 5 Minuten zu Hause, in höchstens 10, wenn viel Verkehr ist
ammirare	bewundern
caotico/a (*Plur* -ci)	chaotisch
hai l'impressione di essere costretto/a a correre	man meint, man müsse ständig rennen
a poco a poco	langsam, allmählich
faticoso/a	anstrengend, mühsam
puzza	Gestank
aria	Luft
puzzare	stinken
te lo becchi	du kriegst ihn zu spüren
beccare	(auf)picken; (ab)kriegen
alle ore di punta	in der Hauptverkehrszeit
non ho scelta	ich habe keine Wahl
è dovuto al mio lavoro	es ist durch meinen Beruf bedingt
è dovuto al fatto che non ho figli	es ist dadurch bedingt, daß ich keine Kinder habe
privilegiato/a	privilegiert
regolarmente	regelmäßig
contribuire a qc (contribuisco)	zu etw beitragen
incominciare (a)	anfangen (zu)
effettivamente	tatsächlich
ad un orario regolare	zu regelmäßigen/ bestimmten Zeiten
è la cosa migliore	es ist das beste
non combinare nulla	nichts zustande bringen, zu nichts kommen
non è che a me non piaccia	es ist nicht so/das heißt nicht, daß es mir nicht gefällt
tutto sommato	alles in allem
io faccio una vita calma	ich führe ein ruhiges Leben
non è che io non faccia niente	es ist nicht so/das heißt nicht, daß ich nichts tue
... pur avendo questo ritmo regolato	... obwohl ich diesen regelmäßigen Rhythmus/ Tagesablauf habe
ciascuno fa quello che vuole	jeder macht, was er will
sta nella sua stanza a leggere	er bleibt in seinem Zimmer und liest
balletto	Ballett
ognuno fa quello che vuole	jeder macht, was er will
in fin dei conti	letztendlich
spaventare	erschrecken
adattarsi alle condizioni	sich den Umständen anpassen

ESERCIZIO 9

influire su qc/qu (influisce)	etw/jdn beeinflussen

GRAMMATICA 9.3

aver torto	unrecht haben
ciò non toglie che ...	das schließt nicht aus, daß ..., trotzdem ...
in qualunque modo	wie auch immer, egal wie
qualsiasi cosa	was auch immer
qualunque cosa	was auch immer
chiunque	wer auch immer
dovunque	wo(hin) auch immer

T4

questione *f*	(Streit-)Frage
sull'orlo di una crisi di nervi	am Rande eines Nervenzusammenbruchs
fare fatica (a)	Mühe haben, sich schwertun
intenso/a	intensiv; *hier:* hektisch

riguardare	betreffen
la donna in carriera	Karrierefrau
operaio/a	Arbeiter/in
manager	Manager
anziano/a	älter; älterer Mensch
mentre	während, hingegen
altre vengono travolte dall'ansia	andere werden von Angst gepackt/geraten in Panik
travolgere (*PP* travolto)	fortreißen
ansia	Angst
procurare	verursachen
innamoramento	Verliebtheit
cambiamento	Veränderung
dare agitazione *f*	Aufregung/Unruhe verursachen
ambientale	Umwelt-
determinare	auslösen, verursachen
traffico cittadino	Stadtverkehr
l'aria inquinata	die verschmutzte/verpestete Luft
le condizioni esterne cui siamo sottoposti quotidianamente	die Gegebenheiten um uns herum, denen wir tagtäglich ausgesetzt sind
sottoporre *irr* (*PP* sottoposto)	unterwerfen; aussetzen
è la società stessa che impone ritmi serrati	die Gesellschaft selbst zwingt zur Hektik
imporre *irr* (*PP* imposto)	auferlegen
serrato/a	gedrängt; rasch
siamo bombardati da ...	wir werden von ... bombardiert
bombardare	bombardieren
regola	Regel
come difendersi?	wie kann man sich verteidigen/schützen?
difendersi (da)	sich verteidigen (gegen)

ESERCIZIO 10

causa	Ursache
stressante	stressig

GRAMMATICA 9.5–6

il Comune finanzia il progetto	die Stadt/Gemeinde finanziert das Projekt
il progetto viene/è finanziato dal Comune	das Projekt wird von der Stadt/Gemeinde finanziert
finanziare	finanzieren
straordinari *m Plur*	Überstunden
retribuire (retribuisco)	bezahlen, vergüten
porre *irr* (*PP* posto)	setzen, stellen, legen
esporre *irr* (*PP* esposto)	ausstellen
tradurre *irr* (*PP* tradotto)	übersetzen
introdurre *irr* (*PP* introdotto)	einführen
condurre *irr* (*PP* condotto)	führen
ridurre *irr* (*PP* ridotto)	reduzieren

ESERCIZIO 12

svegliare	wecken
spesso siamo noi stessi ad imporcele	oft erlegen wir sie uns selbst auf

ESERCIZIO 13

leccese	*hier:* in der Gegend von Lecce (*Stadt in Apulien*)
per iniziativa di ...	auf Initiative/Veranlassung von ...
azienda agrituristica	Ferienbauernhof
agriturismo	Ferien auf den Bauernhof
... il cui ottimo ristorante è diventato meta dei buongustai	... dessen hervorragendes Restaurant Ziel der Feinschmecker geworden ist
meta	Ziel
buongustaio	Feinschmecker

T5

quando il ritmo s'interrompe	wenn der Rhythmus unterbrochen wird
interrompersi (*PP* interrotto)	abbrechen, aussetzen
disagi *m Plur*	*hier:* Schwierigkeiten
bloccare	blockieren
blackout *m*	Blackout, totaler Stromausfall
l'interruzione è stata provocata da ...	die Unterbrechung wurde verursacht von ...
guasti a catena	Verkettung/Kettenreaktion von Störfällen
guasto	Schaden, Störung; Panne
essere impossibilitato/a (a)	verhindert sein, nicht können
effetto	Auswirkung
in corsa	während der Fahrt
sorprendere (*PP* sorpreso)	überraschen; erwischen
percorrere un tunnel	einen Tunnel durchfahren
in trappola	in der Falle, gefangen
centinaia di clienti	Hunderte von Kunden
un centinaio (*Plur* centinaia *f*)	etwa hundert
liberare	befreien
porta automatica	selbstschließende/automatische Tür
automatico/a (*Plur* –ci)	automatisch

rischiạvano di morire per asfissịa	sie liefen Gefahr zu ersticken
rischiare	riskieren, aufs Spiel setzen; Gefahr laufen
asfissịa	Ersticken
vịgili del fuoco	Feuerwehr
fuoco	Feuer
tempestare	bestürmen
migliaia di telefonate	Tausende von Anrufen
un migliaio (*Plur* migliaia *f*)	etwa tausend
in tilt	*hier:* zusammengebrochen
andare in tilt	ausrasten, ausflippen
fuori uso	außer Betrieb; *hier:* ausgefallen
mezzi pụbblici	öffentliche Verkehrsmittel
paralizzato/a	gelähmt; *hier:* lahmgelegt
decine di ospedali	zahlreiche Krankenhäuser
una decina	etwa zehn
in emergenza	im Notstand
emergenza	Notfall

GRAMMATICA 9.8

una ventina	etwa zwanzig
una trentina	etwa dreißig
una dozzina	ein Dutzend
una quindicina di giorni	etwa 2 Wochen
un terzo	ein Drittel
un quarto	ein Viertel
un quinto	ein Fünftel
un centẹsimo	ein Hundertstel
l'uno per cento	ein Prozent
il trenta per cento	30%
a centinaia	zu Hunderten

ESERCIZI 16–17

tra l'altro	unter anderem
stralcio	Abschnitt
abbellire (abbellisco)	verschönern, schmücken
montare	*hier:* aufbauen, aufstellen
chiụdere al trạffico	für den Verkehr sperren
facciata	Fassade
lampadina	Glühbirne; *hier:* Lämpchen
colorato/a	bunt
illuminare	beleuchten
lavoretti	*hier:* Bastelarbeiten
funivịa	Seilbahn
costruire (costruisco)	bauen
il mio fratellino	mein kleiner Bruder
stạrsene a ...	*hier:* (da)sitzen und ...
preparativi *m Plur*	Vorbereitungen
manifestazione *f*	Veranstaltung
abituale	gewohnt, gewöhnlich
trasferimento	Versetzung

C2

Jovanotti	*Rapsänger und Liedermacher*
sbadiglio	Gähnen
casino	Lärm; Durcheinander
legge *f*	Gesetz
governo	Regierung
barista *m*	*die Bedienung in einer Bar*
spacciatore *m*	Dealer
puttana	Nutte
poliziotto	Polizist
guaio	Unglück; Ärger
padrone *m*	Besitzer
spogliarellista	Stripteasetänzerin
metronotte *m*	Nachtwächter
ladro	Dieb
fornaio	Bäcker
pasticciere *m*	Konditor
beccare	*hier:* abschleppen
strega	Hexe
cornetto	Croissant, Hörnchen
quando sorge il sole	wenn die Sonne aufgeht
sapere in anteprima	im voraus/als erster erfahren
mi piace un sacco	es gefällt mir unheimlich
deejay	Disk-Jockey

ESERCIZIO 19

gestire (gestisco)	*hier:* einteilen
come vi pare	wie es Ihnen gefällt

LEZIONE 10

aquilone *m*	Drachen
le persone che sono ritratte (*Inf* ritrarre)	die abgebildeten Personen
avere qc in comune	etw gemeinsam haben
commentare	kommentieren

T2

il Novecento	das 20. Jahrhundert
mi pare un sẹcolo	*etwa:* es scheint mir eine Ewigkeit her (zu sein)

sẹcolo	Jahrhundert
ritratto	Porträt
voce *f*	*hier:* Äußerung
la cui data di nạscita non va oltre il 1920	deren Geburtsdatum nicht weiter als 1920 zurückliegt
il/la cui, i/le cui	dessen, deren
andare oltre	weitergehen; überschreiten
il ventẹsimo sẹcolo	das 20. Jahrhundert
trarre (*PP* tratto)	(heraus)ziehen; entnehmen
Menuhin:	
caratterizzare	charakterisieren, beschreiben
suscitare	*hier:* wecken
umanità	Menschheit
cancellare	(aus)löschen; streichen; *hier:* zunichte machen
illusione *f*	Illusion
ideale *m*	Ideal
peccato	Sünde
natura	Natur
vendicarsi	sich rächen
ristabilire (ristabilisco)	wiederherstellen
tirarsi addosso	auf sich ziehen, sich zuziehen
addosso	am/auf den Leib; bei sich
minaccia	Drohung
annientamento	Vernichtung
annientare	vernichten
distrụggere (*PP* distrutto)	zerstören
specie *f*	(*Tiere, Pflanzen*) Art, Spezies
intero/a	ganz, vollständig
animale *m*	Tier
etnịa	ethnische Gruppe, Volk
pessimista *m/f*	pessimistisch; Pessimist
finché ho un cọmpito da svọlgere	solange ich eine Aufgabe zu erfüllen habe
tentare	versuchen
Levi Montalcini:	
genocidio	Völkermord
sterminio	Ausrottung, Vernichtung
serenità	Heiterkeit; Ausgeglichenheit
inquietụdine *f*	Unruhe; Besorgnis
nel 900	im 20. Jahrhundert
rivoluzione *f*	Revolution
emẹrgere (*PP* emerso)	auftauchen; emporkommen

quarto stato	vierter Stand (Arbeiter, Bauern; das Volk)
repressione *f*	Unterdrückung
venire alla ribalta	in den Vordergrund treten
ribalta	(*Theater*) Rampe
cosciente (di)	bewußt
valore *m*	Wert
lottare	kämpfen
manifestare	zeigen
scienziato/a	Wissenschaftler/in
Giulini:	
guerra mondiale	Weltkrieg
fascismo	Faschismus
nazismo	Nazismus
preminente	herausragend, vorrangig
progresso	Fortschritt
tecnico/a (*Plur* –ci)	technisch
salto	Sprung
enorme	enorm
mio padre ha girato la chiavetta e si è accesa la luce	mein Vater drehte den Schalter und das Licht war an
accẹndersi (*PP* acceso)	brennen, (*Licht*) angehen
accẹndere	anzünden, einschalten, anmachen
stupore *m*	Erstaunen, Verblüffung
direttore d'orchestra	Dirigent
Giroud:	
paragonare	vergleichen
idẹa	*hier:* Vorstellung
essere fondato/a (su)	sich gründen, beruhen (auf)
animare	beseelen; bewegen
dissọlversi (*PP* dissolto)	sich auflösen
lạcrima	Träne
terrore *m*	Entsetzen, Schrecken
sạngue *m*	Blut
rifiutare	ablehnen
fantạstico/a (*Plur* –ci)	fantastisch
di cui questo sẹcolo è stato il teatro	der in diesem Jahrhundert stattgefunden hat
per quanto riesce ad esprịmere del genio umano	weil er viel an menschlichem Genie zum Ausdruck gebracht hat
genio	Genie
umano/a	menschlich; human
attraverso	durch
trạgico/a (*Plur* –ci)	tragisch
compreso/a	eingeschlossen, einschließlich

sistema *m*	System
soviẹtico/a	sowjetisch
persino/perfino	sogar
sociale	gesellschaftlich, sozial
coincịdere (*PP* coinciso)	übereinstimmen
lezione *f*	*hier:* Lehre

ESERCIZI 1–2

aspetto	Aspekt
testimonianza	(Zeugen-)Aussage

GRAMMATICA 10.1–2

pittore *m*, **pittrice** *f*	Maler/in
il VII sẹcolo a. C. (avanti Cristo)	das siebte Jahrhundert v. Chr.
essere sulla bocca di tutti	in aller Munde sein
integrità	Integrität
mẹrito	Verdienst
incontestato/a	unbestritten
scoperta	Entdeckung
regista *m/f*	Regisseur/in

T3

siamo cambiati/e	wir haben uns verändert, wir sind anders geworden
resoconto	Bericht
attenti! attente!	Achtung!
ci rimẹttono ai fornelli	sie stellen uns wieder in die Küche
rimẹttere	wieder (hin)stellen
fornello	Herd(platte)
la generale crisi economọmica	die allgemeine Wirtschaftskrise
generale	allgemein
economọmico/a (*Plur* –ci)	wirtschaftlich
sono le prime a pẹrdere il posto	sie verlieren als erste ihre Stelle/ihren Arbeitsplatz
in parlamento	im Parlament
seggio	(Parlaments-)Sitz
sono sempre più colpite dalle violenze	sie werden zunehmend Opfer von Gewalttaten
colpire (colpisco)	treffen; schlagen
violenza	Gewalt; Gewalttat
ritorno (a)	Rückkehr (zu)
morale *f*	Moral
tradizionale	traditionell
mẹttere in discussione	in Frage stellen
aborto	Abtreibung
contraccezione *f*	Empfängnisverhütung
divorzio	Scheidung
e che dire di ...?	*hier:* ganz zu schweigen von ...
serpeggiare	schlängeln; *hier:* umgehen, sich verbreiten
nei rapporti tra i sessi	zwischen den Geschlechtern
decennio	Jahrzehnt
vittoria	Sieg
conquista	Eroberung; *hier:* Errungenschaft
femminile	weiblich; *hier:* der Frauen
essere in perịcolo	in Gefahr sein
tabella	Tabelle
condizione *f*	Lage, Stand
radicalmente	von Grund auf
conquistare	erobern; *hier:* erringen
diritto di voto	Wahlrecht
approvata la legge che tutela le donne lavoratrici e madri	Verabschiedung des Gesetzes, das berufstätige Mütter schützt
approvare	*hier:* verabschieden, beschließen
legge *f*	Gesetz
tutelare	schützen
lavoratore *m*, **lavoratrice** *f*	arbeitend, berufstätig; Arbeiter/in
causa di licenziamento	Kündigungsgrund
ammẹttere (*PP* ammesso)	zulassen
magistratura	Richterstand; Richteramt
l'adulterio non è più considerato reato	Ehebruch wird nicht mehr als Straftat betrachtet
reato	Straftat
istituire (istituisco)	einführen
riconọscere	*hier:* anerkennen
parità di trattamento	Gleichbehandlung, Gleichstellung
parità	Gleichheit
in materia di ...	auf dem Gebiet ..., was ... betrifft
nominare qu ministro	jdn zum Minister ernennen
delitto d'onore	*"Ehrendelikt" (Straftat zur Rettung der Familienehre)*
onore *m*	Ehre
attenuante *f*	mildernder Umstand
omicidio	Mord
cọniuge *m/f*	Gatte, Gattin
infedele	untreu
la Corte Costituzionale	Verfassungsgericht
stabilire (stabilisco)	beschließen, festlegen
congedo (dal lavoro)	Urlaub
accudire (accudisco)	betreuen

commissione *f*	Ausschuß, Kommission
nazionale	staatlich, Staats-
sindacato	Gewerkschaft
accesso	Zugang
retribuzione *f*	Bezahlung
militare	militärisch, Militär-
incentivo (a)	Ansporn (zu), Anreiz
impresa	Unternehmen
favorire (favorisco)	fördern, unterstützen; begünstigen
candidato/a	Kandidat/in
le liste per le elezioni amministrative	die Listen für die Regionalwahlen/Kommunalwahlen
elezione *f*	Wahl
amministrativo/a	administrativ, Verwaltungs-

ESERCIZI 3–4

tappa	Etappe
portare	*hier:* bringen
istituzione *f*	Institution, Einrichtung
governo	Regierung
partito	Partei
essere rappresentato/a	vertreten sein
in istituzioni anạloghe	in entsprechenden Institutionen
anạlogo/a	entsprechend; ähnlich

C1

passeggiare	spazierengehen
inquietante	unheimlich
voi = Lei	Sie
segreto/a	heimlich
l'Ạngelo della Morte	Todesengel
ạnima	Seele
capo	*hier:* Kopf
terminare	beenden
capo	*hier:* Chef
fare assegnamento su qu	auf jdn zählen/bauen

ESERCIZI 5–7

sembianza	Aussehen
scienza	Wissenschaft
risultare (da)	sich ergeben/hervorgehen (aus)

T4

mantenere i contatti	in Kontakt bleiben
non me lo immạgino	*hier:* ich habe keine Ahnung
dimmi un po'	sag schon!
ma non mi dire	was du nicht sagst!
capellone *m*	Langhaariger; *hier etwa:* Hippy
con i capelli fin qua	mit Haaren bis hier
ora è tutto pelato	jetzt ist er ganz/völlig kahl
mẹttere su pancetta	ein Bäuchlein ansetzen
pure	*hier:* auch das noch!
Dio mio!	mein Gott!
che peccato!	wie schade!
rientrare nei ranghi	sich wieder (in das bürgerliche Leben) einreihen
rango	Rang, Stand; Reihe
rivoluzionario	revolutionär; Revolutionär
conduce una vita molto normale	er führt ein ganz normales Leben
condurre *irr*	führen
avvocato	Rechtsanwalt
fare polịtica	sich der Politik widmen
pallino	Steckenpferd
fare carriera	Karriere machen
il cervello ce l'aveva	Köpfchen hatte er schon immer
cervello	Gehirn
assistente *m/f*	Assistent/in
pezzo grosso	großes Tier
ecco	*hier:* eben
subito in alto comincia lui, eh ...	der fängt gleich ganz oben an
ha detto che si metterà in lista per le prọssime elezioni	er hat gesagt, daß er bei der nächsten Wahl kandidieren wird
sul serio?	im Ernst?
serio/a	ernst
e magari ti ha chiesto pure di votarlo ...	und er hat dich womöglich auch noch gebeten, ihn zu wählen
chiẹdere a qu di fare qc	jdn bitten, etw zu tun
votare qu	für jdn stimmen, jdn wählen
non esplicitamente	nicht direkt
radicale	radikal
per i miei gusti	für meinen Geschmack
mi ha fatto piacere rivederlo	es hat mich gefreut, ihn wiederzusehen

digli di telefonarmi quando viene a Roma	sag ihm, er soll mich anrufen, wenn er nach Rom kommt

ESERCIZIO 9

aspetto (fisico)	Aussehen
politico/a (*Plur* –ci)	politisch; Politiker/in
scelte di vita	wichtige Entscheidungen im Leben

GRAMMATICA 10.3–5

aggiungere (*PP* aggiunto)	hinzufügen
promettere (*PP* promesso)	versprechen
proibire (proibisco)	verbieten
pregare	bitten; beten
bagnato/a	naß
ha i capelli corti corti	er hat ganz kurze Haare

ESERCIZIO 11

riferire (riferisco)	berichten; *hier:* erzählen
dopo aver parlato con Tiziana ...	nachdem er mit Tiziana gesprochen hat ...
segretaria	Sekretärin

devo scappare al Ministero	ich muß schnell ins Ministerium
scappare	(weg)laufen
esagerare	übertreiben
dunque	also
non so di preciso quando torno	ich weiß nicht genau, wann ich zurückkomme
come faccio ad arrivare a casa tua?	wie komme ich zu dir?
onorevole *m/f*	*Anrede für Parlamentsabgeordnete (in der "Camera dei deputati")*
anzi	*hier:* am besten
giustificare	rechtfertigen; *hier:* einen Grund angeben
veda Lei, inventi qualcosa	lassen Sie sich etwas einfallen
inventare	erfinden
mal di stomaco	Magenschmerzen
scusa	*hier:* Ausrede
documenti *m Plur*	Unterlagen
il più presto possibile	so bald wie möglich

T5

la carriera giudiziaria	Richterlaufbahn
giudiziario/a	richterlich, Gerichts-
non faceva per me	das was nicht das richtige für mich
delfino	Delphin
completamente	vollkommen, völlig
dissero che mi sarei pentito di questa decisione	sie sagten, daß ich diese Entscheidung bereuen würde
pentirsi di qc	etw bereuen
mi dicesti di seguire il mio istinto	du sagtest, ich sollte meinem Instinkt/ Gefühl folgen
anime gemelle	*etwa:* seelenverwandt
anima	Seele
gemello/a	Zwilling; Zwillings-

ESERCIZI 12–13

scattare	*(Foto)* knipsen
comunicare	*hier:* mitteilen, verkünden

GRAMMATICA 10.6

ascoltare qu	*hier:* auf jdn hören
sbaglio	Fehler
continuare gli studi	das Studium fortsetzen
quel giorno	an jenem/ dem Tag
esclamare	ausrufen
nuora	Schwiegertochter

ESERCIZIO 15

cruciale	entscheidend, ausschlaggebend
le persone a voi vicine	die Personen, die Ihnen nahestehen

T6

senso	Sinn; Gefühl
modella	Fotomodell; Model
negli anni Sessanta	in den sechziger Jahren
fotografo	Fotograf
del calibro di Avedon	vom Kaliber eines Avedons
trascurata dagli stilisti per 20 anni ...	20 Jahre lang von den Modeschöpfern vernachlässigt ...
trascurare	vernachlässigen
stilista *m/f*	Modeschöpfer/in
nuovamente	von neuem, erneut
richiesto/a	*hier:* gefragt
ora che ne ha 50	jetzt, wo sie 50 ist
sfilare	*hier:* auf den Laufsteg treten
vivere	*hier:* empfinden

maturo/a	reif
interessato/a	*hier:* Betroffene/r
cosa gliene pare di ...?	was halten Sie von ...?
recente	jüngst
fenọmeno	Phänomen
puramente	rein, ganz und gar
commerciale	kommerziell
costoso/a	teuer, kostspielig
alla fin fine	im Endeffekt
destinato/a (a)	bestimmt (für)
acquisto	(An-)Kauf
arrivato/a	*hier:* arriviert
conquistare	*hier:* gewinnen
posare	posieren
noto/a	bekannt
affrontare	angehen, anpacken
boa	Boje; *hier:* Wendepunkt
distacco	Abstand
costruirsi	*hier:* sich zulegen
negli anni	im Lauf der Jahre
sul set	vor der Kamera
finito il lavoro	nachdem/sobald ich mit der Arbeit fertig war
investimento affettivo	Investition von Gefühlen
ricco/a (di)	reich (an)
vecchi amici che si erano persi di vista	alte Freunde, die man aus den Augen verloren hatte
pẹrdere di vista	aus den Augen verlieren
... che non ci si era sbagliati	... daß man sich nicht geirrt/getäuscht hatte
sbagliarsi	sich täuschen, sich irren
vạlido/a	(*Person*) tüchtig, gut
... come ci erano sembrate	... wie sie uns damals schienen
il piacere di vedere i propri figli cresciuti bene	die Freude, wenn man sieht, daß die eigenen Kinder wohlgeraten sind
ora che i 50 anni sono alle spalle	jetzt, wo Sie den 50. Geburtstag hinter sich haben
spalla	Schulter
cọgliere	*hier:* begreifen
maggiormente	mehr, in stärkerem Maße
sensịbile	*hier:* einfühlsam
coetaneo/a	gleichaltrig; Altersgenosse, -genossin
disperazione *f*	Verzweiflung
in giro	*hier:* um mich herum
cinquantenne *m/f*	Fünfzigjährige/r
dolorosamente	schmerzvoll
solitario/a	einsam

single *m/f*	Single
separato/a	getrennt (lebend)
... che sia	... wie auch immer
delirante	wahnsinnig
inseguimento	Verfolgung
ossessivo/a	Zwangs-, zwanghaft
giovinezza	Jugend
terrorizzato/a	erschrocken, in Panik
da giọvani	wenn sie noch jung sind
sereno/a	heiter, ruhig, ausgeglichen
la Sua ricetta qual è?	welches ist Ihr Rezept?
ovvio/a	selbstverständlich
fondamentale	äußerst wichtig
differenziare	unterscheiden, differenzieren
puntare (su)	setzen (auf)
bellezza	Schönheit
solo in parte	nur teilweise
il guaio è che ...	das Schlimme ist ...
si arriva sempre tardi a capire	man begreift immer erst im nachhinein/hinterher
a posteriori (*lateinisch*)	nachträglich

ESERCIZIO 17

dopo aver finito il lavoro ...	nachdem ich mit der Arbeit fertig war ...

ESERCIZI 18–19

stabilirsi	sich niederlassen
lasciarsi	sich trennen
girare mezzo mondo	die ganze Welt bereisen
mẹttersi con un altro/un'altra	eine neue Beziehung eingehen
mẹttersi in proprio	sich selbständig machen
cambiare vita	seine Lebensweise ändern, ein neues Leben anfangen
rappresentare	*hier:* darstellen

C2

mi ritorna in mente	es fällt mir wieder ein *(Anspielung auf ein Lied von Lucio Battisti:* "Mi ritorni in mente")
rimpianto di un'altra estate	*etwa:* die schmerzliche Erinnerung an einen vergangenen Sommer

ESERCIZI 20–21

stato d'ạnimo	Stimmung
sensazione *f*	Gefühl, Empfindung

LEZIONE 11

T2

di venerdì	freitags
andare in onda	gesendet werden
onda	Welle
no limits (*englisch*)	*etwa:* es gibt keine Grenzen
tenẹtevi pronti	halten Sie sich bereit
che cosa si intende qui con ...?	was ist hier mit ... gemeint/was versteht man unter ...?
intẹndere (*PP* inteso)	*hier:* meinen, verstehen
associare	assoziieren

T2

Naomi Campbell	*berühmtes Fotomodell*
grazie a	dank, durch
aprirebbe prospettive strabilianti	(sie) soll erstaunliche Perspektiven/Möglichkeiten eröffnen
strabiliante	erstaunlich; verblüffend
in arrivo da ...	die aus ... kommt
cartellone *m*	Plakat
sotto casa	*etwa:* gleich nebenan/ um die Ecke
ammirare	bewundern
nella realtà onịrica	in einer Traumwelt
onịrico/a	Traum-
se non altro	zumindest
servire (per)	(dazu) dienen
pilotare	steuern
invenzione *f*	Erfindung
psicọlogo (*Plur* – gi)	Psychologe
brevettare	patentieren
su scala mondiale	weltweit
affidare	*hier:* betrauen, übergeben
produzione in serie	Serienproduktion
canadese	kanadisch
lanciare sul mercato	auf den Markt bringen
lanciare	werfen, schleudern
libro tascạbile	Taschenbuch
promẹttere faville	wahre Wunderdinge versprechen
favilla	Funken
flusso dell'inconscio	Strom des Unbewußten
trasformarsi	sich verwandeln
interattivo/a	interaktiv
congegno	Mechanismus, Werk
tubicino	Schläuchlein
tubo	Rohr; Schlauch
inserire (inserisco)	einführen
variazione *f*	Veränderung
respiro	Atem
essere in grado di ...	können, imstande sein ...
segnalare	signalisieren
attività onịrica	*etwa:* Traumphase
attività	Tätigkeit
dẹbole	schwach
impulso	Impuls
elẹttrico/a (*Plur* –ci)	elektrisch
risveglio	Aufwachen
far passare (a)	überleiten (zu)
fase *f*	Phase
sogno lụcido	bewußter Traum
lụcido/a	klar
autogestito/a	selbstgestaltet
dormiente *m/f*	Schlafende/r
per fargli ricordare tutti i particolari del suo sogno	damit er sich an alle Einzelheiten seines Traumes erinnern kann
particolare *m*	Einzelheit
ma non è finita qui	aber das ist noch nicht alles
sarebbe anche in grado di ...	sie soll auch imstande sein ...
liberare (da)	*hier:* bewahren (vor)
ịncubo	Alptraum
preoccupante	bedenklich
segnale *m*	Zeichen, Signal
provvedere (a)	sich kümmern (um), sorgen (für)
immediato/a	sofortig
trạmite	durch
invịo	Übersendung
polso	Handgelenk; Puls
ricominciare (a)	wieder anfangen (zu)
dormire serenamente	ruhig schlafen
agire (agisco)	handeln
scegliendo i personaggi da introdurre nel proprio mondo onirico	indem er die Personen aussucht, die er in seine Traumwelt eintreten lassen möchte
sognare	träumen

in media	im Durchschnitt
avrebbe anche una funzione terapeutica	sie soll auch eine therapeutische Funktion haben
intervento	Eingreifen, Eingriff
psichiatrico/a (*Plur* -ci)	psychiatrisch
meandri *m Plur*	Mäander; *hier etwa:* Labyrinth
sottoporsi (a) *irr*	sich unterziehen
sperimentazione *f*	Experiment
superare	überwinden
trauma *m*	Trauma, seelischer Schock
rievocare	wieder ins Gedächtnis zurückrufen
sono convinti che ...	sie sind überzeugt, daß ...
sviluppo	Entwicklung; *hier:* Fortschritt
senz'altro	*hier:* durchaus
confondere (*PP* confuso)	*hier:* vermengen, durcheinanderbringen
ulteriormente	darüber hinaus
finzione *f*	Fiktion
spingere (a) (*PP* spinto)	*hier:* treiben
chiudersi	sich zurückziehen
recinto	Zaun, Gehege; *hier:* enger Raum
angusto/a	eng
artificiale	künstlich
dubbioso/a	zweifelnd; Zweifler/in
in modo sistematico	systematisch
in pace	friedlich, ungestört
pace *f*	Friede
per tenere il cervello un po' occupato mentre si riposa ...	um das Gehirn beim Schlafen zu beschäftigen
occupato/a	beschäftigt

ESERCIZI 1–2

a che cosa servirebbe la macchina ...?	wozu soll die Maschine ... dienen?
inventore *m*	Erfinder
una macchina del genere	eine solche Maschine, ein Gerät dieser Art
sottotitolo	Untertitel
dare per certo	als Tatsache präsentieren
grado	Stufe; Grad
certezza	Sicherheit
parlando	*hier:* beim Sprechen, mündlich
utilizzare	benutzen, verwenden

GRAMMATICA 11.1

fuggire	fliehen
evaso/a	Ausbrecher/in
complice *m/f*	Komplize, Komplizin
aumenterà la benzina	das Benzin wird teurer
aumentare	vermehren, steigern; teurer werden
attivare	aktivieren
circolazione *f*	Kreislauf

ESERCIZI 3–4

la sapete l'ultima?	wißt ihr schon das Neueste?
lasciare qu perplesso	jdn verblüffen
sottolineare	*hier:* betonen
riserva	Zweifel, Vorbehalt
fare un sogno	träumen, einen Traum haben
... che vi è rimasto impresso	... der sich Ihnen eingeprägt hat/ an den Sie sich gut erinnern können
rimanere impresso a qu	sich jdm einprägen, im Gedächtnis haftenbleiben

T3

sognatore *m*	Träumer
il 2000	das Jahr 2000; das 21. Jahrhundert
orso	Bär
è completamente fuori di testa	er ist völlig übergeschnappt
appena sarò a Seattle ...	sobald ich in Seattle bin
non immaginate quanto ne valga la pena	ihr könnt euch nicht vorstellen, wie sehr sich die Mühe/ der Aufwand lohnt
valere *irr* **la pena**	sich lohnen
certo che faccio fatica ad immaginarmelo	da hat er recht, ich kann es mir tatsächlich kaum vorstellen
ma chi ce lo porta in mezzo agli orsi?	was treibt ihn denn zu den Bären?
poi nel frattempo chissà dove sarà andato a finire ...	wer weiß, wo er in der Zwischenzeit gelandet ist/wo er jetzt wohl steckt ...
andare a finire	hinkommen, geraten; stecken
la sua intenzione era di ...	er hatte die Absicht ...

tutte le Americhe	der ganze amerikanische Kontinent (von Alaska bis Feuerland)
Terra del Fuoco	Feuerland
atteggiamento	Einstellung, Standpunkt; Verhalten
qualcosa di sịmile	etwas Ähnliches
sịmile	ähnlich
attraverso gli Stati Uniti	durch die Vereinigten Staaten
quando avrò finito l'Università ...	sobald ich mit der Uni fertig bin ...
già	*etwa:* na (wer schon!)
provare interesse per ...	Interesse haben an ...
però lo hai insinuato ...	das hast du mir aber unterstellt ...
insinuare	*hier:* unterstellen
sta di fatto, però, che ...	Tatsache ist aber, daß ...
quando avrai raggiunto quello che vuoi ...	wenn du erst einmal erreicht hast, was du willst ...
non mi interẹssano più di tanto ...	sie interessieren mich eigentlich nicht mehr besonders
realizzarsi	sich verwirklichen
telemạtica	Telematik
realtà virtuale	virtuelle Realität, künstliche Welten
altro che Americhe ...	*etwa:* da kannst du Amerika vergessen ...
senza fare il mịnimo sforzo	ohne sich die geringste Mühe zu geben
totalmente passivo	vollkommen passiv
applicazione *f*	Anwendung; Möglichkeit
mẹttere da parte	beiseite legen
qualcuno/a	*hier:* das eine oder andere
combinare	*hier:* anstellen

ESERCIZI 7–8

citare	zitieren
tempo verbale	Zeitform
nel cassetto	in der Schublade
realịstico/a (*Plur* –ci)	realistisch
dissuadere qu da qc	jdn von etw abbringen; jdm etw ausreden

T4

la casa dei sogni	das Traumhaus
fiera	Messe
proporre	*hier:* zeigen
tecnologịa	Technologie
avanzato/a	fortschrittlich; zukunftsweisend
allo stesso tempo	gleichzeitig
affinché venga salvaguardato l'ambiente	damit die Umwelt geschützt wird
salvaguardare	bewahren, schützen
prevedere	vorsehen
materiale *m*	Material; Stoff
naturale	Natur-, natürlich
riciclare	recyclen, wiederverwerten
tetto	Dach
pneumạtico (*Plur* -ci)	Reifen
vetri rotti	Glasscherben; *hier:* Altglas
vetro	Glas; (Fenster-)Scheibe
plạstica	Kunststoff, Plastik
comando a distanza	Fernsteuerung
distanza	Abstand; Entfernung
innaffiatura del giardino	das Gießen des Gartens
attivare	betätigen, in Betrieb setzen
telecomando	Fernbedienung
in pietra	aus Stein
legno	Holz
mattone *m*	Ziegelstein, Backstein
anziché	statt
cemento	Zement
spẹgnersi (*PP* spento)	ausgehen, (sich) ausschalten
spẹgnere	ausmachen
sporco	Schmutz
rimuọvere (*PP* rimosso)	beseitigen, entfernen
memoria	Gedächtnis; *hier:* Speicher
fornire (fornisco)	liefern
immagazzinare	(ein)lagern
dispensa	Vorrats-/Speisekammer
dimenticati accesi ...	wenn man vergessen hat, sie auszumachen/abzustellen ...
da solo/a	von allein
pattumiera	Mülleimer
tritare	zerkleinern
separare	trennen
compattare	zusammenpressen
rifiuti *m Plur*	Abfälle
a muro	Wand-; *hier:* an der Wand installiert
cioè	*hier:* nämlich
regolare	regulieren
funzionamento	Funktion
secondo	je nach
quantità	Menge
pọlvere *f*	Staub

WC [vi'tʃi] *m*	WC
effettuare	durchführen
trattamento di depurazione	Reinigungs–, Klärungs-vorgang
liquami *m Plur*	Fäkalien
spunto	Anregung
a patto che non venga a costare troppo	unter der Bedingung, daß es nicht zu teuer kommt
purché sia possibile mantenere la propria libertà di movimento	vorausgesetzt, daß man sich frei bewegen kann
mantenere *irr*	*hier:* bewahren
libertà	Freiheit
movimento	Bewegung
complicato/a	kompliziert
garanzia	Garantie, Sicherheit
alla perfezione	perfekt, tadellos
basta che ... (+ *cong*)	vorausgesetzt, daß ...; nur wenn/außer wenn ...

GRAMMATICA 11.3

... perché tu possa decidere con calma	... damit du dich in aller Ruhe entscheiden kannst
a condizione che ... (+ *cong*)	unter der Bedingung, daß ...
a meno che (non) (+ *cong*)	es sei denn, daß ... / außer wenn ...
nel caso che venga/venisse	falls er kommt
caso mai venisse	falls er (je) kommt/sollte er kommen ...
licenziarsi	kündigen
senza che noi lo sapessimo	ohne daß wir es wußten
come se ce l'avesse con me	als ob er auf mich böse wäre

ESERCIZIO 10

progettare	planen
a che cosa dareste la precedenza?	*hier:* was wäre Ihnen am wichtigsten?
precedenza	Priorität; Vorfahrt

C1

confine *m*	Grenze
ascoltatore *m*	Zuhörer
in vari centri della provincia italiana	in verschiedenen Ortschaften der italienischen Provinz
intervistare	interviewen
singolare	einzigartig, ungewöhnlich
evento	Ereignis
prendere in giro qu	jdn auf den Arm nehmen

ESERCIZIO 12

intervistatore *m*	Interviewer
nei confronti di	gegenüber

T5

ah, se avessi ...	ach, hätte ich doch ...!
la lampada di Aladino	Aladins Wunderlampe
magia	Zauberei; Zauber
colpire	*hier etwa:* großen Erfolg haben, einschlagen
favola	Märchen
Oriente *m*	Orient, Morgenland
... cui basta sfregare la preziosa lampada per ...	... der nur die kostbare Lampe zu reiben braucht, um ...
sfregare	reiben
prezioso/a	kostbar
resistere (*PP* resistito)	widerstehen
tentazione *f*	Versuchung
padrone/a	Herr/in
genio	*hier:* Geist
assecondare	(*Wunsch*) erfüllen
abbandonarsi (a)	sich hingeben
infantile	kindlich
nient'affatto	überhaupt nicht
ridicolo/a	lächerlich
rivolgere una domanda a qu (*PP* rivolto)	jdm eine Frage stellen
Lella Costa:	
attore *m*, **attrice** *f*	Schauspieler/in
attento/a	aufmerksam
osservatore *m*, osservatrice *f*	Beobachter/in
costumi *m Plur*	Gewohnheiten; Sitten
un solo desiderio	nur ein Wunsch
limitativo/a	einschränkend
egoistico/a (*Plur* –ci)	egoistisch
personale	persönlich
diciamo così	sagen wir mal
umanitario/a	humanitär, menschenfreundlich
piuttosto	*hier:* eher
soddisfare *irr* (*PP* soddisfatto)	befriedigen; *hier:* erfüllen

chiederei ... che questo privilegio divenisse ereditario	ich würde verlangen, daß dieses Privileg erblich wird
divenire *irr*	werden
la mia è una filosofia del tutto o niente	meine Philosophie ist: alles oder nichts
altrimenti	*hier:* andernfalls
dare libera scelta (a)	freie Wahl lassen

Teresa Fasano:

vorrei che diventasse più vivibile ed umana	ich möchte, daß sie lebenswerter und menschlicher wird
paesano/a	ländlich, dörflich

Alberto Cavallari:

un sogno tutto legato all'informazione	ein Traum, der mit der Informationsvermittlung zu tun hat
legare	(ver)binden
vorrei che i giornali tornassero a fare notizia	*hier:* ich möchte, daß die Zeitungen wieder zu ihrer ursprünglichen Rolle als wichtiges Nachrichtenmedium zurückfinden
tornare a fare qc	etw wieder/erneut machen
fare notizia	Aufsehen erregen
mediare	vermitteln
un tempo si diceva ...	einst sagte man/ früher hieß es ...
stampa	Presse

Luciano De Crescenzo:

... scrittore tra i più amati	... einer der beliebtesten Schriftsteller
mostrarsi	sich erweisen, sich zeigen
assennato/a	vernünftig
vecchiaia	Alter
clinica	Klinik
privato/a	privat
al mio servizio	zu meiner Verfügung
tocca a voi	Sie sind an der Reihe

ESERCIZIO 14

trasformare	*hier:* umwandeln, umformen
ordine *m*	Befehl
impartire	(*Befehl*) erteilen

GRAMMATICA 11.4

magari avessi ...!	hätte ich ... doch!

ESERCIZIO 16

prendete lo spunto da ...	lassen Sie sich von ... anregen
dare via libera a ...	freien Lauf lassen

T6

bruttino/a	ziemlich häßlich
ho appena compiuto 22 anni	ich bin gerade 22 geworden
ho alle spalle qualche insuccesso	ich habe einige Mißerfolge hinter mir
perduto/a	*hier:* versäumt
bisogno	*hier:* Bedürfnis
straordinario/a	außerordentlich, außergewöhnlich
facilità	Leichtigkeit
misto	Mischung
timidezza	Schüchternheit
inesperienza	Mangel an Erfahrung
insicurezza	Unsicherheit
fiducia in se stesso	Selbstvertrauen
soffrire (*PP* sofferto)	leiden
frequentare	*hier:* Umgang haben mit
conoscere a fondo	gut kennen(lernen)
mi si è rivelata la ragazza più straordinaria che abbia mai conosciuto	sie hat sich als das außergewöhnlichste Mädchen erwiesen, das ich je kennengelernt habe
rivelarsi	sich offenbaren; *hier:* sich erweisen
temperamento	Charakter, Wesen; Temperament
delicato/a	zart; sanft
affettuoso/a	zärtlich, liebevoll
nello stesso tempo	zugleich
genuino/a	echt, unverfälscht; *hier:* natürlich
trasparente	durchsichtig; *hier etwa:* offen und ehrlich
spontaneo/a	spontan
estroverso/a	extrovertiert
una ricca vita interiore	ein reiches Innenleben
neo	Schönheitsfehler
finora	bis jetzt
non ha impedito che mi innamorassi profondamente di lei	das hat mich nicht davon abgehalten, mich unsterblich in sie zu verlieben
impedire (impedisco)	hindern
profondo/a	tief
imparare qc da qu	etw von jdm lernen

raro/a	selten
che pure ...	obwohl wir ...
non faccio altro che ...	ich mache nichts anders als ...
mai	jemals
combinarsi	übereinstimmen
magicamente	wie durch einen Zauber
carattere *m*	Charakter
tenere segreto	geheim/ verborgen halten, verheimlichen
una situazione estremamente imbarazzante	eine äußerst peinliche Situation
respingere (*PP* respinto)	abweisen, zurückweisen
confidare qc a qu	jdm etw anvertrauen
non mi va che lo sappiano	ich möchte nicht, daß sie es erfahren
sognare qc/qu	von etw/jdm träumen
aspetto che mi passi	ich warte, bis es vorüber ist
Rieti	*Stadt in Latium*

ESERCIZIO 17

con i piedi per terra	mit beiden Beinen fest auf dem Boden, realistisch
per terra	auf dem Boden
immaturo/a	unreif

ESERCIZI 18–19

elencare	auflisten, aufzählen
con entusiasmo	mit Begeisterung
elogio	Lob, Loblied
sfogare	(her)auslassen; freien Lauf lassen
antipatia	Abneigung
nei confronti di	gegenüber
enumerare	aufzählen
difetto	Fehler
problema sentimentale	Beziehungsproblem, Liebeskummer
chiedere consiglio a qu	jdn um Rat bitten

C2

popolare	Volks-, volkstümlich
motivo	Thema, Motiv
frequente	häufig
novella	Novelle, Erzählung
riprendere (*PP* ripreso)	übernehmen
studioso	Gelehrter; Wissenschaftler
raccolta	Sammlung
Bibbia	Bibel
povero/a	arm
provvista	Vorrat
esaurire (esaurisco)	*hier:* aufbrauchen
coscio/cosciotto d'agnello	Lammkeule
beato/a	glücklich, glückselig

ESERCIZI 21–22

identificarsi	sich identifizieren
ricorrere	*hier:* wiederkehren, vorkommen

LEZIONE 12

misterioso/a	geheimnisvoll, mysteriös
coinvolgere (*PP* coinvolto)	hineinziehen
colpo di scena	*hier:* überraschende Wende, Überraschung; Knalleffekt
scena	Szene
scomparso/a	verschwunden, vermißt
fare ritorno	zurückkehren
il bosco di Fontainebleau	*großes Waldgebiet bei Fontainebleau (Stadt mit berühmtem Schloß in der Nähe von Paris)*
docente *m/f*	Dozent/in
Sorbonne *f*	*Universität in Paris*
critico d'arte	Kunstkritiker
volatilizzarsi nel nulla	sich in nichts auflösen, verschwinden
gita culturale	Studienfahrt; *hier:* Exkursion
nei luoghi cari agli impressionisti	in die Gegend, die die Impressionisten so schätzten
assenza	Abwesenheit, Fehlen
pullman *m*	Bus
inquirenti *m Plur*	Ermittlungsbeamte
voci *f Plur*	Gerüchte
pervenire	kommen, gelangen; zu Ohren kommen
investigatore *m*	Ermittler; Detektiv
teso/a	gespannt
dichiarare	erklären
netto/a	deutlich, klar
sensazione *f*	*hier:* Eindruck
ricerca	Untersuchung
essere impegnato/a (in)	bei etw eingesetzt sein
cane poliziotto	Polizeihund

proseguire	weitergehen; weitermachen
non escludono nessuna pista	es wird jeder Spur nachgegangen
escludere (*PP* escluso)	ausschließen

Prima parte

radiodramma *m*	Hörspiel
diretto da ... (*Inf* dirigere)	Regie: ...
ispettore *m*	Inspektor
sergente *m*	Sergeant (*Dienstgrad bei der französischen Polizei)*

Seconda parte

perizia	Gutachten
polizia scientifica	Erkennungsdienst
interpretazione dei fatti	Erklärung des Geschehens
commissariato	Polizeipräsidium
protagonista *m/f*	Hauptfigur
versione *f*	Version
svelare	enthüllen
pettegolezzi *m Plur*	Klatsch
appassionare	*hier:* beschäftigen, bewegen
opinione pubblica	Öffentlichkeit
resoconto	Bericht
chiedono a che punto sono le indagini	sie fragen, wie weit die Ermittlungen sind
indagine *f*	Untersuchung
indice una conferenza stampa (*Inf* indire)	er beruft eine Pressekonferenz ein
improvvisare	improvisieren

Terza parte

prendere appunti	sich Notizen machen
scambiarsi le informazioni	Informationen austauschen
vicenda	*hier:* Fall
svolta	Wende
come potrebbero essersi svolti i fatti (*Inf* svolgersi)	wie sich die Ereignisse hätten abspielen können
immaginazione *f*	Vorstellungskraft, Phantasie
mistero	Geheimnis

ALPHABETISCHE WORTLISTE

– Die Zahlen und Buchstaben geben die Lektion und den Lernschritt an, in dem das betreffende Wort vorkommt.
– Die fettgedruckten Wörter gehören zum verbindlichen Lernwortschatz.
– Abkürzungen:
E = Esercizio
G = Grammatica
S. = Seite

A

a. C. (avanti Cristo) G 10.1
a causa di S. 10
a pois 2, E 14
a proposito 1, T 5
abbaglio 6, C 2
abbaiare 3, T 4
abbandonarsi 11, T 5
abbassare 1, T 4
abbazia 1, E 20
abbellire 9, E 16
abbinare 1, T 2
abbracciare 6, E 8
abbraccio 1, T 1
abituale 9, E 17
abituato: essere ~ a 6, E 4
abitudinario 7, E 5
aborto 10, T 3
accadere 4, S. 43; 7, T 6
accaduto (Vorfall) 7, E 22
accanto 3, T 4
accasato 7, C 2
accendere 10, S. 191
accendersi 10, T 2
accendino 6, T 6
accertamento 7, T 1
accessibile 1, E 20
accesso 10, T 3
accettare 5, T 5
accidenti! 7, T 5
accogliere G 9.2
accorciare G 7.2
accorgersene G 3.1; 5, T 4
accorgersi di qc G 3.1; 5, E 11
accudire 10, T 3
accumularsi 7, T 3
acquisto 10, T 6
adattamento 9, C 1
adattarsi 9, T 3
addirittura 3, E 2
addormentato 2, E 3
addosso 10, T 2
adeguato 1, E 10
adelante! 3, T 1
adolescente 3, T 5
adulterio 10, T 3
adulto 3, T 5; 5, T 5
affare 1, T 4
affascinare S. 10
affatto: nient'~ 11, T 5
non ... ~ 5, E 4
affermare 3, T 3
affermazione 3, E 2
affettivo 10, T 6
affettuoso 11, T 6
affezionato: essere ~ a qc 6, T 6
affidare 11, T 2
affinché 11, T 4
affittare 7, C 2
affrontare 3, E 20; 10, T 6
aggiornare 4, S. 44
aggiungere G 10. 3
aggiustare 6, T 6
agio: sentirsi a proprio ~ 6, E 17
agire 11, T 2
agitazione 9, T 4
agnello 11, C 2
agriturismo 9, S. 189
agrituristico 9, E 13
ahiahiahi! 7, T 4
aiuto 3, T 5
alba 6, T 3
albero 9, T 2
alimentare (*Verb*) 3, T 5
alimentare (*Adjektiv*) 5, E 5
alimentari: negozio di ~ 7, E 2
alimento 5, E 7
allegare S. 10
allegato 7, T 1
allenato 1, E 20
allievo, allieva 5, C 2
allontanare 2, T 2
almeno 1, T 6
alternativo 7, T 6
altezza 1, T 5
alto 3, T 4; 10, T 4
altrettanto S. 11
altrimenti 5, E 10; 11, T 5
altro: ~ che 7, T 4; 11, T 3
non fare ~ che 11, T 6
se non ~ 11, T 2
senz'~ 6, E 9; 11, T 2
tra l'~ 9, E 16
questo o quell'~ 7, T 3
alzare 3, T 4
alzata: per ~ di mano 3, E 2
ambientale 1, E 20; 9, T 4
ammettere 10, T 3
amministrativo 10, T 3
amministratore 3, T 4
ammirare 9, T 3; 11, T 2
anagrafe 7, T 2
analogo 10, E 4
andare: ~ a finire 11, T 3
~ avanti 3, T 4
~ avanti a panini 5, T 3
l'olio va cambiato 7, T 4; G 7.2
cos'è che non va? 7, T 4
non mi va che ... 11, T 6
andarsene 2, T 2; 2, T 3; G 3.1
anello 2, E 4
angelo 10, C 1
angusto 11, T 2
anima G 2.3; 10, C 1/T 5
animale 8, S. 76; 10, T 2
~ domestico 6, C 1
animare 10, T 2
animo: stato d'~ 10, E 20
annientamento 10, T 2
annientare 10, T 2
anni: negli ~ 10, T 6
negli ~ Sessanta 10, T 6
compiere gli ~ 11, T 6
annotare 3, E 10 *ff*
ansia 9, T 4
anteprima: in ~ 9, C 2
anticipo: con largo ~ 7, T 6
in ~ 7, T 6
antiparassitari 9, T 2;
antipatia 11, E 18
anzi S. 11; 3, T 4; 4, S. 42
anziano 9, T 4
anziché 11, T 4
aperto: all'~ G 2.3
appartenente 6, T 1
appartenenza 3, T 3
appartenere 2, E 4
appassionare 12, S. 111
applicazione 11, T 3
apprezzare 5, E 5
appropriato 8, S. 76
approvare 10, T 3
appuntamento: darsi ~ 1, T 3
appunti: prendere ~ 12, S. 112
aprirsi 2, T 2; 6, T 5
aquilone 2, E 7; 10, T 1
argento 6, T 6
argomento 3, E 2; 8, S. 76
aria 9, T 3
~ condizionata 6, T 5
arie: darsi delle ~ 6, T 2
arrabbiare: far ~ 3, T 4; G 3.4
arrabbiato 2, T 5
arrestare G 2.3
arricchire S. 10
arrivato 10, T 6
arrivo 7, T 6
in ~ da 11, T 2
articolo 1, C 2; 3, E 2
artificiale 11, T 2
artigiano 7, E 12
asciugamano 6, E 19
ascoltare qu G 10. 6
ascoltatore 11, C 1
ascolto 11, C 1
asfissia 9, T 5
aspettare: ~ l'autobus 1, T 2
far ~ qu G 6.7
aspettarsi 6, E 9
~ qc da qu 7, E 13
aspettativa 7, C 2
aspetto 10, E 1
~ fisico 10, E 9
aspirapolvere: passare l'~ 1, E 3
assaggiare 9, T 2
assalire 3, T 5
assecondare 11, T 5
assegnamento: fare ~ su qc 10, C 1
assegnare 3, T 3
assennato 11, T 5
assenza 12, S. 109
assicurare 3, T 3
assimilare S. 11
assistente 10, T 4
~ alla regia 3, E 23
associare 11, T 1
assolutamente 6, T 1
assopirsi G 2.3
assumere 1, E 1
assurdo G 3.5
atteggiamento 7, E 9; 11, T 3
attendibile 5, E 14
attento 11, T 5
stare ~ 5, T 3; G 6.6
attenti! 10, T 3
attenuante 10, T 3
attenzione 3, E 2
attesa 7, T 3; G 7.6
attivare G 11.1; 11, T 4
attività 11, T 2
attore G 3.6; 11, T 5
attrarre 3, E 2
attraversare 9, C 1
attraverso 10, T 2
attribuire 6, E 12

B

C

D

G

I

N

O

P

R

S

T

U

V

W

Z

Hörtexte

(Transkription der in den Lektionen nicht abgedruckten T- und C-Texte sowie der Hörübungen)

LEZIONE 1

T4 Situazioni di scontro

1 ~ Ma non l'ha vista la freccia?
≈ Ma che freccia e freccia, deficiente!
~ Ma tu guarda un po'!
2 ~ Senta, signora, ma non potrebbe aspettare il Suo turno?
≈ Ma ho il treno che mi parte proprio adesso, per favore ...
~ Ah, bene, ma questi sono affari Suoi!
3 ~ E finitela una buona volta!
4 ~ Sentite, vi dispiacerebbe abbassare il volume?
≈ Ma che vuoi!? Mica è tua la spiaggia.
~ Ma, roba da matti! Mamma mia, ma che razza di maleducato!
5 ~ Ma di chi è questo cane?
≈ È mio, perché?
~ Ma non vede il cartello? Qui i cani non possono entrare.
≈ Oh, ha ragione, mi scusi, non ci ho fatto proprio caso.

T6 Alla posta

B

Francesco: Buongiorno, senta, vorrei sapere ... ecco, io dovrei mandare questa roba in Germania. Quanto tempo ci mette?
Impiegata: Beh, impiega due, o al massimo tre giorni.
Francesco: E, senta, che faccio? Metto tutto in una busta?
Impiegata: Sì, certo, metta tutto in una busta e se vuole la può comprare in tabaccheria, qui a sinistra, a circa 50 metri ce n'è una.
Francesco: E quali, quelle imbottite?
Impiegata: Sì, meglio imbottite, perché così ... senta e poi, lo sa vero, mette l'indirizzo del destinatario e deve compilare anche questo modulo ... qui, dove ci sono le righe, mette il contenuto della busta e la firma.
Francesco: Va bene, grazie, arrivederci.
Impiegata: Arrivederci.

LEZIONE 2

C1 Gli ultimi cantastorie

Mio padre era un cantastorie. Lei mi dirà perché suo padre ha fatto il cantastorie? No, no, glielo anticipo io. Mio padre era un contadino, era figlio di agricoltori e imparò a suonare la fisarmonica cromatica a bottoni ... come quella che suona il Cavallini, quella si chiama fisarmonica cromatica. Erano momenti che la fisarmonica a Pavia la suonavano in tre. Vi faccio anche i nomi sebben che a voi non vi interessa: era un certo Garrone, un certo Riccardi, e mio padre e non c'era altri, perciò sentir suonare una fisarmonica era un qualcosa di bello, di meraviglioso e mio padre ha smesso di fare il contadino e si è messo a fare il cantastorie che a sua volta ha imparato da un vecchio cantastorie che si chiamava Montagna, di Pavia e mio padre, cioè mio nonno, suo padre si trovò disonorato ... e le sue sorelle, contadini, intendiamoci bene, contadini fittabili eh, mica contadini braccianti, fittabili a vedersi un figlio che andava in piazza a cantare e suonare erano un po' vergognosi (...)
... mio padre una volta fece un piccolo giro in Emilia, è andato a Parma e stò via da casa un mese e mezzo e quando ritornò a casa, mio padre aveva in tasca mille e duecento lire. Sottolineiamo, mille e duecento lire era una cifra iperbolica e mio nonno, suo padre di mio padre, ha detto: quello lì l'è un bandito, quello lì l'è un ladro, quello lì è un assassino, ha ucciso un negoziante, c'ha rubato il portafoglio di bestiame, mio padre, mio nonno convinto, eh.
(...)
... era la festa di San Contardo, l'ultima domenica di agosto. E allora mio nonno lo segue. Allora non è come adesso che siamo in quattro, allora uno canta, uno suona, uno vende.
Allora mio padre suonava, cantava, poi prendeva le canzoni e li vendeva da solo, perciò uno del pubblico poteva contare quello che vendeva, non era una cosa difficile. Allora mio nonno da star nascosto, mio padre suona, canta, c'era in voga quei momenti là Binda, Girardengo, Bruneri e via via, e poi gli conta le canzoni e viene qua ci dice a mia nonna: "donna, prova a fare il conto: ha venduto centodieci canzoni a dieci centesimi – e lei fa il conto – poi ha venduto 33 canzoni a mezza lira – e lei fa il conto – e poi ha venduto le canzoni a venti centesimi – e lei fa il conto e dis – cosa importa il totale?" E lei ci fa: "importa cinquanta o sessanta lire." Ma scherziamo ragazzi? Lavorava un contadino tutt'una giornata. E allora (da) quel giorno mio padre non fu più il brigante che ha assaltato il negoziante, allora quei soldi lì li guadagna proprio seriamente, eh. E allora erano momenti facili per i cantastorie, così mio padre fece il cantastorie e io imparai da mio padre a fare il cantastorie. (...)

Esercizio 9

La bambina gettata nel pozzo

Maccaferri Enrico partiva
per lavoro laggiù in Argentina
donò a sua figlia una bella collanina
portala al collo e prega per me.

Alla moglie così gli diceva
abbi cura della nostra figliuola
cerca sempre di mandarla a scuola
e che studi con fede e passion.

La mammina con la sua bambina
abbracciavan piangendo il marito
con un abbraccio e un bacio è partito
spero presto poter ritornar.

Tu Maria sei giovane e bella
il dovere di moglie non scordare
un po' di tempo lontan dovrò stare
te lo giuro non ti tradirò.

((Signori sentirete in seconda colonna quello che dice il marito e quello che risponde la moglie))

Ma quando Enrico fu là in Argentina
la sposina veniva corteggiata
dal fornaio che è lì di facciata
e alla donna diceva così ...

Tuo marito è molto lontano
presto a casa non può ritornare
tu Maria mi devi ascoltare
quell'amore che nutro per te.

((Eccolo signori, cosa risponde questa sposa fedele))

La sposina a tale domanda
lo respinge con fare deciso
se insistete dirò a mio marito
quando a casa un dì tornerà.

Lui vedendo di non riuscire
dalla rabbia si vuol vendicare
questo vile dal cuore bestiale
con la figlia si vuole sfogar.

Ecco un giorno all'uscir dalla scuola
il fornaio con sé la chiamava
con dei dolci la bimba chiamava
tutta contenta con lui se ne andò.

LEZIONE 3

T2 Cosa ne pensate?

C.: Ecco, noi abbiamo scelto questa foto. Voi che ne pensate?

M.: No, senti, basta! Ancora queste foto! No, guarda, veramente queste foto mi hanno seccato, se devo essere sincera. No, non per la foto, eh, la foto è bella.

G.: Ma scusa, è molto provocatoria. Ma, in fondo, perché no? (...)

E.: Ma per me è di cattivo gusto e basta.

F.: Invece a me la foto piace, però non so dire precisamente il perché.(...)

N.: Certo che questi speculano sui sentimenti, su fatti molto tristi, drammatici, solo per vendere i loro maglioni e forse la gente non se ne rende conto.

B.: Penso che di questo qui se ne renderà conto, tutti se ne renderanno conto, guarda, che vogliono vendere maglioni ... (..)

G.: Tu la trovi geniale Beatrice?

B.: Sì, io infatti, non so, stavo ascoltando, però sì, la trovo geniale. La trovo geniale perché mi piace il fatto che mettano il marchietto, questo titolo "United colors of Benetton" che ci unisce, cioè che unisce tutti, e anche il fatto del concetto della morte che unisce anche tutti.

E.: Ma ti rendi conto che probabilmente loro non hanno pensato a queste cose. Loro vogliono soltanto far soldi.

R.: Sì, ce ne rendiamo conto, però, scusa, lo scopo della pubblicità è anche attrarre no? Fare colpo.

C.: Attrarre l'attenzione, eh ...

R.: Se no, ... o preferisci le altre pubblicità, anche loro hanno questo scopo. Finalmente un nuovo modo, è un modo originale di fare pubblicità.

G.: Il fatto che tutti ne discutiamo così, anche se abbiamo delle opinioni diverse, vuol dire che ha colpito nel segno.

R.: Per me sarebbe addirittura il caso di non discuterne proprio (...)

M.: Sì, o perlomeno anche la pubblicità dovrebbe avere dei limiti.

R.: Certo.

C.: Ma perché limiti, scusate?

M.: Mah, limiti, limiti dovuti al buon gusto, o alla sensibilità (...)

F.: ... Un'altra cosa. Lo scopo di Benetton è una cosa, è lo scopo di tutti quelli che fanno pubblicità. Noi dobbiamo ... Le intenzioni di Benetton, ... dobbiamo vedere in realtà quella che poi è la foto, quello che poi produce la foto, non Benetton, quello che vuole produrre Benetton. Io penso Benetton vuole i soldi, vuole vendere più maglioni, la foto invece produce pure discussione, che fa sempre bene.

C.: E poi bisogna pensare che la pubblicità raggiunge un pubblico molto vasto, no, molto grande. E non tutti leggono certi articoli, o leggono certe riviste. Però questa pubblicità è sotto gli occhi di tutti, no?
G.: Beh, che facciamo allora, ragazzi, la prendiamo o no questa foto?
C.: Mah, io direi di sì.
F.: Prendiamola, dai.
M.: Io sono nettamente contraria.
E.: Anch'io son contraria.
G.: Ed io la prenderei invece.
F.: Allora la maggioranza vince. (risata generale)
G.: Mettiamola ai voti, mettiamola ai voti e vediamo.
C.: No, ma perché questa censura, prendiamola, dai e basta.
G.: Ma se Roberta ... (risata) Vediamo, facciamo ... usiamo un sistema democratico e vediamo se abbiamo la maggioranza.
E.: Facciamo per alzata di mano.
R.: Ce l'avete, dai, la maggioranza.
C.: Ecco, chi è pro?
G.: Allora, la prendiamo.
C.: Bene, ecco ...

Esercizio 10

Un'intervista

~ Allora Elisabetta, tu vivi qui già da tanti anni, no? Quanti sono a proposito?

≈ Me lo dimentico sempre. Sono venuta a Berlino per la prima volta nel '77. Poi sono andata in Italia per fare degli esami, per finire di studiare. Poi sono ritornata a Berlino per finire la tesi. Insomma sono andata avanti e indietro per 4–5 anni e in pianta stabile sono qui dall' 80, '81. Nell'82 mi sono sposata ed era chiaro che sarei rimasta qui ...

~ Quindi più o meno quando sono arrivata io anche a Berlino. Senti, io volevo chiederti: è stato facile per te ambientarti, non so, stabilire contatti, fare amicizia, trovare un lavoro ... o hai avuto dei problemi all'inizio?

≈ Mah, io sono venuta con l'intenzione di restare tre mesi. E allora, nel 1977 non c'era ancora questa moda di Berlino in Italia, non c'erano le "Wohngemeinschaften", questi appartamenti dove abitano tante persone . E così sono andata ad abitare in una casa dello studente. E lì non è che abbia incontrato molta gente. Sì, si viveva insieme però, insomma ognuno conduceva la propria vita. E all'università ho cominciato ad avere, poi, i primi contatti e così con i compagni di studio frequentavo così, i seminari , sì, all'istituto di germanistica o in altri istituti e lì, diciamo, ho conosciuto parecchie persone fra le quali anche poi il mio futuro marito. Non so se, se sia stato facile. Non mi ricordo più. Così adesso ho tantissimi amici per cui mi sembra che a Berlino sia facilissimo fare conoscenza con persone interessanti. Però, se ci ripenso bene forse i primi mesi sono stati duri perché io venivo da una città come Venezia che è una città piccola, è una città molto bella e, insomma, Berlino è completamente diversa. Berlino è una città enorme, allora mi sembrava molto brutta perché è una città che devi imparare a conoscere per riscoprirne queste bellezze nascoste. Ha un charme tutto particolare che riesci solo a scoprire vivendoci.

~ Ma tu pensi che, in confronto non so a donne di altre nazionalità , noi da italiane, siamo un po' privilegiate, cosa pensi?

≈ Dipende dal ... sì, dipende dalle persone che si frequentano. Io, avendo studiato lingua e letteratura tedesca ero, in fondo, già privilegiata in partenza e frequentavo ambienti universitari dove essere italiani in certi, appunto in certe facoltà è sempre una cosa molto positiva per cui non mi son mai sentita rifiutata, semmai il contrario. Cioè tutti cercavano di sapere da me, insomma, come si vive in Italia.

~ C'era questa curiosità, questo ...

≈ Sí, gli italiani, alla fine degli anni '70 la situazione politica in Italia era molto interessante. Tutti volevano sapere come andavano le cose per cui io non mi son sentita rifiutata, non ho avuto questo problema di sentirmi emarginata.

~ Senti, pensiamo un po' ai primi tempi, proprio appena sei arrivata qui. Che cosa ti ha colpita particolarmente, sia in senso positivo che in senso negativo, ... cioè intendo, non so, differenze o ...

≈ Per quanto riguarda le persone o per quanto riguarda così la città?

~ Eh, un po' tutto l'ambiente, le persone, modo di vivere, abitudini ... in che senso, fai qualche esempio ...

≈ La cosa che mi ha colpita di più è il fatto che le persone sorridono poco. Le persone che incontri per la strada hanno così, un'aria abbastanza, abbastanza scontenta, abbastanza chiusa. Questa freddezza dei tedeschi di cui si parla sempre è una cosa che in effetti ...

~ Non è un pregiudizio?

≈ Non penso che sia solo un pregiudizio. È questione che appunto i tedeschi mi sembravano più chiusi, incapaci anche così di essere gentili soltanto per essere gentili, per rendersi la vita più piacevole, per rendere i rapporti umani un pochino più facili anche se forse in Italia questa gentilezza, questa cortesia ...

~ A volte è un po' falsa .

≈ Sì, maschera forse un po' di ipocrisia, no? Però nello stesso tempo penso che in Italia da questo punto di vista la vita sia più facile. E questo mi ha causato moltissimi problemi perché già questa città che è una città così dura insieme appunto a queste esperienze umane molto spesso negative, così non è stata facile da amare. Era più per me una specie di, di ... È stata più una specie di sfida che un amore a prima vista. Dopo tre mesi sapevo che ci sarei ritornata perché poi dopo questi primi tre mesi dovevo ritornare in Italia a fare degli esami. Sapevo che sarei ritornata perché in effetti questa città mi attirava moltissimo nonostante appunto le difficoltà che avevo avuto, nonostante i lati negativi che avevo riscontrato.

~ Senti, e in senso positivo, qualcosa che ti è piaciuto subito del modo di fare, di comportarsi.

≈ Mi sembrava che in Germania ci fosse più libertà, ancora adesso insomma. In Germania c'è molta più libertà che in Italia. Non solo per quanto riguarda appunto il peso che i tedeschi danno, sì, all'esteriorità. I tedeschi non sono ... , sì non importa in Germania come si vada vestiti, per esempio. Se uno sia grasso se uno sia magro non lo nota nessuno. E secondo me questo è ...

~ Non si dà tanta importanza alle apparenze no?

≈ No, assolutamente, non come in Italia. Io penso che questa, questo fatto invece sia abbastanza negativo. Questo fatto di dare importanza alle apparenze come dicevi tu, no, tipico della società italiana, sì, rende la gente, sì, molto più conformista in un certo senso.

Esercizio 21

~ Invece io al contrario di come hanno detto loro con mia mamma ho un rapporto stupendo. Infatti a lei gli dico sempre tutto. Non riesco mai, non riesco mai a tenere nascosto qualcosa. I consigli magari quando magari mi piace un ragazzo, voglio avere dei consigli da qualcuno di cui mi fido, è mia mamma, perché è la mia seconda migliore amica, secondo me. La prima migliore amica, perché la seconda è una ragazza della mia età.

≈ Io vorrei dire un po' di cose, allora, la prima cosa è che, per me, la fiducia dei genitori, come la maggior parte ..., bisogna guadagnarsela (...)
Io con i miei mi confido sempre, soprattutto con il mio papà, cioè, lui, anche lui me l'ha detto, io non voglio esserti, cioè, io non voglio che mi chiami papà, sì, va be', sarò sempre tuo papà, però voglio che per te sia più un amico che un genitore. Infatti quando, va be', quando mi...insieme alle ragazze, la prima persona che lo viene a sapere è lui, poi dopo vengono gli amici. Con lui mi confido sempre, dico com'è, va be', e lui...e io il suo parere lo ascolto sempre, va be', certe volte quando mi fa comodo lo ascolto, quando non mi fa comodo non lo ascolto. Quando non mi fa comodo cerco in tutti i modi di andargli contro e se lui mi dice che è bianco e per me è rosso, cioè, è sempre rosso. (...) Se io ho la mia opinione è sempre quella, che poi cioè, devo sperimentarla io. (...)
E poi, questa storia dei quarant'anni, per me non è vero perché mio papà ha 48 anni, cioè va verso i cinquanta, e devo dire che ha lo spirito di un ragazzo.(...)

≋ Volevo dire solo una cosa, prima di tutto, voglio dare ragione a Riccardo sul fatto che prima ha detto che è diverso il rapporto di un ragazzo rispetto a una ragazza perché anche con la ragazza i genitori sono più protettivi. E poi ha ragione anche sul fatto che bisogna guadagnarsela la fiducia dei genitori perché se uno comincia a comportarsi in certi modi così, bisogna sapersela guadagnare. Io, per esempio, dal mio punto di vista, ho cercato più spesso possibile di guadagnarmela. I miei genitori me l'hanno sempre detto che devo guadagnarmela la loro fiducia e che non posso averla così anche se io ho un comportamento proprio al limite, cioè devo comportarmi bene, devo sapermela guadagnare. Infatti io tendo sempre più a confidarmi con mia madre che con mio padre, forse perché mio padre lo vedo meno però, cioè io, dal mio punto di vista, con i miei genitori ho sempre avuto un bel rapporto.

LEZIONE 5

T3 I piaceri della tavola

Nino: Ma che fai, ci metti le cozze in barattolo? Eh, ci vogliono quelle fresche: il sugo viene molto più buono.
Francesco: E qui dove le trovo?
Nino: Eh, come le trovo? Ma come? Le trovo io a Francoforte, mò non le trovi tu a Milano?
Francesco: Sì, ma devo andare al mercato ... queste qui le prendo al supermercato ... faccio subito, non le devo pulire, e poi costano di meno ...
Nino: No, no, no, io ... anche se devo perdere un po' di tempo e spendere qualcosa in più, non mi importa: per me mangiare è importante , eh... e poi ci vuole un'ora del giorno dove ti metti lì,

prepari, con calma, e mangi ... e se no che fai? Te ne vai sempre di corsa?

Francesco: Eh, ma se ti metti lì ad andare al mercato, a cucinare per ore, se ne va tutto il tempo libero: e che fai, casa, lavoro e ... mercato?

Nino: Ma chi te l'ha detto, chi te l'ha detto, eh? E poi che faccio allora? Faccio come Salvatore? Lo conosci Salvatore? Salvatore Ramaglia.

Francesco: E come non lo conosco? E te l'ho presentato io!

Nino: Ah già! Sì, eh, embè quello Salvatore è capace di andare avanti a panini per settimane. Il massimo che si fa sono gli spaghetti con il sugo in scatola. Hai capito, eh? Dice che non ha tempo, che non gliene importa niente, ha cose più importanti da fare ... Eh, sì, però il caro Salvatore, quando l'ho invitato a casa e gli feci il pesce spada dovevi vedere come mangiava! Se ne fece due porzioni...

Francesco: Sì, sì, va bene, oh, oh, oh, sta' attento: l'acqua sta bollendo!

T4 Parole rubate

R.: ... e poi, dai, finalmente l'ho trovato, questo posto a Torino, e mi sono trasferita. Adesso ci vediamo quando possiamo, quando capita: o vado io giù o viene lui a trovarmi, dipende un po' dalle circostanze, ci organizziamo, insomma ...

G.: Sì, va be', eh, capisco, sì ... il lavoro è importante, però, non so, tu a Torino, lui a Roma ... io, io non ce la farei ... un legame così, non so, scusa, che senso ha?

R.: Ma sai, sai com'è, poi lavorando, lavorando il tempo passa in fretta, non me ne accorgo nemmeno, a volte, che sono da sola ...

G.: Sì, però io penso a tutte quelle cose che si fanno insieme, sai, tipo, non so, la mattina far colazione, poi ritrovarsi la sera, raccontarsi, andare a fare le spese insieme, eh, tutto questo viene a mancare, insomma, io, io ti dico la verità, non avrei voglia di fare tutto da sola.

R.: Ma dai, Giovanna, tutto da sola ... credimi a volte è anche meglio organizzarsi da sola la giornata, organizzarsi il tempo da sola ... Oh, ma guarda, ci siamo quasi, siamo già ad Alessandria, tra un'oretta a Torino ci siamo, eh ...

G.: Eh, è vero, hai visto, come abbiamo fatto alla svelta ...

R.: Eh, ma sai, chiacchierando il tempo passa, per fortuna.

G.: Eh, sì ...

LEZIONE 6

T2 Emozioni

A

~ Massimo, ma che c'hai ?

≈ Io veramente non ce la faccio più, sto così male che mi sembra di impazzire.

~ Ma dai, coraggio, non fare così. Non ti posso vedere così, in questo stato.

≈ Ma tu, al posto mio che cosa avresti fatto?

~ Io? io l'avrei mandata al diavolo, questo avrei fatto. Ma su, dai, adesso non pensarci più, cerca di reagire, dai.

B

~ Sì, sì ci vediamo! La prossima volta che lo vedo cambio strada. Ma quanto mi è antipatico, che pallone gonfiato. E tutti a stargli dietro, dottore di qua, dottore di là ... e quello si dà ancora più arie.

~ Allora com'è andata? Mi dica la verità, per favore.

≈ Oh benissimo, benissimo, ma sa, poi è la commissione che deve decidere

~ Davvero, sono andata bene? Ah, ero come paralizzata dalla paura.
Mi tremava la voce?

≈ Ma no, no, no stia tranquilla. Beh, certo l'emozione gioca dei brutti scherzi, ma gli altri non se ne sono accorti. Si calmi, si calmi.

~ È una parola. Lo so che avrei potuto fare meglio. Non mi prendono, lo sento.

≈ Ma no che dice, abbia fiducia!

~ Direttrice del reparto vendite, caspita che promozione! Dobbiamo proprio festeggiare anche se mi dispiace che non lavorerai più con noi.

≈ Guarda, io stessa non ci posso ancora credere, sono così contenta, mi devi credere. Però, se ci penso bene eh, mi viene come una stretta allo stomaco a parlarne. A dir la verità, ho paura. Non lo so, ho paura di ... di non farcela. Ecco, mi sento a volte come, non so come dire, sotto pressione forse ...

≋ Ma dai, non ci pensare. Vedrai forse i primi tempi saranno un po' duri, ma ce la farai, ne sono sicuro.

T6 A queste cose ci tengo

C.: Uffa, non si apre ...

R.: Aspetta, fai provare a me, c'è un trucco, ecco ... hai visto?

C.: Senti, qui però bisogna che buttiamo qualcosa ... questi scarponi, per esempio.

R.: Eh, no, quelli ..., quelli mi servono per quando vado in montagna.
C.: Ma se sono rotti, scusa!
R.: Me li faccio aggiustare, non ti preoccupare.
C.: E di queste riviste, che ce ne facciamo, scusa?
R.: Beh, sì, quelle le buttiamo, dai .... Eh, no, no, eh, i dischi no, a quelli ci tengo, eh, scherziamo, me li sono comprati quando andavo al ginnasio ...
C.: Ma chi li butta!
R.: Queste bambole piuttosto, che sono brutte! Una senza capelli, l'altra senza una gamba ...
C.: Ma che dici, quelle le voglio tenere, ci sono affezionata. Erano mie, poi ci hanno giocato le mie sorelle e ... me le hanno rovinate. Ma non le butto, no.
R.: Eh, guarda che bello questo pallone, è quasi nuovo. Lo possiamo regalare a qualcuno, no?
C.: Eh, a Mattia forse, no? ... Dobbiamo trovare un posto per gli accendini. Questo qua me l'ha regalato mio zio, guarda.
R.: Mmh, bello, sì.
C.: Deve valere molto, sai, è in argento, poi è antico ...
R.: E tutti questi bottoni, guarda, ma ...
C.: E lascia, possono sempre servire, no? ... ah, ecco dov'è la mia collana di corallo, l'ho cercata dappertutto ...
R.: Bella, sì, proprio bella.
C.: Sai, mi ricorda una gita che ho fatto a Sorrento con la scuola, tanti anni fa, ... però la chiusura dev'essere difettosa.
R.: Fammi vedere, fammi vedere, forse la posso aggiustare.
C.: No, lascia stare, magari si rompe del tutto, la porto dall'orefice.
R.: Senti, ma forse alcuni di questi libri li possiamo buttare ..., guarda, un elenco telefonico, un elenco telefonico dell'89, addirittura!
C.: Quello senz'altro l'hai messo tu, con la tua mania di conservare tutto.
R.: Eh, è sempre mia, è sempre colpa mia, adesso ...
C.: Eh, ma io i libri non li butto, scherziamo ... guarda qui c'è un'edizione della divina commedia del 1901, guarda ... senti, a proposito, non trovo più quel libro di racconti ... (che mi aveva prestato Giacomo, ti ricordi? ...)

LEZIONE 7

T3 Tu come ti organizzi?

Maria: Allora, Tore, come ti organizzi tu per risolvere i problemi domestici?
Tore: Ma, l'organizzazione direi che è molto semplice: si vede ciò che c'è da fare, e si fa. Non c'è una ... non ci sono orari ben precisi per fare questo o quell'altro, a meno che non si tratti di cucinare, perché ovviamente si cucina nelle ore dei pasti, però tutti gli altri lavori si fanno nel momento in cui si vede che ci son da fare delle cose. Non lo so ... c'è da far pulizia, perché si ritiene che la casa sia ... sufficientemente sporca, e si pulisce, qualunque ora sia – capito? – di mattina o di sera, ecc. Oppure ci sono dei lavoretti da fare, cosa ne so, sistemare il bagno ... qualcosa nel bagno, il rubinetto che perde, ecc., si aggiusta, non c'è problema.
Maria: Quindi non ci sono né orari prestabiliti, non c'è un calendario ...
Tore: No, assolutamente, ci sono delle cose da fare e si fanno perché, insomma, si cerca di evitare sempre che le... i lavoretti da risolvere a casa si accumulino e comportino quindi ... diciamo così, una mole di lavoro per cui ti possono portare via una mezza giornata, che non puoi permetterti – capito? – perché hai da lavorare fuori, insomma.
Maria: Quindi tu e tua moglie vi dividete i compiti.
Tore: Esattamente. È una divisione che ci viene abbastanza spontanea ... non abbiamo diviso i ruoli sulla carta.
Maria: Senti, e tu quando hai cominciato a sbrigare le faccende domestiche?
Tore: Ma, io ho vissuto diversi anni da solo e quindi ho sempre sbrigato le faccende al completo. L'unica cosa che mi riusciva male era cucinare; qualche volta mi sono preso un'intossicazione proprio perché non è la mia passione la cucina ... riesco a fare le cose più elementari: l'uovo fritto, la pastasciutta, e poche altre cose, insomma.
Maria: Senti, e tutte le altre cose che ci sono da fare in una casa, anche le faccende burocratiche, come le sbrighi?
Tore: Le sbrighiamo lo stesso insieme: quando mia moglie è libera, fa lei queste cose, quando sono libero io, le faccio io, qualcosa la facciamo insieme. Cioè, quando è il caso, oppure, diciamo così, quando è possibile, le facciamo insieme, perché così ci facciamo un po' compagnia, la fila insieme, quattro chiacchiere nell'attesa, e così via, insomma.

C2 Un problema di difficile soluzione

Maria: Allora, Sabine, sei riuscita a trovare qualcosa oggi?
Sabine: Mah ... ho visto un po' di annunci allo IULM, però c'erano poche condivisioni: c'era una che potrebbe essere interessante, e poi ho chiamato e sono andata a vedere ed è una bellissima casa e ci sono

due, una coppia, e ci sarà una stanza grande per me, che costa mezzo milione senza le spese e questo è parecchio, perché all' inizio io pensavo che fosse mezzo milione tutto incluso, invece poi, dopo un po' hanno tirato fuori tutte le altre cifre – no? – dicendo "Ah, la luce ... sono, non lo so, un tot", poi il riscaldamento costa tantissimo. Alla fine saranno seicentomila lire.

Maria: Ah, quindi mezzo milione solo per la stanza ...

Sabine: Solo per la stanza, senza ... niente. E io sono rimasta un po' così ... ho detto. "Va be', ci penso. Però, sai , ci sono chiaramente altri candidati e quindi mi devo anche sbrigare ... e io ho detto: "Va be', datemi due, due giorni per decidere."

Maria: E, senti, e la stanza com'è?

Sabine: Ma, la stanza è bella, perché è grande, poi c'è un piccolo balcone, ma dentro non c'è un gran ... c'è un letto matrimoniale, uno scaffale, una libreria, e basta.

Maria: Ah, quindi non è neanche ... arredata ...

Sabine: E no ...

Maria: ... proprio ... veramente arredata...

Sabine: Non si può dire, no. Dovrei comprarmi una ... una scrivania e poi vedere un po' con questo armadio che c'è, se mi basta o no. Va be'... non lo so ...

Maria: Mmm, quindi sei un po' indecisa ...

Sabine: Ma guarda, secondo me sono tanti soldi, perché ... seicentomila lire al mese non è, non è poco! Però un monolocale costa già ottocentomila lire, novecentomila lire, quindi questo non lo ... non lo posso fare.

Maria: Ma senti, tu a Esslingen per la tua casa quanto pagavi?

Sabine: Ma, guarda, lì pagavo quattrocento, ma tutto incluso ...

Maria: Tutto? Luce, acqua ...

Sabine: Tutto: luce, acqua, gas, immondizia e avevo tre stanze, cucina e bagno; quindi, guarda: niente in confronto a ... ai prezzi qui.

Maria: E be', quindi tu non ti aspettavi che qui le cose stessero in questo modo ...

Sabine: No, guarda, io pensavo che ci fossero più ... non lo so ... più condivisioni, più gente che vive insieme, quindi che queste camere costassero di meno.

Maria: Ma senti, e allo IULM non puoi trovare qualcuno che magari cerca un appartamento con te, cioè un' altra persona proprio con cui affittare un appartamento?

Sabine: Ci ho pensato e ho anche chiesto a quella ... quella signora degli affari generali. Lei mi diceva che l' unico collega nuovo che è venuto dalla Germania come me ha già trovato e tutti gli altri vivono già qui e sono già ... sistemati, per dire, no? cioè, non cercano niente e ...

Maria: Sono accasati.

Sabine: Sono accasati, e niente. Quindi io mi trovo un po' in questa situazione, come gli studenti, no? Boh ... non lo so.

Maria: E tu non hai pensato a mettere un annuncio su ... Seconda mano, oppure magari, non so, anche in biblioteca ...

Sabine: Io al Goethe ci andrò la settimana prossima a mettere qualcosa e lì ho visto che c'è solo gente che cerca, e che non c'è nessuno che offre.

Maria: Gli annunci li ho visti anch'io quando sono andata, infatti pensavo che ci fosse molta gente che cercava soluzioni di questo tipo.

Sabine: Ma, guarda, io pensavo anche che ci fosse anche più gente che cercasse, perché ... non lo so, forse io conoscevo solo gente che viveva così in Germania; però lì c'è più gente che vive insieme – no? – che fa questo...questa specie di Wohngemeinschaft, anche se non più come dieci anni fa, o vent'anni fa. Ma qui ... sembra ... oppure, sai, quegli annunci su Seconda mano che ho letto, guarda, non mi hanno dato più la voglia di chiamare, perché poi cercavano gente che non fuma, che il fine settimana non c'è, poi devi essere referenziata, ma io ...

Maria: Cosa vuol dire, in che senso? Che referenze chiedono?

Sabine: Ma ... mica l'hanno ... mica l'hanno spiegato! Solo che volevano persone ... signorine ... soprattutto referenziate, e a questo punto non ho neanche chiamato, perché prima cosa ... cioè: io il fine settimana sono qui, dove vado? Poi fumo e le referenze non ce le ho, e quindi niente ...

Maria: Eh, va be', dai, un po' di pazienza, vedrai che salta fuori qualcosa.

Sabine: Va bene. Siamo ottimisti ...

LEZIONE 9

C1 Vita nel deserto

~ Adesso abbiamo la testimonianza di Carla Perrotti che ha attraversato, ci racconti Lei, ha attraversato un deserto nel Sahara per nove giorni facendo 400 km a piedi, vero?

≈ Certo.

~ Con i Tuareg.

≈ Sì (...).

~ Che cosa ha trovato dentro per arrivare a toccare questo obiettivo?

≈ Beh, intanto diciamo che per arrivare a fare una cosa di questo tipo, come hanno detto tutti, ci vuole una grossa preparazione alle spalle.
~ Quindi si è molto allenata?
≈ È la condizione essenziale, sì. Poi diciamo che è stata la realizzazione di un sogno mio. Cioè, qualche anno prima, in Sahara, ho incontrato una carovana: sono rimasta affascinata da questi uomini, da questi cammelli, con questi ritmi lentissimi, continui, totalmente diversi dai nostri ritmi e così ho avuto questa curiosità di provare a vedere cosa succede dall'interno perché vederle da fuori è un conto, viverle, queste cose, è totalmente diverso. Ho provato, mi è andata bene, mi hanno accettato. È stato un rapporto di stima reciproca, in quanto i Tuareg sono estremamente dignitosi, estremamente ancora memori delle loro origini di principi, guerrieri ...
~ ... molto silenziosi.
≈ Molto silenziosi. Il deserto richiede silenzio. Cioè è inutile andare nel deserto a fare baccano, secondo me.
~ Qual è stato, qual è stata l'ostacolo più duro? La fatica, il caldo perché c'erano 50 gradi, 60 gradi durante il giorno ...
≈ Sì.
~ Quindi e camminavate dalle 7 di mattina fino alle 10 di sera.
≈ Sì, senza mai fermarsi. La carovana non si può mai fermare.
~ La sete, il fatto di non poter comunicare ...
≈ Esatto, dovevo salire sul cammello mentre si camminava, dovevo scendere dal cammello mentre camminava. Se avevo una necessità di qualsiasi tipo io mi dovevo fermare, la carovana continuava quindi dovevo rincorrerla. Eh, diciamo che la cosa difficile è stata non la fatica, neanche la sete, perché questi sono problemi che si mettono in preventivo e si superano durante la preparazione. È stata una difficoltà psicologica. Cioè il primo giorno non mi aspettavo un ritmo di questo tipo. Però mi sono resa conto che questi andavano, a loro non interessava niente dei miei problemi e ho detto : "non ce la faccio". Poi c'è stata una battaglia interna, con me stessa, cioè non avevo un avversario di fronte, avevo me stessa dall'altra parte e ho detto no, sono qua per farla, devo arrivare.
~ Com'è arrivata? In che condizioni fisiche è arrivata?
≈ Ottime, sia fisiche che psicologiche.
~ I piedi?
≈ No, no, niente di particolare. Il problema è il rientro in una civiltà, in una realtà come la nostra dopo un'esperienza simile. È talmente tutto diverso ...

T 3 Vivere in città

M.: Ciao, Beatrice, dai, vieni, vieni che ci sediamo.
B.: Oh, finalmente, mamma mia, io pensavo proprio di non farcela più, ci ho impiegato tre quarti d'ora dalla stazione a qui, ma è incredibile, col taxi, ho preso un taxi ...
M.: Tre quarti d'ora?
B.: Come si fa, come si fa a vivere in una città come Milano ...
M.: Eh, sì,sì, sì, intanto bisogna informarsi, bisogna informarsi, perché sì, il taxi non va bene, certo, certo, la metropolitana sarebbe stata molto molto ma molto meglio, eh sì, in 10 minuti saresti arrivata, io non te l'ho detto, perché non ci ho pensato.
B.: E io non ci ho pensato a prendere la metropolitana perché, figurati, a Heidelberg la metropolitana non c'è, prendo il taxi, in 5 minuti sono a casa, al massimo 10 quando c'è traffico; no, guarda, io ti ammiro, non potrei abitare in una città come Milano che a me sembra caotica, rumorosa, no, guarda ...
M.: Ma sì, va bene, dai, è caotica, rumorosa, però, insomma, no, veramente, non mi devi ammirare perché, primo perché quando io sono arrivata qui, forse mi sono sentita esattamente come ti senti tu ora: hai l'impressione di non farcela, di essere sempre stanca e di essere costretta a correre, e poi sì, è vero che corri, però, insomma, a poco a poco ti organizzi, ti abitui, impari a non prendere il taxi alle 6 di pomeriggio per esempio, eh, allora riesci a vivere, non dico benissimo perché i problemi ci sono, eh, il traffico c'è e poi ci sono anche tutti questi rumori, insomma è faticoso.
B.: Per esempio, quando vai a lavorare?
M.: Eh, quando vado a lavorare, è faticoso, perché impiego mezz'ora eh, mezz'ora in mezzo al traffico però, sai, ormai io mi sono abituata, mentre vado a lavorare penso ad altro, penso ad altro, ogni tanto, sento magari anche la puzza perché l'aria puzza ...
B.: E quello ti dà fastido?
M.: Certo, che mi dà fastidio, però ti abitui, pensi ad altro, e vai ...
B.: Però comunque anche tu, il traffico te lo becchi proprio alle ore di punta anche tu, immagino, quando vai la mattina a scuola ...
M.: Sì, non ho scelta, sì, però, poi, per il resto, dal pomeriggio in poi io mi organizzo come voglio e ormai so quello che non devo fare, e il pomeriggio, la sera la mia vita è tranquilla ...
B.: Tranquilla? Mah, non mi immagino che sia tranquilla quanto la mia, guarda...
M.: E beh certo, certo, ma e tu, tu intanto ...
B.: È dovuto guarda, è dovuto al mio lavoro, è dovuto al

fatto che non ho figli e, sì, poi naturalmente un po' anche la città in cui abito. Ma penso che sia soprattutto dovuto a questo fatto di, di avere un lavoro in casa.

M.: E certo, certo.

B.: Guarda io la ritengo molto tranquilla la mia vita ...

M.: Eh, privilegiata ...

B.: Eh, sì, proprio, sì, sì. Trovo, secondo me è privilegiata. Eh, mi alzo alle 7 e mezza, sto un'oretta in bagno, poi alle otto e mezza mi metto a lavorare. A mezzogiorno si mangia: o faccio io la cucina ...

M.: A mezzogiorno? Tutti i giorni?

B.: Tutti i giorni regolarmente.

M.: Oh, mamma mia ...

B.: Forse anche questo contribuisce a questa, a questo senso di ritmo regolare, calmo ...

M.: A te piace mangiare tutti i giorni a mezzogiorno?

B.: Sì, ma sai, ormai mi sono abituata. È mio marito che vuole così e io mi sono abituata, non riuscirei nemmeno più, anzi ho bisogno di questa, di questa pausa di mezzogiorno in cui si fa un bel pranzo e poi alle 2 si incomincia di nuovo a lavorare ... alle cinque ...

M.: Beh, forse, effettivamente mangiare così ad un orario regolare è la cosa migliore per la salute ...

B.: Sì per la salute, sì ...

M.: Però io non riuscirei a combinare nulla, perché ...

B.: Ma sai, combinare nulla. Ma cosa significa combinare ...

M.: E no, perché se io ogni giorno devo pensare che a mezzogiorno, anzi prima di mezzogiorno devo preparare il pranzo, eh, non riuscirei a fare tutte le cose che, che devo fare.

B.: Hai tante ... ma questo qui dipende dalla grandezza della città, immagino.

M.: Certo, certo, certo, anche, anche ... ma poi non è che a me non piaccia avere degli orari regolari. A me piace poi la calma. Però, sai, io, io qua effettivamente in città riesco a fare molte cose, ma non solo per il lavoro, anche per me, perché l'organizzazione del tempo è più libera. E poi guarda, la sera io tutto sommato faccio una vita calma, tranquilla.

B.: Ah sì?

M.: Sì.

B.: Eh, ma, non è che io non faccia niente, insomma anch'io riesco a fare tante cose pur avendo questo ritmo così regolato. Ma faccio tante cose lo stesso. Non è nemmeno una lunga pausa quella di mezzogiorno. E perché poi la sera, per esempio, sono libera anch'io. Ciascuno fa quello che vuole, mio marito sta nella sua stanza a leggere, guarda la televisione. Io vado fuori, vado al balletto e quindi ognuno fa quello che vuole, in fin dei conti.

M.: Sì ma adesso guarda, non farti spaventare, non lasciarti spaventare dal traffico di stamattina perché stasera vedrai che ...

B.: Pensi?

M.: Sì, sì, sì, sì, vedrai, vedrai che ...

B.: No, ma, io penso che ugualmente qui non vivrei, io ho bisogno del mio mercatino del sabato dove incontro tutte le persone che conosco, ho bisogno dei negozietti.

M.: No, ma il mercatino c'è anche qui, sai? Una volta alla settimana c'è il mercatino. Certo, io non ci vado perché sono al lavoro, sì eh chiaramente io devo fare la spesa tornando dal lavoro per lo più, al supermercato. Eh, lo so, lo so lo so lo so che non ti piace. Eh lo so, lo so, lo so, però sai, ciascuno poi si deve adattare un pochino anche alle condizioni ... però senti, non ti ho offerto niente, dai, dai, vieni, ci facciamo un caffè ...

B.: Ah, un caffè, sì, ecco, sì ottima l'idea, grazie, ti seguo eh ...

Esercizio 13

~ Enzo, tu hai lasciato un lavoro regolare, sicuro, per dedicarti ad un'attività che, in fondo, è anche piena di rischi, di imprevisti, no? Come mai hai fatto questa scelta?

≈ È una scelta di vita che corrisponde al desiderio maggiore di realizzazione a cui uno può aspirare. Cioè, creando un'azienda agrituristica, sono più vicino a quelle che sono le mie esigenze. Anche se c'è un maggiore impegno ovviamente di lavoro molto intenso perché sia la ristorazione sia gli allevamenti zootecnici ci impegnano tanto. Con ritmi di vita, con orari completamente diversi da quelli che possono essere soliti di una persona, anche perché noi in genere andiamo a letto verso le 3, le 4 del mattino. Alle 8 si è già di nuovo in marcia, anche durante la mattinata facciamo i rifornimenti, le spese ... poi verso ..., insomma, il primo pomeriggio, le 2 si pranza, poi alle 4 ricomincia, arriva il personale e si finisce di nuovo alla notte.

~ E quando ci si riposa?

≈ Beh, ci sono quelle quattro, cinque ore durante il giorno per riposare.

~ Senti, ma non sarà sempre così no? Avrai un giorno di riposo nella settimana?

≈ Beh sì, abbiamo fissato il lunedì come giorno, diciamo di chiusura, per la ristorazione, però come già vedi oggi, voi che state qui con me, fra telefonate e incontri di affari e appena finirà l'incontro con voi, ho già appuntamento con un altro, un altro collaboratore del settore agricolo ... alle 7, forse anche prima, ho appuntamento con amici di un gruppo teatrale al quale collaboro da anni, così, saltuariamente. Quindi poi dovrei fare una serie di telefonate e poi dovrei cercare di andare a letto.

~ Mamma mia. Ma, eh, non so, siccome lavori anche in

campagna, allevi gli animali, penso che ci siano anche delle differenze no? Non sarà sempre lo stesso lavoro, no, in campagna? Ci sono dei periodi più tranquilli, più ...

≈ No, non ci sono dei periodi più tranquilli perché sono tali e tante le attività così connesse fra di loro che tu puoi avere da preparare per la sera, per il ristorante e contemporaneamente il pomeriggio puoi fare la macellazione dei polli da consumare poi nei prossimi giorni. Quindi è sempre una cosa molto connessa perché la nostra proiezione, anche ambizione è quella di produrre tutto, quanto più è possibile perlomeno, e consumarlo qui all'interno dell'azienda e creare anche in futuro un agrispaccio aperto al pubblico per l'acquisto di questi prodotti.

~ Quindi, da quello che sento, il tuo ritmo è così, il tuo ritmo di vita è intensissimo, frenetico. Ma come riesci a conciliare questi ritmi con la vita privata, la famiglia, le amicizie?

≈ Con le amicizie è facile perché l'80% dei nostri ospiti, usiamo la parola ospiti perché non li consideriamo clienti, sono amici e quelli che non lo sono lo diventano. Questo è abbastanza ovvio. Invece con la famiglia abbiamo delle difficoltà però penso che dipendano più da una non condivisione degli stessi interessi, quindi è un problema, diciamo personale, non un problema di bioritmi.

~ E, per il futuro che cosa hai in mente, hai qualche altro progetto?

≈ Beh, per il futuro abbiamo in mente di portare a termine questo progetto della, come dicevo, dell'agrispaccio, degli allevamenti e della produzione per l'azienda. In più, ovviamente, man mano che ci si organizza, ampliare anche la recettività non solo per l'alimentazione o per la vendita di questi alimenti ma anche la recettività diciamo alberghiera, una recettività turistica, per turisti.

~ Pensi a una soluzione ... pensi all'agriturismo?

≈ All'agriturismo, nel vero senso della parola.

~ Sì.

Lezione 10

T4 Compagni di scuola

Ornella: Eh, sai chi ho visto l'altro giorno?
Tiziana: No, non me lo immagino, dimmi un po'.
Ornella:: Antonio Manca ...
Tiziana: No, ma non mi dire, il nostro capellone ...
Ornella: Proprio lui.
Tiziana: ... con i capelli lunghi fin qua.
Ornella: Sì ecco, allora, ora è tutto pelato.
Tiziana: No, lui tutto pelato?
Ornella: Sì, non ha neanche un capello.
Tiziana: Oddio, non me lo posso proprio immaginare.
Ornella: Sì, eppoi guarda, ha messo su pancetta ...
Tiziana: Pure.
Ornella: Insomma, sì, sì, è cambiato, eh, è cambiato, sì, sì.
Tiziana: Dio mio che peccato!
Ornella: È cambiato anche, diciamo, è rientrato nei ranghi, eh ...
Tiziana: Il nostro rivoluzionario.
Ornella: Sì, sì, eh, si è sposato, conduce una vita molto normale, molto normale.
Tiziana: Davvero?
Ornella: Si è sposato, ha due figli, è avvocato.
Tiziana: Ah, avvocato? Caspita!
Ornella: Sì, sì, eh, comunque ha continuato anche a far politica, eh.
Tiziana: Eh, me lo immagino, era il suo pallino anche allora.
Ornella: Sì, e ha fatto anche piuttosto carriera.
Tiziana: Davvero?
Ornella: Perché a quello che mi ha raccontato ...
Tiziana: Beh, il cervello ce l'aveva.
Ornella: Sì, il cervello ce l'ha sempre avuto, a quello che mi ha raccontato eh, insomma mi ha detto che praticamente è l'assistente di ... aspetta ... insomma di un pezzo grosso ecco.
Tiziana: Davvero? Subito in alto comincia lui, eh ...
Ornella: Sì ogni tanto viene a Roma ...
Tiziana: Aha
Ornella: Sì, eppoi mi ha detto anche che si metterà in lista per le prossime elezioni.
Tiziana: Sul serio? E magari ti ha chiesto pure di votarlo, di' un po'.
Ornella: Beh, non me l'ha chiesto esplicitamente anche perché ha fatto un cambiamento troppo radicale per i miei gusti.
Tiziana: Davvero?
Ornella: Sì, sì, però insomma mi ha fatto piacere ecco rivederlo.
Tiziana: Eh, lo credo ... senti, pensi di rivederlo ancora?
Ornella: Mah, io penso che lo incontrerò senz'altro, sì.
Tiziana: Eh, allora digli di telefonarmi quando viene a Roma, che mi farà molto piacere.
Ornella: Va bene, sì, glielo dirò senz'altro.

Esercizio 13

a)

T.: Pronto?
A.: Tiziana? Sono Antonio, Antonio Manca, ti ricordi?
T.: Antonio, che sorpresa, certo che mi ricordo, la tua voce

è sempre la stessa.

A.: Senti, Ornella mi ha dato il tuo numero di telefono e mi trovo qui a Roma per un paio di giorni ...

T.: Senti, allora perché non mi vieni a trovare?

A.: Certo, solo che adesso ho un po' di fretta, devo scappare al Ministero per una faccenda.

T.: Eh, quando si è importanti, eh ...

A.: Dai, non esageriamo. Stasera però sarei libero.

T.: Dunque, stasera, sì, stasera va bene anche per me, però ascolta, mi dovresti chiamare prima di venire, sai, perché ho promesso ad un'amica di andarla a prendere alla stazione, cosa vuoi, il traffico qui a Roma sai com'è e non so di preciso quando torno.

A.: Ma certo, ti chiamo prima, così mi spieghi anche come faccio ad arrivare a casa tua. Scusa, ma adesso devo proprio scappare.

T.: Va bene, senti, ci vediamo stasera allora eh, ciao.

A.: O.K. ciao.

b)

~ Pronto?

≈ Pronto, signorina, sono Manca.

~ Ah buongiorno dottore, proprio un attimo fa ha telefonato l'onorevole Antonini per invitarLa a cena stasera.

≈ Oh no, no, no, mi dispiace, io stasera ho già un impegno.

~ Ma dottore ...

≈ No, no, non posso assolutamente, anzi telefoni subito ad Antonini e gli dica che purtroppo non è possibile.

~ Sì, ma come posso giustificare ...

≈ Beh, veda Lei, inventi qualcosa. Non lo so, gli dica che non mi sento bene, che ho mal di stomaco, ... insomma trovi Lei qualche scusa.

~ Va bene dottore. Però alle quattro viene Teodori.

≈ Teodori?

~ Sì, quel giornalista che ...

≈ Accidenti, l'avevo proprio dimenticato. Uh, questa è una cosa importante. Ascolti, allora verrò in ufficio verso le tre e mezzo. Mi prepari quei documenti della SIMAR, per favore. Ah, e telefoni anche all'agenzia e magari fissi un appuntamento per domani mattina.

~ Alle nove, va bene?

≈ Sì, sì, il più presto possibile.

~ Va bene, arrivederLa, dottore.

≈ Arrivederci.

LEZIONE 11

C1 Ai confini della realtà

~ Giampiero Commanducci, noi vorremmo ascoltare da Lei eh ... la storia ... si può in qualche modo ... definire.

≈ L'evento.

~ L'evento.

≈ Ci trovavamo nel bar che gestiva mio padre ed era sulla tarda serata tanto che alcuni amici nostri erano andati al cinema all'ultimo spettacolo, quando noi, discutendo fuori tra la pioggia, una goccia e l'altra, stavamo parlando, un amico chiede all'altro se lo accompagnava a casa col motorino, no? e abitava nella zona di S.Michele, una zona qua, vicino al Cailungo. Dopo varie discussioni – ti porto, non ti porto – si sono decisi, uno davanti, uno di dietro, sono andati giù. È passato circa un quarto d'ora e sentiamo arrivare questo ... questo Vespino, questo Vespino 50 a tutto gas, con un rumore assordante, addirittura, possiamo dire "fuori giri", e guardavamo venir su 'sto ragazzo. A un certo momento ci passa davanti e non si accorge nemmeno che c'era il bar. Una gran frenata, torna indietro, tutto spettinato con gli occhi fuori, e comincia a balbettare, dicendo – lo dico in dialetto, ma non son capace a parlare in dialetto – "Ho visto due oc' chi balnera nella Barrafonda" Vuol dire: due occhi che brillavano, che lampeggiavano nella Barrafonda, una zona che non ... è inaccessibile, quasi. E noi ci siamo messi a ridere, no? Sei andato giù, ti sei spaventato, visto ... E dopo le sue insistenze, effettivamente, abbiamo visto che era convinto di ciò che aveva visto, abbiamo immaginato, pensato, che fosse ribaltata giù qualche macchina, o che qualche coppia di fidanzati siano andati giù, si siano ribaltati, non riuscissero più a tornare indietro. Allora abbiamo detto:"Beh, andiamo a vedere, vediamo che cosa è successo. E partiamo in quattro–cinque, sempre coi motori. Andiamo giù, costeggiamo questa Barrafonda qua; a un certo momento vediamo, distante un centinaio di metri nel profondo, una grande luce verticale, in piedi, di forma rettangolare, una luce che non poteva essere riflessa da niente, da nessuna cosa, tanto più che lì non c'è niente. E si vedeva che la luce era verticale, non era proiettata a terra, che avrebbe dato delle deformazioni. E siamo stati un po' lì – guarda, cosa sarà,cosa non sarà – non ci siamo fidati a scendere giù per il sentiero. Abbiam detto: "Torniamo indietro, ci prendiamo qualche cosa, no? e dopo si ritorna qua." Tornati indietro, arrivavano altri nostri amici dall'ultimo spettacolo del film, che erano andati a vedere e gli abbiamo raccontato il fatto. Quindi ci siamo armati nel modo ... di ... come potevamo fare vent'anni fa: bastoni, randelli, accette, quello che potevamo avere, e siamo andati giù in quattro o cinque macchine. E quando stavamo per arrivare nel posto, abbiamo spento i motori, spento le luci e abbiamo proseguito una ventina di metri a piedi e ci siamo fermati lungo una siepe di cespuglio naturale, che ci nascondeva alla vista dell'oggetto, e tutti abbiamo guardato questo oggetto qui, questa grande luce a forma rettangolare, di un'altezza circa di una decina di metri per un sette – otto di larghezza, con una barra nera centrale, come fosse stato un battente di qualche cosa. Ecco, facciamo conto di immaginare la vetrata di un magazzino, dove entrano i camion dentro, un portone. La luce era di un verde chiaro, ma intenso, fosforescente, un verde paragonabile a quelle madonnine fosforescenti che si mettono sul comodino, che fanno quella luce. Però un fatto ancora strano è che la luce aveva profondità. Non era una luce proiettata su una parete, dove si vede ... ma si vedeva la profondità del campo . E noi siamo rimasti lì un pochino sconcertati, nel senso di dire "Lì effettivamente c'è un oggetto". E dall' altezza, le dimensioni, adesso si può dedurre che questo oggetto fosse sospeso ... fosse, nell'aria. Difficilmente era poggiato giù per l'altezza che aveva.

A un certo momento abbiamo detto: "Ragazzi, che cosa facciamo? Andiamo giù a vedere?" E ci siamo decisi di andare giù a vedere. Come ci siamo spostati dal coperto, siamo scesi allo scoperto e ci siamo immessi nel sentiero, la luce all'improvviso si è spenta. Quindi la luce qualcuno l'ha spenta, come si spegne una finestra, al buio, con un interruttore. Chi guarda di fuori, ad un certo momento, buio assoluto. (...)

≋ Mi immagino, quando avete raccontato questa cosa, Lei e i suoi amici, come vi avranno preso in giro, perché sembra la scena di un film ... la porta che si apre ...

≈ E in effetti non siamo stati presi in giro niente, perché tutti gli amici principali, ossia il covo di noi, Lei sa che nei bar c'è sempre le ...

~ ... Il gruppo...

≈ ... Il gruppo, tutti abbiamo visto la stessa cosa, tutti siamo andati a cercare la stessa cosa. Quindi ne abbiamo parlato un po' tra di noi, nessuno di noi è riuscito a dare una spiegazione su ciò che era. (...)

LEZIONE 12

Il bosco di Fontainebleau

Schnittstellen:

1) ... il colmo è che si spacciano anche da educatori.
2) Ora, ispettore, basta trovare quelle prove di cui parlava la vittima e il caso sarà definitivamente chiuso.
3) Il professor Rondolais è vivo.

Quellennachweise

Fotos:

P. Agosti-G. Borgese, Rom: 86; – AKG, Berlin: Umschlag; – Edizioni Discografiche Albatros, Mailand: 25,1,2,3,4,5,6,7; Rossana Baroni, Mailand: 11,2; 18; 73; 81,2; – Bildarchiv Preussischer Kulturbesitz, Berlin: 85; – club 3, Mailand: 94; – Comitato Nazionale Energia Nucleare, Rom, 1962 : 86,2; 87,1,2; 99; – Controluce, Neapel: 83; – M. D'Angelo, Stuttgart: 37; – DIF, Frankfurt: Umschlag dpa Bildarchiv, Stuttgart: 51,1,2,3,4,5,6,7,8; 89–90; – Erre Produzioni, Rom: 39; – farabolafoto, Mailand: (Musacchio) Umschlag; 50; 56; 62; 84; 91; 106,1,4,6; – R. Fäßler, Stuttgart: 78; – F. Fiorentino, Mailand: 11,3; – E. Fontana, Berlin: 33; – Anna Giannella, Cortona 47; – Gillette Management Inc., London: 92; – A. Heine-Stillmark, Karlsruhe: Umschlag; – Klett, Stuttgart: Umschlag; 30; (A. Giannetti): Umschlag; 13,1,2; 17; 27,3; 38; 46; 48; 54,3;55,2,4; 58; 66; 69; 104; – C. Konietzko, Stuttgart: Umschlag; – Photo Jürgens, Berlin: Umschlag; – I.C.P., Mailand: (M.P.) Umschlag; – Ifa Bilderteam, München: 100; 106,3; – Lindenmuseum Stuttgart: 106,2; – Deutsche Lufthansa AG, Köln: Umschlag; – C. Mastinu, Cagliari: 65; – M. Mastinu, Mailand: 70,1,2,3,4; 71,1,2,3; – C. Maier, Stuttgart: 47,1,2,3,4,5; 63; – G. Mungai Maier, Stuttgart: Umschlag; – Panorama, Mondadori, Mailand: 102–103 – A. Perathoner, Bergamo: 85; Photo Group, Mailand: 20; – Rapho Photographique, Paris: 109; – RCS Editoriale Quotidiani, Mailand: Umschlag; 32; RCS Editori SPA, Settore Periodici, Mailand: 96; – R. Robustelli, Stuttgart: 44; – B. Rovere Fenati, Heidelberg: 11,1; 81,1; – A. Schmid, Kernen: 27,2 – C. Schneyer, Esslingen: 27,1; – Schnitzer, St. Georgen/Schwarzwald: 106,5; – Scuola Teatro Dimitri/Dimitri, Verscio: Umschlag; – Skema, 3.3.71: 86,3; – Studio Salaroli, Rom: 23; 77; 88; 93; 101; – R. Thie, Berlin: Umschlag; 10,1,2; 60,1,2; 79,1; 82; – Tony Stone, München: 80; – United Colours of Benetton, Ponzano Veneto: 30;

Realien, Textrechte u. sonstige Rechte:

Edizioni Discografiche Albatros, Mailand: 25; – Franco Cesati Editore, Florenz: 77; – club 3, Mailand: 94; – Donna Moderna, Mailand: 82; – Drogueria di Drugolo, Mailand: 56; – Einaudi, Torino: Carlo Vittorini, 28; Angelo Carta, 64; Paola Agosti–Giovanna Borgese, 86–87; – EMI Records, Mailand: 28; – Erre Produzioni, Rom: 39–40; – Editoriale L'Espresso, Rom: 88; – Feltrinelli, Mailand: Stefano Benni, 23, 68–69; – Grazia, Mondadori, Mailand: 105; – Istituto Italiano di Cultura, Stuttgart: 44; – Edizioni Iter, Subiaco: 19; – La Repubblica, Rom: 21; 49; 98; 107; – Edizioni Leonardi, Mailand: 24; – Linus, Mailand: Sergio Staino: 16,1,3; Giovanna Nuvoletti, 20; – Arnoldo Mondadori Editore, Mailand: Carlo Castellaneta: 59; Gabriele Romagnoli, (Le navi in bottiglia) 62; Dino Buzzati, 89–90; Carlo Lapucci: 108; – Quotidiano, Lecce: (A. Gennari) 54,1; – Polygram: 84; – RAI Radiotelevisione Italiana, 80; 104; 110–112; – RCS Editoriale Quotidiani, Corriere della Sera, Mailand: Alfredo Chiappori, 16,2; Isabella Bossi Fedrigotti, 32; Domenico Starnone, Ugo Guarino, 52; – RCS Rizzoli Periodici, Mailand: 96; – Rizzoli Editore, Mailand: 34; –